HISTOIRE
DE LA RÉFORME,
DE LA LIGUE
ET DU RÈGNE DE HENRI IV.

VIII.

IMPRIMERIE LE NORMANT, RUE DE SEINE, N° 8.

HISTOIRE

DE LA

RÉFORME,

de la Ligue,

ET DU RÈGNE DE HENRI IV.

PAR M. CAPEFIGUE.

> Ce prince est d'étrange nature,
> Je ne sais qui diable l'a fait;
> Car il récompense en peinture
> Ceux qui le servent en effet.
>
> *Vers de d'Aubigné.*

PARIS.

DUFEY, LIBRAIRE, RUE DES MARAIS S. G. 17.

M DCCC XXXV.

Prospectus.

RICHELIEU, MAZARIN,

LA FRONDE,

ET LE RÈGNE DE LOUIS XIV,

Par M. Capefigue.

Le règne de Henri IV imposa une transaction difficile sur les questions religieuses qu'avait soulevées la réforme de Luther; mais, en se servant de sa brave gentilhommerie et de ses hommes de batailles, en subissant les conditions des hautes têtes de la Ligue, le Béarnais avait vu sa monarchie se morceler en grands gouvernemens de province, féodalité puissante et nouvelle, qui menaça le règne de son jeune et royal successeur. Cette position militaire des familles nobles fortifiées dans les provinces, fut vigoureusement attaquée par Richelieu, soit par la guerre, soit par le parlement et les échafauds; il tua le principe de la noblesse territoriale; il ôta à la gentilhommerie cette vigueur d'esprit et de corps qui, après s'être usée dans les batailles, vint s'épuiser dans de petits duels de ruelle et de maîtresse. Richelieu mit la royauté des Bourbons hors du principe qui l'avait créée; Henri de Béarn avait été le suzerain des gentilshommes; le ministre de son successeur frappa cette haute noblesse qui avait conquis le trône; il la changea en courtisans.

Le parlement, qui avait grandi sous Richelieu en servant d'instrument, devint un pouvoir pendant le ministère de Mazarin. Il s'unit aux velléités municipales; il rappela les vieux souvenirs de Paris, de la Ligue et des bruyantes barricades. Cette coalition n'a pas la noble énergie des temps de croyances et de foi religieuse; les Guise n'existaient plus; la famille des Gondi pouvait-elle jamais s'élever à cette hauteur? Où étaient tous ces braves prevôts des marchands, les successeurs des Marcel de glorieuse mémoire? Cependant des journées de vigueur se montrèrent encore; l'habileté de Mazarin et la lassitude populaire jetèrent le pouvoir absolu dans les mains de Louis XIV.

Ici commence ce long et vaste règne, le principe de la monarchie rayonnante d'un seul homme, mais faible d'institutions et d'appui, tombant épuisée sous la régence de Louis XV. On a beaucoup écrit sur le règne de Louis XIV, et pourtant nous ne le connaissons qu'à travers cette histoire pourprée écrite sur le marbre et l'or dans d'impérissables monumens. Que furent les relations diplomatiques sous Louis XIV, l'administration publique, les classes, la société, le peuple, les communes? Tout cela est ignoré; il y a une cour chantée par les poètes, percée à jour par les mémoires des courtisans, par les spirituelles généalogies de Saint-Simon; mais en dehors tout reste ignoré.

C'est ce vide que le travail de M. Capefigue sur *Richelieu, Mazarin, la Fronde et le règne de Louis XIV* est destiné à remplir. Ce travail est la suite naturelle et le complément de *l'Histoire de la Réforme, de la Ligue et du règne de Henri IV*. Le même esprit présidera à cette nouvelle époque de l'histoire de France. On y trouvera la même conscience de recherches, parce que les témoignages et les faits, bien plus que les théories et les systèmes, font vivre les ouvrages sur les temps qui ne sont plus.

Deux parties spéciales diviseront la pensée de ce travail; les relations diplomatiques et l'administration intérieure; dans cette dernière classification sera naturellement compris le mouvement des sciences, des arts, du commerce, des manufactures qui commencent à déployer leurs magnificences.

Que de faits restent à exploiter pour cette époque si grande, si pleine d'émotions et de drame! Pourquoi, par exemple, ne point consulter les archives de Londres, de La Haye, et ces spirituels pamphlets hollandais contre le soleil d'or, le *nec pluribus impar* de Louis XIV? Pourquoi ne point fouiller les correspondances de Cromwell inédites, les dépêches de Richelieu, Mazarin, toutes conservées en original, soit à la Bibliothèque du roi, soit aux archives ministérielles, et les précieux registres du parlement, les dernières pages des registres de l'Hôtel-de-Ville? La main de Louis XIV a partout laissé des traces. Il existe même dans le dépôt des manuscrits (Bibliothèque royale) les budgets écrits par le roi, annotés par la pensée économe de Colbert, et discutés en conseil. A-t-on jamais songé à pénétrer dans l'immense et précieux dépôt du ministère de la marine, pour une époque d'armemens et de flottes formidables? Quant à l'histoire du mouvement scientifique, des arts et des sciences, il est important de la voir de haut et de la juger dans ses rapports avec la marche des idées, avec la nouvelle école critique qui n'adopte les vieilles gloires qu'en les discutant.

M. Capefigue accomplit successivement la tâche qu'il s'est imposée d'une Histoire de France par grandes époques, car au temps où nous vivons, ce n'est pas une biographie royale que l'intelligence appelle, mais le mouvement social, la pensée et les progrès, les générations dont on veut suivre les traces à travers les siècles qui finissent.

L'Histoire de Philippe-Auguste fut destinée à retracer l'époque centrale du moyen âge, le mouvement naissant des communes, l'esprit chevaleresque et féodal, l'époque religieuse et catholique; cette symbolique de la cathédrale et du castel, expression de toute cette société pieuse et guerrière qui se personnifie dans les barons et les clercs en lutte.

L'époque suivante qui se résume dans le règne de Louis XI était toute d'administration et de constitution sociale : États-généraux, baillages, tout naissait et se développait dans les institutions. Ce travail primitif portait le titre de *la France pendant les 14e et 15e siècles et le règne de Louis XI*. Une déférence de jeune homme pour un travail couronné des cheveux blancs d'un vieillard qui réclamait ce dernier titre fit adopter celui d'*Histoire constitutionnelle et administrative de la France*. Dans la réimpression on rendra à ce travail ce premier titre plus exact et qui rentre mieux dans la pensée et dans l'ensemble historique que s'est proposé M. Capefigue.

L'*Histoire de la Réforme, de la Ligue et du règne de Henri IV*, répond à l'époque religieuse. Cette publication est trop récente pour qu'on ait besoin d'en reproduire l'esprit.

Tous ces ouvrages sont les détails d'une pensée d'ensemble qui embrasse l'Histoire de France; pourtant ils se détachent et forment à eux seuls des touts séparés.

———

Richelieu, Mazarin, la Fronde et le règne de Louis XIV, du même format et même justification que l'*Histoire de la Réforme*, formera 6 à 8 volumes, qui paraîtront par livraisons de 2 volumes chacune; la première sera mise en vente le 1er mars prochain.

A PARIS, CHEZ DUFÉY, LIBRAIRE,
RUE DES MARAIS SAINT-GERMAIN, N° 17.

HISTOIRE DE LA RÉFORME, DE LA LIGUE ET DU RÈGNE DE HENRI IV.

CHAPITRE CX.

GUERRE CONTRE L'ESPAGNE. — CAMPAGNE DE PICARDIE.

Caractère de la guerre. — Auxiliaires de Henri IV. — L'Angleterre. — La Hollande. — Les Allemands. — Les Suisses. — Auxiliaires de Philippe II. — La Savoie. — Napolitains. — Italiens. — Wallons. — Surprise d'Amiens. — Le brave capitaine Hernando Tello. — L'archiduc Albert. — Amiens au pouvoir de Henri IV.

1597.

La guerre contre Philippe II n'avait été nominativement déclarée que par Henri IV, roi de France et de Navarre; le manifeste des batailles ne parlait que des vieux griefs de la maison de Bourbon et du souvenir des dissensions civiles fomentées par l'Espagne. Toutefois, la situation politique de l'Europe, la complication d'intérêts et de principes qu'avait jetée la réforme parmi les peuples, le nouveau droit public qu'elle avait fait naître, donnaient de nombreux auxiliaires à Henri IV. Ces auxiliaires pouvaient seuls rendre les chances égales dans cette vaste lutte. Le roi de France aurait-il jamais résisté avec sa brave, mais peu nombreuse chevalerie, aux *regimentos* espagnols envahissant de tout côté la monarchie par la Flandre, la Bourgogne, les Pyrénées et la Bretagne?

C'était donc par des alliances, par les secours constans et efficaces des étrangers, que Henri IV pouvait espérer de lutter contre Philippe II. Depuis sa triste jeunesse de Béarn, le roi de France avait trouvé appui dans Élisabeth d'Angleterre. La *pauvre vieille* avait fourni subsides, régimens d'Ecossais, Anglais, Irlandais même, belles troupes qui marchaient sous le canon sans s'émouvoir. La conversion de Henri IV au catholicisme avait un peu affaibli ces liens d'intimité; le principe d'une foi commune, la réforme, n'agissait plus sur l'alliance, mais les intérêts de la France et de l'Angleterre étaient tellement liés contre la puissance de l'Espagne et la monarchie universelle de Philippe II, qu'il était désormais impossible de les séparer. Henri IV entraînait donc à sa suite l'Angleterre, qui ne pouvait jamais souffrir que l'Espagnol dominât la Flandre et pût commander le détroit par Calais.

Les Pays-Bas hollandais faisaient également une imposante diversion à la guerre de l'Espagne contre la France. Déjà constitués sous la maison d'Orange, ils tenaient à leur solde des régimens français, tandis que leurs marins et les Allemands levés par leurs subsides s'avançaient sur la Flandre espagnole. La Hollande n'était plus cette colonie de révoltés secouant avec effort le joug de Philippe II; l'esprit du commerce et de la réforme avait là porté ses fruits. C'était un fait immense pesant de tout son poids dans la balance des relations d'Etat à Etat. Quand l'archiduc Albert préparait une expédition contre la Picardie, le prince Maurice paraissait sur les frontières nord, conduisant une brave et forte armée. De telles diversions étaient un appui décisif pour Henri IV.

Les princes réformés de l'Allemagne agissaient bien par le sentiment commun d'une haine religieuse contre la maison d'Autriche, mais au-dessus de ce sentiment même était pour eux la question des subsides! Jamais les reistres et les lansquenets, les capitaines qui les conduisaient, n'avaient hésité, par des motifs de conscience, lorsqu'il s'agissait de toucher une bonne pension, une solde considérable. On se battait pour Henri IV catholique comme pour le Béarnais protestant; il y avait des reistres et lansquenets tout à la fois au service des Pays-Bas hollandais, des Espagnols et de Henri IV. Aucun principe de nationalité n'unissait les généreux enfans de la Germanie; la féodalité avait là si fortement morcelé l'unité territoriale, que le souvenir de la patrie commune n'existait plus.

Les cantons Suisses étaient plus vivement nuancés pour le principe religieux. Genève, l'austère Genève, avait vu avec douleur Henri IV embrasser la *superstition* romaine, le papisme tant flétri par Calvin; mais pouvait-elle se séparer d'un protectorat qui la sauvait des armes de la Savoie? ne devait-elle pas appeler à l'aide de Henri IV toutes les forces helvétiques dont la réforme pouvait disposer? Le triomphe du principe catholique et de Philippe II devait amener la réunion de la république calviniste aux terres de la Savoie, la perte de la liberté politique et de l'indépendance souveraine. Genève se dévoua à la cause française; elle encouragea tous les cantons réformés à prendre les armes; ses ministres firent entendre la parole des Écritures, et l'habile correspondance du roi de France engagea invariablement les Suisses dans la ligue contre la maison d'Autriche.

La monarchie espagnole luttait seule contre la coalition des forces hostiles à son principe: cette monarchie embrassait alors les deux hémisphères; non seulement elle pouvait armer la population belliqueuse et chevaleresque de quatorze royaumes ou provinces unies sous son sceptre, mais encore les vieilles bandes de Naples, de Sicile, de Parme et Plaisance, noircies sous le soleil d'Afrique. Par la Franche-Comté et la Savoie, l'Espagne communiquait avec ses provinces des Pays-Bas, et cernait la France comme d'une longue barrière de régimens de piquiers et de hallebardiers : ces régimens avaient débordé sur la Flandre et la Picardie; leur avant-garde était à Dourlens, sous le capitaine Hernando Tello, tandis que Henri IV convoquait le ban et l'arrière-ban de sa gentilhommerie, et fixait le rendez-vous de l'armée à Amiens, où s'accumulaient pêle-mêle les magasins d'armes, d'argent, de vivres pour la campagne. Voilà que le roi apprend tout à coup qu'Amiens venait d'être surpris par les Espagnols[1]. « Le capitaine Hernando Tello Porto-Carrero, gouverneur de Dourlens pour les Espagnols, laquelle ville fut prise au roy le jour Sainct-Jacques dernier, mit à exécution son entreprise sur Amiens, ne demandant qu'à accroistre sa renommée; et pour y parvenir, rassembla les garnisons voisines, et après avoir plusieurs fois, en habits déguisés, recognu la

[1] « Le mercredi, 12 de ce mois de mars, veille de la mi-caresme, pendant qu'on s'amusoit à rire et à baller, arrivèrent les piteuses nouvelles de la surprise de la ville d'Amiens par l'Espagnol, qui avoit faict des verges de nos ballets pour nous fouetter, de laquelle nouvelle Paris, la cour, les danses et toutes les festes furent fort troublées, et mesme le roy, étant comme estonné de ce coup. » *Journal de Henri IV*, ann. 1597.

ville, il y fit approcher et mettre ses gens en embuscade dans le lieu de la Magdeleine, proche la ville, le mardi 11 mars de la présente année 1597. Pendant que les habitans étaient à l'église à ouïr le service, luy et les siens, contrefaisant les manans et vivandiers, portant hottes de pommes, noix et autres denrées, chassant devant eux des chevaux et asnes de bât et de somme, et faisant froid, feignirent d'aller chauffer ès corps-de-garde, où exprès ils se laissèrent tomber avec leurs charges de pommes et noix, que les gardes s'amusèrent à ramasser; et lors ledict Hernando Tello et autres capitaines se saisirent des armes et corps-de-garde, pendant que certains coches et charriots étoient sous les herses et portes; et ceux qui estoient dans lesdicts coches en sortirent en armes et gagnèrent aisément icelles portes, sans aucune résistance; puis, à leur signal, ceux qui estoient en embuscade arrivèrent à toute bride et entrèrent furieusement dans la ville, où marchoient des premiers quatre braves capitaines armés de toute pièce, avec leurs pertuisanes, soutenus de grand nombre de mousquetaires et arquebusiers qui tiroient incessamment par les rues, rasant les fenestres et les huis des maisons, seulement en intention de faire rasfle et gorge-chaude; mais voyant qu'ils ne trouvoient aucune résistance, poursuivirent leur fortune et se rendirent maistres de la ville, désarmèrent les habitans, et donnèrent ordre à tout ce qui leur estoit nécessaire. Ils y trouvèrent de grandes richesses et toutes sortes de munitions de guerre, que le roy y avoit faict naguère mener [1]. »

C'était là une expédition hardie, une trouée d'avant-garde plus à craindre pour le moral de l'armée que pour le résultat stratégique. Sans doute, si l'archiduc Albert avait été en ligne pour couvrir Amiens, poste très-avancé, alors la position de l'armée de Henri IV eût été compromise; mais tenir Amiens avec deux régimens seulement contre toutes les forces royales, c'était une de ces glorieuses fanfaronnades que

---

[1] Chronique de Jehan Vaultier, de Senlis. — Je citerai souvent cette chronique, parce que le sieur Vaultier, bon bourgeois habitant de Senlis, vieux arquebusier en retraite, suivait pour la campagne de Picardie tous les mouvemens des armées, qui se faisaient non loin de son pays. Il mettait en écrit jour par jour ce qui se passait de remarquable; aussi fait-il connaître bien des détails qu'on ne rencontre nulle part.

les Espagnols aimaient à sceller de leur sang. « Le roy estant adverti de ce que dessus, envoya en diligence le maréchal de Biron pour investir et assiéger Amiens et garder les passages, de peur que les ennemis n'y entrassent avec plus grande puissance, fit dresser un pont à Longpré sur cinq bateaux pour passer et repasser la Somme, où il y avoit garde, et l'armée campa en ce lieu. On y fit plusieurs tranchées avec plusieurs forts ès avenues de ladicte ville, qui continuèrent jusqu'aux fossés et remparts d'icelle. Tost après le roy partit de Paris et fut à Beauvais, qui estoit en grand branle et prest à se rendre à l'ennemi, s'il s'y fust présenté. Il y séjourna en attendant les forces de sa noblesse, qui y arrivèrent de toutes parts, avec lesquelles, après les avoir assurés et mis en garnison pour les garder et donner ordre à tout, il s'achemina audict Longpré, où estoit son armée[1]. » L'armée royale était forte de gentilhommes et d'étrangers : « Le 12 aoust, M. le duc de Mayenne arriva en l'armée avec grand nombre de noblesse et compagnies, tant

---

[1] Chronique de Jehan Vaultier, pag. 367.

d'hommes de pied que de chevaux, sans ceux qu'il avoit envoyés au précédent. Le lendemain arriva en ladicte armée six cents Anglais de la garnison de Sainct-Valery et du Crotois; et comme ils marchaient en parade proche de leurs quartiers pour se rendre et loger avec leurs régimens, trois soldats d'un rang furent tués d'un seul coup de canon. Ils ne laissèrent pour cela de marcher plus gravement : auquel quartier, qui estoit proche de Patience, l'ennemi ne cessoit de tirer : ils y estoient quinze enseignes complètes de trois cents hommes chacune. Le 14 aoust, suivant le mandement du roy, arriva en ladicte armée le régiment de Normandie, avec leurs bonnets rouges, composé de quinze cents hommes, lestes, qui avoient cy-devant esté contraires à Sa Majesté, conduits sous la charge du capitaine Boniface, qui, durant ces troubles, commandoit pour le parti des princes dans le mont et citadelle de Saincte-Catherine de Rouen, à présent ruiné et démoli. Le 4 septembre arriva en ladicte armée le régiment de la ville de Paris, composé de quinze cents hommes fort lestes[1]. »

[1] Chronique de Jehan Vaultier, pag. 362, 363, 367.

Ainsi Paris même avait levé son régiment, tant les périls paraissaient graves, tant la monarchie était menacée! Il fallait voir, malgré cette cohue, le bel ordre, la belle tenue des camps devant Amiens : « L'armée du roy estoit campée dans un vallon, à l'entour et au dedans le lieu de la Magdeleine où il estoit logé, MM. les princes autour de luy, comme M. le prince de Conti, de Montpensier, le connétable de Sainct-Paul, de Mayenne, de Nemours et autres grands seigneurs, les financiers, vivres et munitions; entouré de ses régimens, de ses gardes et compagnies françaises, le régiment des Suisses du colonel de Soleure; les Suisses et lansquenets du colonel de Galatie, ordonné pour l'artillerie, taxe et munitions d'icelle; tous les régimens chacun à part soy, et tous d'un rond en croissant, estant en grand nombre, et celuy des Anglois et Irlandois tout le dernier et proche de la justice de la ville nommée *Patience*, et la cavalerie à l'entour de l'infanterie sur les aisles. Il y avoit en ladicte armée plusieurs belles places publiques, rues et paroisses, entre lesquelles il faisoit beau voir celle des grossiers et merciers de Paris, beaux marchés, belles boucheries, estapes à vin, tant par terre que par eau, apports de grains, foin, paille, bois de toute sorte pour bastir, faire loges et pour brusler, et de toutes autres sortes de marchandises nécessaires à une armée royale, et nommoit-on ce lieu la place Maubert, sans les autres places et rues qui avoient chascune leurs noms, comme les Halles, rue Sainct-Denis et autres; mesme quand il y arrivoit quelques grands seigneurs, Sa Majesté prenoit plaisir à les mener voir icelles. Toutes sortes de mestiers étoient en ceste armée, qui y arrivoient de toutes parts, jusqu'à des corroyeurs avec leurs establis et ustensiles, servant à chacun mestier, y faisant leur profit, autant et plus que s'ils avoient esté en leurs maisons; et l'on eust plustost pris ce lieu pour quelque grande villasse que pour une armée qui fut faicte en peu de temps, en s'accroissant de plus en plus[1]. »

On voyait par ce bel ordre des tentes que ce n'était plus seulement le roi de Navarre qui, brave aventurier, conduisait des armées de gentilshommes sans frein et sans discipline.

---

[1] Chronique de Jehan Vaultier, de Senlis, pag. 377, 379.

DÉFENSE D'AMIENS (1597).

Biron était un homme de tactique; les ducs de Mayenne, de Nemours avaient long-temps commandé avec prudence; tous ces noms des généraux de la ligue parlaient aux sympathies populaires; n'y avait-il pas, au camp même, un régiment des ligueurs de Paris!

Le brave Hernando se défendait dans Amiens contre toute l'armée du roi, avec un héroïsme digne des temps de la chevalerie; il ne désespérait pas de vaincre l'armée royale; il écrivait à l'archiduc Albert : « Je vous ay mandé cy-devant de m'envoyer quelques hommes. Je crois que ne l'avez pu faire, puisque ne les avez envoyés; ce sera la bonne fortune du prince de Bearn, car avec mille hommes de plus, j'aurois coupé la gorge à toute son armée. Nous avons faict une sortie où il en est mort cinq cents de l'ennemy, et entre iceux des mestres-de-camp, des personnes de plus grande qualité et beaucoup de noblesse. L'ennemy a si grand peur, qu'aussitost que nous baissons le pont de la ville pour quelque chose que ce soict, il quitte incontinent les tranchées et se met en garde. Avec tout cela, l'ennemy s'approche avec grande diligence, et quand ceste lettre arrivera en vos mains, il sera logé sur les fossés ; et encore que ne perdions pas courage, cela nous donnera beaucoup de peine, car nous avons affaire avec toute la France, aux yeux et à la vue de son prince. Hâtez-vous donc et ne nous donnez point occasion de perdre courage, maintenant que nous commençons à descouvrir qu'il y a des volontaires lasches, lesquels s'assureront s'ils ont advis de vostre venue. Quant à moy, je ne perds courage, et le monde ne m'ostera jamais l'honneur. Je mourray avec cela, et ce me sera un assez honorable tombeau; ce qui arrivera sans faute, puisque mes ennemys font estat de ne m'avoir jamais qu'à force de canon[1]. »

Ces pressantes dépêches avaient pour objet d'appeler l'archiduc Albert qui s'avançait lentement au secours d'Amiens et de son brave capitaine. Rien de hardi ne fut fait par l'armée espagnole qui craignait pour ses derrières la marche rapide du prince Maurice des Pays-Bas. Il y eut des escarmouches et point de batailles; Hernando, à peine secouru, se défendit comme un héros; puis un beau jour « il y décéda d'un

---

[1] Chronique de Jehan Vaultier de Senlis, pag. 357.

coup de balle de mousquet, comme il visitoit la bresche, estant sur le pont de la porte Montrescu. Le seigneur marquis de Montenegro fut mis en son lieu et place. »

La brèche était faite sur l'épaisse muraille, et les secours espagnols n'arrivaient pas; Montenegro n'avait point l'énergie du brave Hernando; il demanda à capituler; et comme Henri IV craignait toujours le mouvement de l'armée espagnole, des conditions larges furent accordées au gouverneur d'Amiens. « Tous ceux de la ville et autres, de quelque qualité et condition qu'ils fussent, pouvoient en sortir emportant avec eux les biens qui leur appartenoient, et l'on permettoit à ceux qui y vouloient demeurer de le faire en toute sureté. Tous les gens de guerre pouvoient également sortir en liberté et avec tous les honneurs, c'est-à-dire, avec armes, bagages, canons et mèche allumée, drapeaux déployés et tambours battans. Des charrettes devoient estre fournies par le party du roy aux blessés jusqu'à Dourlens ou Bapaume, avec escorte. Les malades restant dans la ville devoient y estre traités aux frais des vainqueurs, et non les sortans payer les drogues et médicamens. Les prisonniers estoient mis en liberté de part et d'autre. Enfin un article d'honneur lugubre avoit esté stipulé par le successeur de Porto-Carrero : Montenegro demanda qu'on ne touchast poinct au tombeau de Hernando et des autres officiers morts pendant le siége; ce qui lui fut accordé, sous la réserve que les inscriptions ou bas-reliefs de ces monumens ne continssent rien d'injurieux à la nation françoise. « C'était un noble sentiment de piété et de respect que celui qui dirigea les Espagnols dans cette circonstance. Les Français trouvèrent là le casque et la cuirasse de Hernando, et furent étonnés de les voir si petits qu'on les eût pris pour l'armure d'un enfant, tant sa taille répondait peu à la grandeur de son courage.

« La ville rendue, chascun s'efforça d'y entrer pour recognoistre et voir le tout, comme des fortifications, desfenses, boulevards, et principalement la belle église de Notre-Dame où est le chef de saint Jean, au chœur d'icelle, et devant lequel autel estoit ensépulturé le corps dudict Hernando Tello de Porto-Carrero, duquel, pendant que Sa Majesté estoit avec son armée au pays d'Artois et autres lieux; ils enlevèrent le corps et autres qu'ils emportèrent en leur pays, et y laissèrent seulement les trophées qui estoient ses armes, corcelet, haubert, casque, brassards, cuissards, grève, gantelets, espée d'armes, éperons, enseignes, guidons, trompettes et autres choses de remarque, avec un grand tableau où estoit escrit en lettres d'or son épitaphe[1]. »

[1] Voici cette épitaphe :
HIC VIVET
MEMORIA NOBILIS VIRI ET ANTIQUISSIMÆ PROSAPIÆ
COLONELLI FERDINAND TEILLO PORTO-CARRERO.
PRIMUS FUIT PRO REGE NOSTRO CATHOLICO PHILIPO SECUNDO
NECNON PERFECTISSIMO PRINCIPE AUSTRIACO
ALBERTO CARDINALI
HUJUS AMBIANENSIS URBIS GUBERNATOR.
QUAM URBEM AGGRESSUS EST, DEO ADJUTORE
VIRTUTE, JUSTITIAQUE ET RELIGIONE COHÆRENTE.
obiit quartâ septembris, anno 1597.

Lesquels trophées et autres choses de remarque ont été depuis ôtés par les habitans d'Amiens, pour en faire perdre la mémoire, attendu qu'ils en recevaient de grands affronts, pour s'être laissés surprendre de telle sorte. — Chronique de Jean Vaultier de Senlis, publiée par M. Adhelm Bernier.

Il paraît que le chroniqueur Vaultier aimait beaucoup à s'occuper d'épitaphes, de tombeaux. Il avait voyagé en Italie, car j'ai pu vérifier l'exactitude de ce qu'il rapporte du Campo-Santo à Pise, ainsi qu'à Florence. Vaultier copie l'épitaphe suivante, qui existait au cimetière de Saint-Denis :

Sous my pierre   De Machi,
Gist Pierre   Qu'on a chy

STRATÉGIE ESPAGNOLE (1597).

La prise d'Amiens finit en quelque sorte la campagne; il y eut bien des bravades de chevaleries faites contre Arras. L'archiduc Albert demeura impassible; il était inquiet de l'invasion du prince Maurice dans les Pays-Bas. La ligne d'Arras était débordée; n'allait-il pas être serré entre deux armées également braves, également formidables? Il y avait cela de particulier dans la prudence espagnole, qu'à force de précautions elle perdait le fruit de ses conquêtes; les généraux exagéraient la stratégie; ils marchaient en masse, à l'abri de leurs chars, défendus par de longs canons et couleuvrines; cet ordre était bien pour une retraite, sans doute; mais à quoi aboutissait-il dans une marche en avant, où il fallait ce courage aven-

Mort bouttè.	Onze enfans
Dieu lui fasse	Bruns, blonds, blancs;
Voir sa face.	Or sont morts
Chè épousée	Tous ces corps
Est posée	Vers nourrissent
Chy emprès,	Et atendent
Qui après	Qu'ils reprennent
Trepacha	Sous ce lame
Et pacha	Corps et âme,
De cheu monde :	Pour aller
Dieu la monde!	Et voler
Tant vèquirent	Es saints lieux
Qu'ils acquirent	Chè Dieu veut.

tureux qui risque quelque chose pour courir au triomphe? La chevalerie du Béarnais caracolait autour des vieilles bandes wallones; les Espagnols épargnaient ainsi les hommes, ne compromettaient pas leur camp; mais ils défendaient difficilement les positions hasardées. Henri IV dut à la pétulance française une partie de ses succès, et ses succès lui donnèrent la grande paix de Vervins.

CHAPITRE CXI.

NÉGOCIATIONS POUR LA PAIX. — TRAITÉ DE VERVINS.

Besoin de la paix. — Intervention du Pape. — Du cardinal archiduc. — Du général des cordeliers. — Instructions de Henri IV à son ambassadeur. — Refroidissement avec Elisabeth. — Henri IV à la reine d'Angleterre. — Négociation auprès de Philippe II. — Henri IV décidé à la paix. — Efforts des négociateurs. — Conférences. — Clauses du traité de Vervins. — Exécution de ce traité en Picardie. — En Bretagne. — Négociations avec les Etats-Généraux de Hollande. — Justifications en Angleterre.

1597 — 1598.

Il y avait lassitude de batailles : cette guerre, sans avoir un résultat décisif, avait été presque partout favorable à la cornette blanche et fleurdelisée d'Henri IV; la plupart des provinces étaient délivrées de l'invasion espagnole; Philippe II avait compté sur des défections, des appuis secrets; ils ne s'étaient pas rencontrés. Le prince vieillissait, et dans le palais de San-Lorenzo, on ne reconnaissait plus, sous ces voûtes sombres et froides, cette activité de roi qui remuait les Deux-Mondes[1]. Il n'y avait plus la bouillante vie de la jeunesse qui court aux périls comme à une fête; on pensait au repos, à la paix qui seule pouvait permettre et préparer les plaisirs de cœur et d'amour qu'Henri IV chérissait par-dessus toute chose. Dans cette situation des esprits, la vaste autorité catholique du pape s'offrit comme souveraine médiatrice. Le Turc avait débordé en Hongrie; ses armes mena-

[1] Pour la paix de Vervins, lisez : Discours sur l'accord des rois de France et d'Espagne, 1598. *Orazione di Simione Ammirato all Henrico quarto, re di Francia, dopo la pace fata con Spagna*. Firenze, 1598, in-4°. — *Historiarum a pace constitutá, ann. 1598, liber primus, Caroli canto clari libellorum supplicum magistror*. Decani, Parisiis, 1615, in-4°. — *Declamationes quatuor de pace*. Parisiis, Prevosteau, 1598, in-4°. — Congratulation de la France pour le bénéfice de la paix. Lyon, 1598, in-8°. — Le Miracle de la paix, par J. Duhesme. Lyon, 1598, in-8°. — Pour les négociations, lisez : Mémoires historiques concernant les négociations de la paix, par le marquis de Billey. Paris, 1667, in-12.

çaient la Sicile, et l'idée de croisade, que la réforme n'avait pas éteinte dans les cœurs, se réveillait contre les Infidèles, qui violentaient femmes, enfans, clercs et pucelles. N'était-ce pas une circonstance naturelle pour réunir toute la chrétienté sous un commun étendard? Combien une guerre générale contre les Musulmans ne serait-elle pas populaire? et comment y arriver, au milieu de ce duel de sang qui précipitait les unes contre les autres toutes les forces de la chrétienté? Le pape Clément VIII, uni à l'archiduc-cardinal Albert, et au général des cordeliers, ordre saint et modeste, tentèrent cette tâche laborieuse. Les armes de Rome étaient puissantes encore, surtout dans la noble direction que le pontife voulait imprimer au monde catholique.

Dès la fin de l'année 1597, tout semble tendre à la négociation. Une lettre interceptée de Henri IV à son ambassadeur à Rome, exposait nettement le but et la portée du traité qui se préparait[1] : « Combien je remercie Sa Saincteté, disait

---

[1] Copie d'une lettre interceptée venant de Turin. (*La copia de la carta intercepta que vino de Turin.*) Le duc de Ledesma l'a traduite en espagnol, et l'a envoyée à Philippe II. Il n'y a point

le roi, du bref qu'elle a daigné m'envoyer relativement à mon royaume de Navarre! c'est un tesmoignage de la justice de ma cause. Mais estant chose secrette et privée, elle n'aura pas tout le résultat que je desirerois; vous le direz à Sa Saincteté, et en mesme temps que j'espère que mon espée, assistée de la grace de Dieu, me fera droit, avec le temps, du tort que l'on me faict, si je n'y peux atteindre par une autre voye. A ce propos, vous parlerez également de ce que Sa Saincteté vous a dict relativement à la paix avec le roy d'Espagne, pour laquelle elle a envoyé en Flandre et faict passer icy le général des cordeliers. Je l'ay vu et ouï deux fois, après lesquelles il est party pour retourner à Bruxelles. Je l'ay faict accompagner par un de mes valets de chambre. Je ne puis icy que me louer grandement de la saincte intention que nostre Sainct-Père a mise pour procurer la paix à la chrestienté, et pouvoir mieux faire la guerre aux ennemys d'ycelle. Je sçais que dans l'empire du Turc tout est en confusion;

---

de titre, mais c'est une lettre de Henri IV à son ambassadeur à Rome, M. le duc de Piney. 15 juin 1597. Archives de Simancas, B 857?.

s'il estoit vivement pressé, il seroit très-facile de le renverser, à la gloire de Dieu. J'en cognois certaines particularités fort remarquables qui augmentent en moy le desir de ceste pacification européenne que Sa Saincteté affectionne, pour y employer le reste de mes jours et tout ce qui est en ma puissance avec les autres princes chrestiens. Le général des cordeliers m'a faict entendre les intentions de Sa Saincteté, en ajoutant que le roy d'Espagne et le cardinal Albert étoient disposés à la paix (de quoy cependant il ne m'a parlé qu'en termes généraux). Je luy ay respondu que j'estois tout prest à en faire de mesme, et pour ce embrasser les saincts conseils de Sa Saincteté. Ledict général, m'apportant ces desclarations et assurances du roy d'Espagne et du cardinal-archiduc, m'a pressé vivement de luy faire quelqu'ouverture qui rendist tesmoignage de ma bonne volonté. — « Je sçais, m'a-t-il dict, les scrupules qu'éprouve chascun de parler le premier en pareille circonstance ; mais n'est-ce pas nostre Sainct-Père qui d'abord a envoyé vers vous son légat, lequel a passé auparavant par Bruxelles pour s'assurer du consentement du cardinal, comme déjà il avoit celuy du roy d'Espagne?» — «Mais ne l'ay-je pas faict avant qui que ce soict, ay-je respondu au général; et Sa Saincteté n'a-t-elle pas reçu mille tesmoignages de mon desir de la paix? Enfin n'ay-je pas plus d'occasion de la desirer que nul autre? Veuillez donc bien assurer Sa Saincteté qu'elle m'y trouvera tousjours aussi disposé que le peut estre un prince qui craint Dieu et faict profession d'honneur. Mais l'archiduc a-t-il bien les pouvoirs du roy d'Espagne pour traicter de ceste paix? J'en doute, et jusque-là il n'est pas raisonnable que je discoure inutilement sur mes intentions, d'autant que le bruit de ceste paix m'est très-préjudiciable, parce qu'elle met mes alliés en desfiance de moy : c'est à ce but que tendent mes ennemys, je le sais. N'a-t-on pas intrigué autour de l'empereur, de manière qu'il vient d'envoyer un gentilhomme de sa chambre, M. Carlo Meser, pour y préparer le chemin aux ambassadeurs de l'Empire? Pourrait-on m'éclaircir franchement sur ce point? M. le général, ay-je fini par dire, que tout le monde vienne à la raison comme moy, et nous serons bientost en paix; je ne veux rien d'autruy, moy, mais seulement rentrer dans ce dont on m'a injustement spolié. » — « Là-dessus le général m'a instamment prié de m'ouvrir davantage à lui, ce que j'ay refusé, en disant qu'il devoit se contenter de cela, et que j'en disois assez sur ce point pour les satisfaire et acheminer le tout en bonne œuvre. Je ne sais quelle sera la réponse du cardinal-archiduc; mais je crains bien que ceste négociation me fasse plus de mal que de bien, comme il m'arrivera si j'offense mes alliés sans en retirer aucun effect. Suppliez bien Sa Saincteté de prendre garde et trouver bon que je fasse de mon costé comme mon honneur et le bien de mon royaume m'obligent de le faire. — C'est le pape qui m'a aydé à me sauver, et il n'est ny de son honneur, ny de son avantage que je sois joué et affoibli par les ruses de mes ennemys, sous le nom et auctorité du sainct-siége, lequel je sçais y procéder de bonne foy. J'ay trouvé ce général des religieux très-accord avec moy, bien que, subject du roy d'Espagne, il doive pencher de son costé. Au reste, est-ce bien prendre le chemin du Levant ou de la Hongrie, pour faire la guerre à l'ennemy de la chrestienté, que de vouloir marcher à la conqueste du royaume d'Angleterre, comme le veut Philippe II? Outre que cet ouvrage n'est pas à beaucoup près si facile que les Espagnols le persuadent à Sa Saincteté ou que sa piété le luy faict croire, je ne peux souffrir que ledict roy d'Espagne ajoute encore ceste couronne aux autres, qui sont en si grand nombre sur sa teste qu'il l'a toute courbée. — Du temps des roys Charles IX et Henry III, ils avoient peu d'intelligence avec la royne d'Angleterre; les forces du roy d'Espagne en Flandre étoient plus gaillardes et mieux conduites, et ses coffres mieux garnis d'argent, enfin la chrestienté estoit en paix avec le Turc; on n'a pu cependant subjuguer en trente ans ceux de ladicte religion, et on voudroit le faire aujourd'huy dans l'estat où sont les affaires de l'Espagne et ceux-là de ladicte religion si forts et si unis! Quelle espérance ou raison y a-t-il de le penser? C'est là, il faut que je le dise, le moyen habituel aux Espagnols de tenir en combustion la chrestienté, et par ce moyen parvenir plus facilement à envahir et gourmander chascun sous le prétexte de la religion, aux despens mesme de ceste religion. — Car est-ce bien à force d'armes qu'elle veut estre soutenue? Les derniers temps ont bien prouvé le contraire. Et aussi combien plus de personnes ont esté réduites à la vraye croyance par instruction que par force! C'est d'après cela que je me gouverneray envers mes subjects, parmi lesquels je m'efforceray d'entretenir l'union, et empescheray qu'ils ne se battent entre eux pour la religion. D'ailleurs la royne d'Angleterre, après la mort de laquelle on attend pour revendiquer sa couronne, n'est ny si vieille, ny si usée que le roy d'Espagne. Elle n'est pas moins puissante non plus, et la preuve, c'est que ses flottes se font redouter en Espagne et en Portugal autant que celles du roy d'Espagne en Angleterre. — Les provinces unies, de leur côté, sont en campagne et taillent de la besogne au cardinal, comme j'espère le faire bientôt pour mon compte. Je ne peux croire que Sa Saincteté me conseille une telle infamie qui seroit celle d'abandonner mes alliés au détriment de mon honneur, quand c'est par eux que j'ay redressé ma couronne. Je considère assez que Sa Saincteté entreprendra mal volontiers une paix où la royne sera comprise; mais il est plus facile de remédier à ce point par rapport à Sa Saincteté, qu'il n'est de me faire violer ma foy. Je prie cependant Sa Saincteté de ne pas laisser de traicter l'accord avec le roy d'Espagne, attendu que si la royne faict refus de s'accommoder, ou se rend trop difficile, je pourray, dans l'intérêt de mon pauvre peuple, et plus libre de mes engagemens, me séparer d'elle. Je m'étonne des trois demandes que le cardinal Sainct-Georges vous a dict devoir estre faictes par le roy d'Espagne quand il faudra traiter. La première, d'estre remboursé de tous les frais qu'il a faicts durant la guerre; la deuxième, de retenir mes places acquises par le droit de guerre; et la troisième, de recognoistre la Bretagne comme appartenant à sa fille. Ces demandes sont tellement impertinentes que je ne les puis croire, ny de la part du roy, ny de ses ministres; ce n'est point ainsi le moyen de s'accommoder, que de blesser le roy de France et la France elle-mesme dans son honneur : sommes-nous donc vaincus ou écrasés? Non, car voilà nos épées et nos bras encore tous prests pour recommencer vaillamment la besogne contre les injustices de l'ennemi. Est-il raisonnable que je paye les frais d'une guerre faicte tout exprès pour me ruiner? Ce seroit par trop fol et injuste : j'ay, de mon costé, trop de courage, de justice et de bons amis et serviteurs, et j'estime trop peu les armes de mon ennemi pour acquiescer jamais à de telles prétentions, soit par rapport aux frais de la guerre, soit par rapport à la Bretagne. Que le cardinal retienne donc ses demandes inciviles. Mon cousin; je vous escris ces choses pour vous fortifier aux réponses que vous avez à faire sur ce sujet, et non pour en parler tout-à-fait si clairement ny si librement que je vous l'escris; car si je ne veux, en traitant la paix, rien faire d'indigne d'un prince qui aime sa foy et son honneur, je ne veux pas non plus rebuter Sa Saincteté, ny luy donner à elle et autres l'occasion de m'imputer la cause de la guerre, tort qui retombera sur mes ennemis, s'ils veulent que je paye les verges desquelles j'ay esté fouetté. Enfin, j'auray pour agréable que l'on mette ce traité en estat que le choix m'en demeure sans offenser Sa Saincteté, sans donner barre sur moy à mes ennemis, ni leur découvrir mes conceptions. Vous demeurerez donc dans ce but jusqu'à nouveau commandement; et croyez, mon cousin, que je prie Dieu qu'il vous ait en sa saincte garde. — A Paris, le 15 juin 1597. HENRY[1]. »

Ces instructions curieuses, écrites de la main du roi, expliquent sa haute politique; il savait la situation de vieillesse et de décrépitude de Philippe II; l'Espagne avait besoin de la paix; le pape l'imposait. Henri IV avait raison de se considérer comme l'expression d'un système qu'un traité isolé pourrait compromettre. La restauration de Henri s'alliait à l'établissement de la Hollande indépendante, à l'agrandissement de la puissance protestante en Angleterre, à la liberté absolue du corps germanique, à la constitution de Genève et des autres cantons calvinistes contre la Savoie. Si pourtant les conditions offertes par Philippe II étaient larges, rassurantes, on pourrait traiter isolément. Mais était-il possible d'admettre les prétentions de l'Espagne, au moment même où de récens avantages avaient salué les cornettes de France?

Dès qu'Élisabeth eut connaissance des négociations avec l'Espagne, elle manifesta toute espèce de froideur à l'égard de Henri IV. Voulait-on sacrifier l'Angleterre à des stipulations

[1]. Archives de Simancas, côt. B 857¹.

particulières, à des avantages exclusifs pour la France? Le roi lui écrivait : « Madame, le sieur Roger Villaumez m'a trouvé sur le chemin de Lyon, venant secourir Cambray. Les lettres que je vous ay escrites avant mon partement et durant mon voyage vous ont faict cognoistre les occasions pour lesquelles je l'ay entrepris. Le progrès que j'ay faict pendant ce temps et le fruit qui en résulte ont faict assez cognoistre à un chacun combien ledict voyage estoit nécessaire. Il faut que je vous dise cependant, Madame, que j'estime avoir recognu quelque refroidissement à vostre bonne volonté accoutumée envers moy, sans que je sache vous en avoir donné l'occasion. Le secours duquel avez esté requise pour les affaires de mon pays de Picardie par ceux de mon conseil que j'avois establis en ceste ville, m'estoit si nécessaire, que ne l'ayant accordé, j'ay jugé quelque diminution de vos favorables offres d'amitié; or, je n'y peux recognoistre si peu d'altération que ce soit, sans un extresme regret et déplaisir, n'y ayant rien au monde que je ne fasse pour conserver vos bonnes graces et bienveillances. Il faut aussi, Madame, que je vous confesse que je ne manqueray de jalousie, si vostre bonne volonté envers moy n'estoit réciproque; car, outre l'inclination qui nous dirige dans ceste correspondance, le bien de nos affaires nous y conduit, ayant pour ennemi commun le roy d'Espagne. Nostre mutuelle intelligence rompra ses desseins, et assurera du tout ce qui dépend de la prospérité de nos royaumes. Sur quoy desirant sçavoir vos intentions, j'ay despesché Loménie, secrétaire d'Estat de mon royaume de Navarre; j'espère bien passer outre et entrer sur les terres de nos ennemis, pour peu surtout que vos forces, dont je vous fais prier, veuillent m'assister. Je les employerai aussi utilement pour le bien de vos affaires, puisque nous ruinerons nostre adversaire et ennemi commun. Je joindrai ceste obligation et faveur à beaucoup d'autres desquelles je suis si pénétré, si recognoissant, que c'est avec bien de la sincérité et du fond de l'ame que je prie Dieu, Madame, etc., etc.[1].—Vostre affectionné frère et serviteur, HENRY. »

Quand il s'agissait d'appeler des secours,

---

[1] Mss. de Brienne, vol. 37, fol. 8.

d'obtenir appui de la reine d'Angleterre, Henri IV présentait les deux causes comme invariablement unies contre Philippe II; mais lorsqu'il fallait négocier, préparer des résultats par des démarches secrètes, alors Henri abandonnait son alliée : Elisabeth n'était-elle pas menacée par le mouvement catholique que la paix pouvait favoriser, et qui touchait à la couronne protestante d'Angleterre? C'est dans cette pensée d'une révolution religieuse contre l'Eglise anglicane que le pape persévérait dans ses projets de pacification. Le nonce auprès de Philippe II eut ordre de presser plus que jamais la conclusion de la paix : « Nostre Sainct-Père le pape, lui disait-il, me commande expressément de vous écrire pour faire cognoistre à Vostre Majesté l'état des négociations traitées par son légat en France, ce que vous pourriez ignorer par les dangers continuels que courent les dépêches envoyées en Espagne. Sa Saincteté a député le père général de l'ordre de Sainct-François en Flandres pour y explorer les sentimens de l'archiduc à l'égard de la paix; il devoit aussi passer en France pour voir ce qu'avoit avancé le légat sur le même objet, et de cette manière pouvoir tâter la matière[1]. Il a trouvé l'archiduc assez disposé à la paix, mais assez difficile sur les conditions particulières; ce qui n'est pas étonnant, puisque c'est la première tentative, et qu'il n'a reçu d'autres ordres de Vostre Majesté que ceux de continuer la guerre. Etant ensuite passé en France, il a trouvé Henri assez bien disposé par les soins du légat; ce prince a demandé, entre autres choses, si l'archiduc avoit des pouvoirs de Vostre Majesté pour la paix; et il a laissé entendre ensuite, parmi quelques unes de ses prétentions, qu'il vouloit rentrer dans celles de ses places qui étoient occupées. Le père général étant retourné en Flandres avec cette réponse, a longuement discouru avec Son Altesse l'archiduc, qui, bien que recognoissant l'utilité de la paix pour le bien public, a fini par dire qu'il n'avoit pas la dernière parole de Vostre Majesté pour conclure ce traicté. Cette réponse ayant été transmise à Sa Saincteté, elle a répondu qu'il falloit bien démontrer à Vostre Majesté que cette interminable guerre

---

[1] Archives de Simancas, cot. B 857⁵.

n'étoit pas favorable à l'accroissement du catholicisme. La réponse d'Espagne s'étant fait attendre, Sa Saincteté m'a écrit de réitérer cette prière auprès de Vostre Majesté : car, l'occasion passée, les conjonctures peuvent devenir telles, que d'une affaire facile il en advienne une difficile et fatale. Sa Saincteté m'a dict de vous faire cognoistre, 1° que la Flandre lui paroissoit un endroit peu favorable au traité, tant à cause de sa proximité de la France, que parce que c'est à un personnage de vostre sang qu'est confiée la négociation, et pour mille autres raisons encore. Vostre Majesté m'a fait une réponse à cet égard qui satisfait pleinement Sa Saincteté. — Le deuxième article étoit que Vostre Majesté devoit se hâter de conférer des pouvoirs pleins et absolus à l'archiduc pour traiter de la paix sans perdre l'occasion qui se présente. Vostre Majesté sait en effet qu'une espèce de froideur règne entre le roy de France et l'Angleterre, et que hâter aujourd'hui la négociation, deviendroit un moyen facile de séparer la France de son alliance avec la royne et les Estats : une fois les hérétiques désunis, on pourroit bien mieux les ramener pour le bien de la chrestienté et le repos de tous. Ce poinct a paru si essentiel à Sa Saincteté, qu'elle ne croit pas qu'il y ait une difficulté qui ne doive céder à cette importante considération. Cette prière de Sa Saincteté ne sera poinct adressée en vain à Vostre Majesté, je l'espère; car elle considérera qu'outre la satisfaction qu'elle procurera à nostre Sainct-Père, elle aura fait encore un acte qui tranquillisera sa conscience, en sacrifiant quelques intérêts particuliers au bonheur général. »

Le pape s'était donc placé à la tête des idées pacifiques, des opinions de concorde et de rapprochement. Les transactions étaient difficiles, parce que la France et l'Espagne ne représentaient point des intérêts simples, mais une politique complexe. Henri IV n'avait pas à traiter seulement pour la France; devait-il, pour brusquer une convention de paix, se séparer de ses alliés d'Angleterre et des Etats-Généraux de Hollande? Philippe II lui-même ne pouvait isoler sa cause de l'existence politique des Pays-Bas espagnols sous l'archiduc Albert. Elisabeth surtout paraissait peu portée à la paix; ses expéditions étaient heureuses; la course et la piraterie enrichissaient les armateurs anglais ; elle savait également qu'une des pensées de la grande croisade catholique contre les Musulmans était de réveiller les idées populaires contre la réforme. Clément VIII rêvait l'unité religieuse, sorte de retour vers la société du moyen âge ; la pacification de l'Espagne et de la France arrivait à cette fin. De toutes parts éclataient les plaintes des alliés du roi, des Anglais, comme des Etats-Généraux des Pays-Bas.

« Mon cousin, écrivait Henri IV au connétable de Montmorency ; depuis vous avoir renvoyé le sieur Du Belloy, les ambassadeurs de la royne d'Angleterre et les desputés des Etats des Provinces-unies des Pays-Bas ont pris congé de moi pour retourner en leur pays. Les premiers ont parlé si diversement et incertainement de la volonté de leur maistresse, que je ne puis encore comprendre si elle veut entendre à la paix ou continuer la guerre ; mais j'ai bien recognu que ses ambassadeurs eussent bien voulu m'empescher de faire ladicte paix sans davantage engager leur maistresse à la guerre ; et j'ai trouvé les autres, depuis le premier jour de leur arrivée jusqu'à leur partement, si résolus à continuer la guerre, qu'il n'y a eu moyen de les fleschir ni disposer à la paix. Quoi voyant, et estimant m'estre suffisamment acquitté envers ladicte dame et lesdicts Estats de la foi promise par nos traictés, lesquels ne m'obligent pas de suivre leurs volontés au dommage de mon Estat, la conservation duquel me doibt par raison et par nature estre plus chère que toute autre amitié et considération, j'ai faict cognoistre auxdicts ambassadeurs ne pouvoir refuser les moyens qu'on me donnoit de recouvrer mes villes et donner repos à mon peuple accablé sous le faix de la guerre ; de quoi les uns et les autres ont montré estre mal satisfaicts. Toutefois, les Anglois m'ayant depuis faict instance de leur donner quelque temps pour en advertir leur maistresse comme ils estoient venus incertains de sa dernière volonté, je leur ai accordé quarante jours dedans lesquels je leur ai promis de ne ratifier l'accord que pourroient faire mes ambassadeurs, dont ils ont faict contenance de n'estre encore contents. Car, mon cousin, ils eussent bien voulu par leurs dilations et remises me faire perdre l'occasion qui se présente de pacifier mon royaume, pour faire tousjours leurs affaires à mes despends, grandir et profiter de mes travaux. Quant à ceux des Provinces-Unies, bien qu'ils aient esté marrys de la résolution que j'ai prise, comme ceux sur lesquels tombera principalement tout le faix de la guerre, toutefois ils n'en ont faict tant de bruits et de plaintes que les autres, de sorte qu'en envoyant devers leurs supérieurs le sieur de Buzenval, j'ai opinion que ce ne sera inutilement; car, à vous parler librement, je serois très-aise pouvoir rendre mes amis jouissans du mesme repos que je prends pour moi, tant pour leur propre bien que pour celui de la chrestienté. J'ai adverty les sieurs de Bellièvre et de Sillery du despart desdicts ambassadeurs, et de ma dernière volonté sur ce qu'ils traitent, de sorte que j'espère qu'ils y mettront fin le plustost qu'ils pourront. Je fais compte de m'approcher de vous pour faciliter et conclure toute chose; et comme il ne faut en tels cas s'assurer que de ce que l'on tient en la main, je ne laisse pas pour cela de renvoyer par-deçà une partie des forces que j'avois amenées dans ce pays. Mon cousin, mon but est, si Dieu me donne la paix, de remettre toutes choses en leur premier et ancien ordre, avec vostre ayde et bon conseil, afin que nous puissions jouir en repos du fruict de nos labeurs, à la gloire de Dieu et au contentement des gens de bien[1]. »

Le roi de France paraît enfin décidé à la paix, isolée s'il le faut, puisque ses alliés ne veulent pas entrer dans son système. Si les Etats-Généraux persistaient à faire la guerre, est-ce que le roi pouvait obéir à leurs intérêts ? si la reine Elisabeth se séparait de lui, pouvait-il la soutenir à des conditions onéreuses pour sa monarchie ? MM. de Bellièvre et de Sillery furent chargés par Henri IV des négociations pour la paix. Le président Richardot, l'envoyé Taxis, et le Belge Vereiken représentaient l'archiduc Albert, et le marquis de Lullino le duc de Savoie. Le lieu des conférences avait été fixé d'abord dans les Pays-Bas, puis à Vervins, ville de la frontière, qui fut neutralisée durant la guerre. Les instructions des deux négociateurs étaient courtes et précises : « Le roy entend que l'assemblée des députés se fasse en la ville de Vervins, auprès de la personne et en la présence de

---

[1] Mss. de Béthune, vol. cot. 9068, fol. 82.

M. le cardinal de Florence, légat de nostre Sainct-Père le pape, et du père Bonaventure Talatagironne, général de l'ordre Sainct-François, envoyé devers Sa Majesté exprès pour cet effet ; en laquelle assemblée lesdicts sieurs de Bellièvre et de Sillery auront soin de conserver et garder le rang dû à la royale dignité de Sa Majesté. Ils diront audict sieur légat que trois raisons et considérations ont mû Sa Majesté de passer par-dessus plusieurs autres très-importantes à son service : la première a esté le desir très-grand que Sa Majesté a eu de contenter nostre Sainct-Père, fortifié de la grande fiance que Sa Majesté a prise de la bonne volonté du légat, s'assurant qu'il ne consentira jamais estre faict chose honteuse et préjudiciable au roy et à la France ; le seconde, l'affection et le soin que doibt avoir tout prince chrestien d'embrasser et favoriser le repos public de la chrestienté ; mais la dernière est la parole donnée par le père général au légat et à Sa Majesté, au nom du roy d'Espagne et du cardinal Albert, de rendre, par ladicte paix, toutes les villes et places prises en ce royaume par ledict roy et les siens depuis le traité de Cateau-Cambrésis.

Sa Majesté desire que l'exécution de ladicte restitution soit commencée par les villes de Calais et Ardres, et après suivre et continuer par les autres sans intermission, jusqu'à ce qu'elle soit entièrement accomplie. Pareillement ils feront instance que la ville de Cambray soit remise au pouvoir de l'évesque, qui en est seigneur temporel et spirituel. Quant à l'instance que lesdicts députés pourroient faire des prétentions du roy d'Espagne et de sa fille aisnée sur le duché de Bretagne, les sieurs de Bellièvre et de Sillery estant, comme ils sont, bien informés des raisons avec lesquelles elles doivent estre combattues, il n'en sera faict mention en ce mémoire, seulement ils n'escriront rien qui puisse porter préjudice à Sa Majesté. Pour le royaume de Navarre, le roi leur commande qu'il ne soit rien faict et accordé qui affoiblisse ou diminue aucunement ses droits sur ledict royaume [1]. »

A ces instructions était jointe une lettre personnelle de Henri IV pour le cardinal légat : « Mon cousin, puisque les sieurs de

---

[1] Mss. de Béthune, vol. cot. 8963, fol. 32.

Bellièvre et de Sillery sont porteurs de la présente, je ne la vous escrirai que pour vous souhaiter autant de santé que je vous porte d'amitié et ay de fiance en la vostre, afin de pouvoir rendre l'œuvre que vous avez entrepris aussi parfait et accompli qu'il sera glorieux pour vous et utile pour tous, si vous en estes cru. Les sieurs de Bellièvre et Sillery n'ont pu partir à jour nommé, pour les raisons qu'ils vous diront. Ils marchent pour un faix qui est si pesant et touche aussi à tant de sortes de personnes, qu'il ne faut s'esbahir si on y procède lentement, mesme à ce commencement. Mais quand les matières seront assemblées, mon cousin, on pourra mieux advancer la besogne, si tous y veulent travailler aussi loyalement et rondement que je suis certain que vous ferez, mon cousin, et que feront, par mon commandement et très-volontiers, les sieurs de Bellièvre et de Sillery, sur lesquels me remettant, je vous prie ajouter foy à ce qu'ils vous diront de ma part, comme si c'estoit moy-mesme [1]. »

Les négociations furent longues. Toutes les

---

[1] Mss. Dupuy, vol. 178, fol. 12 vers.

instructions de la part de Henri IV portaient sur la restitution des villes qui étaient au pouvoir de la France lors du traité de Cateau-Cambrésis. C'était l'*uti possidetis* de 1559, dans son expression la plus large et la plus absolue. Ces points reconnus, MM. de Bellièvre et Sillery, après avoir défendu les intérêts de l'Angleterre et des Pays-Bas, devaient les abandonner, s'il était nécessaire, pour arriver à une paix définitive, en dehors même des alliés naturels. Cette situation des Pays-Bas et de l'Angleterre compliquait singulièrement les négociations si simples de Henri IV; Philippe II devait offrir des conditions meilleures, au cas où le roi de France consentirait à traiter isolément; l'archiduc Albert, qui gagnait à la paix la couronne ducale, avec les belles provinces de Franche-Comté et de Flandre, le rétablissement du vieux et brillant duché de Bourgogne, favorisait l'achèvement du traité : « Sire, écrivaient les négociateurs, ayant arresté la cessation de tous actes d'hostilité pour deux mois avec la royne d'Angleterre et les Provinces-Unies, nous renvoyasmes incontinent à Vostre Majesté le courrier Lafontaine pour luy en donner advis, et luy dire où nous en estions pour le surplus des articles de ce traité de paix. Depuis ce temps nous n'avons cessé de travailler pour mettre fin aux difficultés qui restoient à résoudre, que, graces à Dieu, nous avons surmontées; nous avons conclu et signé le traité avec lesdicts députés, et remis entre les mains de M. le légat. Nous les avons priés de tenir le tout secret jusqu'au jour où la ratification sera envoyée et les ostages délivrés. Le traité est mis en la forme qu'il doibt demeurer sans que l'on y puisse ajouter ni diminuer. Nous prions Dieu, Sire, que Vostre Majesté puisse longuement et heureusement jouir de ceste paix, laquelle estant dès maintenant conclue et arrestée, il est besoin que les gouverneurs et lieutenans-généraux de vos provinces soient advertis de la cessation de tous actes d'hostilité qui a esté accordée de part et d'autres. A quoy nous remettant, nous luy dirons que M. le légat nous a promis qu'il ne partira de ce lieu de Vervins, sans que premièremant il ait sçu la volonté de Vostre Majesté. Il dict que si les députés d'Angleterre viennent icy, il n'y peut rester avec son honneur, mais que doucement il se retirera à Reims sans que l'on s'aperçoive pour quelle occasion il le faict, et qu'il sera si près de nous qu'il ne manquera à servir Vostre Majesté. Ce bon prélat est plein de zèle et d'affection envers Vostre Majesté, à laquelle il se sentira fort obligé, si, escrivant au pape, vous l'honorez de vostre témoignage. Sire, nous venons de signer et remettre le traité entre les mains de mondict sieur le légat, et n'y a plus rien en disputes. Nous l'envoyerons au premier jour à Vostre Majesté, pour, s'il luy plaist, nous le renvoyer avec la ratification, estant le terme si court que nous n'avons point de temps à perdre[1]. »

La paix était ratifiée en toute hâte; et pour manifester son contentement, Henri répondit aux négociateurs : « Messieurs de Bellièvre et de Sillery; vous m'avez faict un très-signalé et agréable service d'avoir conclu et signé nostre traicté de paix ainsi que vous m'avez écrit par vostre lettre du 2 de ce mois. Je vous remercie de tout mon cœur du bon devoir que vous y avez faict; il a répondu à mes espérances. Car

---

[1] Mss. Dupuy, vol. 178, fol. 158 vers.

quand je vous choisis pour desfendre ma cause, je ne m'en promettois pas moins que cela. Souvenez-vous de ce que je vous en dis à vostre partement; et je me souviendray à jamais pour le recognoistre envers vous et les vostres de la fidélité, prudence et diligence dont vous m'avez servi en ceste occasion. Vous avez esté advertis par nos précédentes de la promesse qu'ont tirée de moy les ambassadeurs d'Angleterre, et depuis du peu de compte qu'ont faict les députés des Estats des Provinces-Unies de la cessation d'armes de deux mois que vous avez obtenue pour eux avec tant de peine. Quoy voyant, il m'a semblé que je n'estois obligé à cacher plus long-temps la conclusion dudict accord, puisque nous n'avions desiré qu'il fust tenu secret que pour la seule considération de mesdicts alliés. Je me resjouis grandement de la promesse que vous a faicte mon cousin le cardinal de Florence, légat de nostre Sainct-Père, de ne partir de Vervins que je ne luy aye mandé ma volonté; car je suis assuré que sa présence facilitera grandement l'exécution de nostre accord. Partant, après l'avoir remercié de la peine qu'il a prise pour moy, je le prie de me donner encore le temps qui m'est nécessaire pour me rendre entièrement jouissant du fruict de ses labeurs; l'assurant que je me rendray si près de luy dans la fin de ce mois, que je le remercieray moy-mesme du plaisir qu'il m'aura faict. Vous le fortifierez en ce propos, selon mon desir, et j'en remercieray nostre Sainct-Père par ma première, luy donnant tesmoignage de l'obligation que j'ay audict sieur légat pour sa bonne et heureuse conduite en ce traicté. J'ay desjà faict l'office pour le père général, et vous assure que je le verray volontiers jouissant de la récompense que je luy souhaite et qu'il a bien méritée[1]. »

« Mon cousin, ajoutait Henri IV au légat; j'espère vous voir bientost, et moy-mesme me conjouir avec vous de l'heureuse fin que Dieu a donnée à vos travaux et longues poursuites pour la paix publique de la chrestienté, de la conclusion de laquelle mes ambassadeurs m'ont donné advis. Cependant je n'ay voulu différer davantage à vous remercier de l'affection avec laquelle ils m'ont faict savoir que

[1] Mss. Dupuy, vol. 178, fol. 162.

vous avez embrassé et favorisé tout ce qui me concerne, et vous assurer que je m'en ressens si obligé à nostre Sainct-Père et à vous en particulier, que je n'en perdray jamais la mémoire, et ne seray content qu'il ne se présente occasion de m'en revancher et le recognoistre au contentement de Sa Saincteté et au vostre[1]. »

« Très-Sainct-Père, écrivait le roi au pape, médiateur des intérêts catholiques : Puisque Dieu nous a donné la paix par le moyen de Vostre Saincteté, il est bien raisonnable qu'après en avoir loué la divine Majesté, comme j'ay faict de tout mon cœur, je ne diffère davantage d'en remercier Vostre Saincteté, et me conjouir avec elle de la gloire que ce bon œuvre ajoutera à son pontificat, qui ne rendra la mémoire de son sainct nom, moins recommandable à la postérité que ses vertueuses et sainctes actions, lesquelles nous obligent à l'honorer, servir et aimer. Je supplie donc Vostre Saincteté trouver bon que mon ambassadeur s'acquitte de ce devoir envers elle pour arrhes de ma gratitude, en attendant

[1] Mss. Dupuy, vol. 178, fol. 164.

que j'y satisfasse publiquement, comme je feray avec la grace de Dieu. Le traicté qui s'en est ensuivi est dû, après Dieu, à Vostre Saincteté, à la prudence de son très-fidèle et affectionné légat, mon cher cousin et amy, et à la diligence du père général de l'ordre Sainct-François. Très-Sainct-Père, c'est un tesmoignage que nous devons tous ensemble à leur vertu et mérite, mais auquel je recognois estre en mon particulier plus attenu que nul autre, pour la bienveillance qu'ils ont faict paroistre me porter. Et comme je sçais qu'ils l'ont faict principalement par le commandement de Vostre Saincteté, je lui en rends grace très-humble, et la supplie avoir agréable que je la requière faire sçavoir et cognoistre à tout le monde le gré que Vostre Saincteté leur en sçait, et le contentement qui lui en demeure; et je participeray à la recognoissance et gratification que Vostre Saincteté leur despartira, non moins qu'à l'obligation qu'ils lui en auront[1]. »

Les clauses territoriales du traité faisaient revenir la France à la position géographique

---

[1] Mss. Dupuy, vol. 178, fol. 164 vers.

posée par le traité de Cateau-Cambresis (3 avril 1559), Philippe II cédait Calais, Ardres, Dourlens, La Capelle, le Castellet en Picardie et Blavet en Bretagne; et avec ces villes étaient abandonnés à Henri IV les canons des remparts, les ouvrages militaires, tandis que toutes les munitions de guerre et de bouches restaient au pouvoir de l'Espagne. Puis, comme puissance intermédiaire, on constituait une sorte d'Etat neutre, composé de la Flandre espagnole réunie à la Franche-Comté, à l'ancien duché de Bourgogne; et tout cela au profit de l'archiduc Albert, qui épousait l'infante Isabelle, noble fille autrefois désignée pour le trône de France.

Dans le protocole original de ce traité : « On faisait sçavoir à tous que bonne, ferme, stable et perpétuelle paix, amitié et réconciliation était faicte et accordée entre très-haut, très-excellent et très-puissant prince Henry, par la grace de Dieu, roy très-chrestien de France et de Navarre, et très-haut, très-excellent et très-puissant prince Philippe, roy catholique des Espagnes, et très-excellent prince Charles-Emmanuel, duc de Savoye, leurs vassaux, subjects et serviteurs, en tous les royaumes, pays, terres et seigneuries de leur obéissance. Et est ladicte paix générale et communicative entre eux et leursdicts subjects pour aller, venir, séjourner, retourner, commercer, marchander, communiquer et négocier les uns avec les autres librement, franchement et sûrement par mer, par terre et eaux douces tant deçà que delà les monts; et tout ainsi qu'il est accoustumé de faire en temps de bonne, sincère et amiable paix telle qu'il a plû à Dieu, par sa bonté, envoyer et donner auxdicts seigneurs princes; défendant et prohibant très-expressément à tous, de quelque état et condition qu'ils soient, d'entreprendre, attenter ni innover aucune chose au contraire, sur peine d'estre punis comme infracteurs de paix et perturbateurs du bien et repos public[1]. »

Ainsi était signée la paix entre deux royautés rivales, trêve indispensable dans l'épuisement d'une longue et sanglante lutte. Les intérêts qu'elle cherchait à concilier ne cessaient pas

[1] 10 juin 1598. « Mandement du roy pour la paix d'entre Sa Majesté le roy d'Espagne et le duc de Savoye. »

d'être dans une hostilité constante. Tant que les couronnes d'Espagne et de France ne rentreraient pas dans un système commun d'alliances de famille ou de balance politique, elles devaient violemment se heurter. Ce nouveau système arriva sous Louis XIV. Alors la France échappa aux alliances de l'Angleterre et de la Hollande, qui devinrent ses rivales : elle eut appui de l'Espagne, et la domina.

Quant à la paix de Vervins en elle-même, toute favorable à la France, elle lui assurait une circonscription territoriale fixe, agrandie, et que les chances de l'avenir devaient arrondir encore. Du côté de la Savoie, elle reprenait le marquisat de Saluces ; en Picardie, une ligne de villes fortifiées depuis Amiens; et Calais surtout, alors tête de frontière, puissamment à l'abri par ses tours rembrunies et ses épaisses murailles. La maison de Bourbon, par la réunion de ses apanages, donnait également à la France la ligne naturelle des Pyrénées, ce qui complétait son système de défense au midi comme au nord[1].

[1] Pour les articles de la paix de Vervins (2 mai 1598), et toutes les négociations, voyez les mss. Dupuy, vol. 178, et Bé-

Henri IV, fatigué de tant de soucis, de ces années laborieuses passées en batailles civiles et aux guerres étrangères (il luttait depuis plus de vingt-cinq ans), manifesta sa joie de la signature du traité de paix. Acquérir sans conquête, sans frais de guerre des positions militaires, des villes fortifiées; refaire la France territoriale, si souvent envahie; et pour cela il n'y avait eu ni batailles décisives, ni faits d'armes sérieux ! quel magnifique résultat ! « Monsieur, écrivait le roi au gouverneur de Provins, Dieu ayant voulu donner à mon royaume la paix avec le roy d'Espagne et le duc de Savoye, je vous envoye l'acte de la publication de la paix avec des lettres adressées tant aux évesques qu'aux baillys et séneschaux de vostre gouvernement, lesquelles vous leur ferez tenir incontinent, afin que lesdicts éves-

---

thune; 8963, 8968, 8969 et 8970. Ils contiennent les diverses instructions des sieurs de Bellièvre et de Sillery, députés de Henri IV; du président Richardot, Taxis et Verreiken, députés par l'archiduc Albert, représentant Philippe II, et du marquis de Lullin pour le duc de Savoie; ainsi que les actes de ratification et autres d'exécution, commissions et pouvoirs de Philippe II à l'archiduc Albert pour traiter en son nom, et les sermens faits par les trois souverains touchant l'observation de cette paix.

ques aient à faire remercier Dieu de la grace qu'il m'a faicte et à mes subjects, et que les baillys et séneschaux fassent publier ladicte paix en l'estendue de leur ressort, comme vous ferez aussi de vostre part[1]. » Ce n'était là qu'une formule de lettre, communément adressée aux cours de parlement, aux baillis et sénéchaux, aux archevêques et évêques du royaume, pour régler les cérémonies.

Le roi disait aussi aux maires et échevins des bonnes villes : « Très-chers et bien amés; après les longues oppressions et calamités dont nos peuples et subjects ont esté si longuement affligés, il a plu à Dieu avoir pitié de ce royaume, et mettre entre nous, le roy d'Espagne et le duc de Savoye une bonne et sincère paix, que nous espérons, avec la grace et bonté de Dieu, devoir estre de longue durée; et afin qu'elle soict entendue d'un chascun, nous vous envoyons un acte de la publication que nous voulons en estre faicte en nostre ville. Au moyen de quoy, vous ne faudrez, incontinent la présente reçue, faire faire ladicte publication

---

[1] Mss. Dupuy, vol. 178, fol. 216, verso.

solennelle, remerciant Dieu de ceste grace avec feux de joye et autres desmonstrations de plaisir et contentement, tout ainsi qu'il est accoutumé en semblables occasions[1]. »

Et en conséquence des ordres du roi, il y eut fêtes et pompes pour célébrer la bonne nouvelle : « Sire Cosme Carrel, quartenier; trouvez-vous avec deux notables bourgeois de vostre quartier, demain sept heures du matin, en l'Hostel-de-Ville, pour nous accompagner à la procession générale qui se fera; et outre, faictes faire ce soir feux de joye en chascune de vos dixaines, pour rendre graces à Dieu de la paix[2]. » — « Capitaine Marchant; trouvez-vous et faictes tenir prest en vostre maison, demain à midy, vingt-cinq de vos archers à cheval, et après ladicte heure, vous irez sur le chemin de Sainct-Denis en France, et jusque en ladicte ville Sainct-Denis, si besoin est, pour aller au-devant de MM. les ambassadeurs du roy d'Espagne, et nous en envoyer soixante ou quatre-vingts pour nous y accompagner[3]. »

[1] Mss. Dupuy, vol. 178, fol. 217, vers.
[2] Registre de l'Hôtel-de-Ville, tom. XIV, fol. 616.
[3] Registre de l'Hôtel-de-Ville, tom. XIV, fol. 619.

L'exécution du traité ne souffrit aucune difficulté dans les villes de Picardie ; il suffisait là d'un ordre militaire pour que les chefs des troupes espagnoles se repliassent dans les Pays-Bas auprès de l'archiduc Albert. Il n'en était pas de même de la Bretagne, où les Espagnols tenaient quelques places fortes, et particulièrement Blavet : on devait s'assurer une retraite par la mer, lutter contre la partie de la population que la paix rendait victorieuse. Il fallait empêcher la réaction qui partout se prononçait avec violence au milieu de la gentilhommerie de M. de Brissac, chargé de soumettre la Bretagne. Don Juan Vanegas de Cordova écrivait de Blavet au roi Philippe II : « Sire, j'ay esté envoyé par Son Altesse Sérénissime le cardinal-archiduc, après la conclusion du traicté de paix, de Bruxelles en Bretagne, pour faire cesser la guerre [1] dans ceste province. J'ay eu mission également de rassembler les troupes sous les ordres du mareschal-de-camp Rodrigo de Horosco, et de les faire embarquer promptement pour l'Espagne ;

---

[1] *En q. en ella hisiesse cessar las armas.*

sur des navires que devoit fournir le roy de France. Le cardinal m'avoit enjoinct en outre que je recevrois sous peu de jours des lettres de sa main pour faire embarquer le reste de la garnison de Blavet, place que je ne devois quitter pour retourner en Flandre qu'après l'avoir fait desmanteler. En me rendant rapidement en Bretagne pour aller remplir ma mission, j'ay eu occasion de parler au roy de France à Tours. Il m'a faict l'accueil le plus gracieux [1]. « Voyez, m'a-t-il dict, combien ma cour et tout le monde en ce royaume se resjouissent de la paix; dites au roy vostre maistre qu'il n'a pas tenu à moy de faire commencer plus tost ce bonheur. » Arrivé à Blavet, j'y ay trouvé le mareschal-de-camp derrière ses fortifications si considérablement accrues, qu'il pouvoit y défier une nombreuse armée. Luy ayant communiqué les despesches de Vostre Majesté et de Son Altesse l'archiduc et mes lettres de créance, il m'a dict qu'il estoit prest à obéir, mais que Vostre Majesté se privoit là d'un boulevart inestimable [2].

1 *Hizo me bonissimo acogimiento.*
2 *De una plaça muy valiente.*

Dès que les navires que doibt nous faire donner le mareschal de Brissac vont estre arrivés, les ordres de Vostre Majesté seront mis à exécution. Il seroit convenable, je crois, que tandis que l'on embarque l'artillerie et les munitions qui sont considérables, et que l'on démantèle la place, les galères sous les ordres de Carlos de Amezola vinssent ici nous prester main-forte, tout cas échéant[1]. Je cognois l'humeur des François; quoiqu'ils aient un ordre de leur roy, ils pourroient bien, selon que leur esprit variable ou leur amour-propre les inspireroit, profiter de la circonstance et nous empescher d'exécuter nos ordres. Mais les galères estant là, nous ne laisserons pas pierre sur pierre[2], et nostre resputation ne courra aucun risque; c'est de là que despendent tous les évènemens de la guerre[3]. Dans le cas contraire, nous demeurons exposés à la légèreté des François[4],

---

[1] *Se hallen a hacer nos espaldas a lo uno y lo otro*, mot à mot, garder nos épaules.

[2] *No quedara piedra sobre piedra.*

[3] *En que consisten todos los casos de la guerra.*

[4] *A la facilidad françessa.*

qui d'ailleurs ne manqueront pas de motifs pour s'y opposer[1]. »

Cependant la retraite se fit sans opposition; les ordres étaient partout impérieux, et les troupes espagnoles sortirent avec les honneurs de la guerre. Restait pour le roi de France une seconde condition à accomplir : c'était la justification de la paix auprès de ses vieux alliés, les Etats-Généraux de Hollande et la reine d'Angleterre. Ceux-ci n'avaient-ils pas été trahis, abandonnés? Le roi de France n'avait-il pas traité seul dans une cause commune? Comment expliquer cette séparation d'intérêt, là où il y avait eu un dévouement si généreux de la part de l'Angleterre et des Pays-Bas? M. de Busanval, envoyé auprès des Etats-Généraux, reçut des instructions de la main de Henri IV.

« Le roi ayant résolu d'envoyer en Hollande le sieur de Busanval, gentilhomme ordinaire de sa chambre et son ambassadeur près les Provinces-Unies des Pays-Bas, a voulu lui donner l'instruction suivante : Il ira saluer M. le prince Maurice, MM. de Bernavelt, d'Arsem et autres du pays, avant d'aller aux assemblées

[1] Archives de Simancas, cot. B 86[16].

des Estats. Il dira particulièrement audict prince le désir que conserve Sa Majesté de lui rendre preuve de son amitié en chose qui lui puisse apporter honneur et contentement; qu'elle se plaist à recognoistre les secours qu'elle a reçus de lui et des Estats sur la nécessité de ses affaires; le priant, au nom de Sa Majesté, que lui et les Estats continueroient à se confier en elle comme à celui de tous leurs voisins qui affectionne le plus leur bien. Il expliquera la nécessité de la conclusion de la paix de Vervins, disant que la France étoit tellement affoiblie et lassée de la guerre, qu'elle étoit à la veille de succomber sous le faix; de sorte que toute l'assistance que lesdicts Estats eussent donnée à Sa Majesté, eust plustost servi à accroistre sa langueur à l'avantage de l'ennemi commun qu'à la restaurer. Par ladicte paix, Sa Majesté a recouvré ses villes sans bourse délier, ni hasarder sa vie ou celle de ses serviteurs; elle a reconquis la bienveillance générale de ses peuples, tandis que le désespoir, provenant des charges insupportables de la guerre, la rendoit fort douteuse. Davantage; il est certain que si Sa Majesté n'eust faict ladicte paix, le roy d'Espagne n'eust poinct cédé à sa fille les Pays-Bas et le comté de Bourgogne en faveur du mariage de l'archiduc Albert, comme il l'a faict, et que cette distinction desdicts pays d'avec la couronne d'Espagne diminue grandement la réputation et la puissance desdicts Espagnols. Ensuite, que lesdicts Estats ne redoutent ni la guerre ni les menaces qu'on leur faict; car, entre autres empeschemens, ne faut-il pas qu'à l'exemple du duc de Savoie, comme le roy d'Espagne l'exige, l'archiduc vienne chercher sa femme sur les lieux, et pour cela fasse le voyage d'Italie? Et si dans ce moment les Estats pouvoient se jeter aux champs, et faire quelques effects heureux contre l'archiduc, cela affermiroit du tout leurs peuples, et altéreroit au contraire tellement les autres, qu'il y a apparence de croire qu'il en naistroit des mouvemens et changemens d'importance. Si, pour contenter la royne d'Angleterre, qui, dit-on, veut faire sa paix avec l'Espagne, ledict prince Maurice recognoissoit que lesdicts Estats fussent contraincts de traicter avec ledict archiduc, le sieur Busanval le priera que ce soit par l'entremise de Sa Majesté, et non par autre, en lui remontrant que ce sera l'avantage et la sureté des Estats; car Sa Majesté étant médiatrice de leurs accords, demeurera comme caution de l'observation d'iceux, et conserveront l'amitié si utile de la France. M. de Busanval parlera dans le mesme sens aux Estats, soit par rapport aux raisons qui ont forcé Sa Majesté à faire la paix, que pour le souvenir des services qu'elle a reçus d'eux. — Mais il faudra insister, surtout aux assemblées, sur la nécessité et l'utilité que doivent retirer les Provinces-Unies de la médiation de Sa Majesté, dans le cas où il y auroit lieu. Enfin ledict sieur Busanval sera chargé de plusieurs médailles d'or de Sa Majesté, lesquelles il despartira à ceux desdicts pays qu'il advisera estre à propos, pour marque et souvenance de sa bienveillance. Il donnera du tout advis à Sa Majesté, et du progrès qu'il aura procuré aux affaires desdicts Pays-Bas, en s'aydant aux choses d'importance du dernier chiffre qui luy a esté baillé[1].»

Henri n'offrait plus l'alliance offensive et défensive aux Etats-Généraux, mais seulement un bon office et une médiation; ce qui plaçait

---

[1] Bibliothèque du Roi, mss. de Béthune, n° 8963, in-fol. pag. 18.

sa politique en une position plus haute. Dans le mouvement des affaires diplomatiques, le rôle de médiateur crée une sorte de supériorité sur les deux parties qui s'en rapportent et à votre jugement et à votre puissance. Henri IV voulait faire reconnaître l'indépendance des Pays-Bas, afin que ces peuples affranchis lui dussent leur origine politique.

En Angleterre, Nicolas de Harlay, seigneur de Sancy, ambassadeur extraordinaire, dut également justifier le traité de Vervins auprès d'Élisabeth. Les instructions secrètes de Henri IV portaient que M. de Harlay eût à pressentir la vieille reine sur la possibilité d'un mariage qui unirait les deux couronnes. L'ambassadeur eut ordre de combler Élisabeth de prévenances, de multiplier les témoignages d'attachement et d'amitié sincère. Une chronique difficile à croire, raconte que dans une audience particulière que Harlay eut de la reine Elisabeth, il hasarda quelques propos à cette princesse de son mariage avec Henri IV : « Il ne faut pas songer à cela, répondit-elle ; mon *gendarme*[1] n'est pas mon faict, ny moy le sien ;

---

[1] Nom qu'elle donnait à Henri IV.

non pas que je ne sois encore en estat de donner du plaisir à un mary qui me conviendroit, mais pour d'autres raisons. » Là-dessus, levant ses jupes et sa chemise, elle lui montra sa cuisse; Sancy mit un genou en terre et la lui baisa. Elisabeth eut l'air de s'en fâcher : « Madame, lui dit-il, pardonnez-moy ce que je viens de faire; c'est ce qu'auroit faict le roy mon maistre, s'il en avoit vu autant[1]. »

[1] Collection Fontanieu, portefeuille, ad ann. 1598.

Serment du roi très-chrétien pour le traité de Vervins.

« Nous Henry, etc., promettons, sur nos foy et honneur et en parole de roy, et jurons sur la croix, saincts Evangiles de Dieu et canon de la messe, que nous observerons et accomplirons pleinement, réellement et de bonne foy tous et chacun des points et articles portés par le traité de paix et réconciliation faict, arresté et conclu entre nos desputés et ceux de très-haut, très-excellent et très-puissant prince, Philippe, aussi par la grace de Dieu, roi d'Espagne, nostre très-cher et très-amé bon frère et cousin, et de très-excellent prince, Charles-Emmanuel de Savoie, nostre très-cher frère, en la ville de Vervins, le 2ᵉ jour du mois de mai dernier passé, et depuis par nous ratifié, et ferons le tout entretenir, garder et observer inviolablement de nostre part, sans jamais y contrevenir, ni souffrir y estre contrevenu en aucune sorte et manière que ce soit; en tesmoin de quoi nous avons signé ces présentes de nostre propre main, et à icelles faict mettre et apposer nostre scel, en l'église cathédrale de Nostre-Dame de Paris, le 25ᵉ jour de juin 1598. » — Mss. de Béthune, vol. cot. 8963; fol. 97.

Ainsi, bon Gascon, politique habile, le roi de France leurrait chacun de quelque espérance: Henri devait à tout le monde, aux Suisses, aux Allemands, aux Hollandais, à la reine d'Angleterre; il avait besoin de les ménager tous, de ne heurter personne en face; il allait à ses fins, conquérait des villes, des provinces; et tout cela avec bonheur et sagesse; il avait transigé avec les ligueurs; maintenant il scellait la paix avec l'étranger. Ne lui restait-il pas une autre œuvre à accomplir? n'avait-il pas de braves gentilshommes, ses compagnons des dures veilles et des montagnes du Béarn, qui exigeaient de lui des garanties ou des concessions pour prix de leur sang et de leurs sueurs?

CHAPITRE CXII

LE PARTI HUGUENOT. — TRANSACTION. — ÉDIT DE NANTES.

Murmures du parti huguenot sur la conversion du roi. — Il entoure le duc de Bouillon et le prince de Condé. — Organisation militaire du parti. — Refus de servir dans la guerre contre l'Espagne. — Commission pour l'édit de Nantes. — Travaux. — Edit de Nantes.

1593 — 1598.

La condition d'un pouvoir qui veut vivre, est souvent de se séparer du parti qui l'a fait ; parti exigeant, maussade, s'imaginant que tout doit se concentrer en lui, parce que la fortune l'a servi dans la victoire; il ne comprend pas les concessions que la politique commande pour affermir une autorité jeune encore et qui a besoin d'appuis. Comme il a prêté son épée, il est impatient de la montrer haute sur la tête des vaincus: tel était l'esprit de la chevalerie calviniste qui avait suivi Henri IV.

Au milieu des négociations qui tendaient à la paix de Vervins, je n'ai pu suivre le parti huguenot, cette brave ligue de gentilshommes qui avait si fortement secondé le Béarnais dans la conquête de son royaume. Que devaient dire ces nobles hommes, ces austères ministres, de se voir trahis, abandonnés par leur chef? Henri IV, salué roi, changeait de croyance; maître de la couronne, il délaissait ceux qui l'avaient posée sur sa tête. Déjà une opposition puissante s'était formée après l'abjuration de Saint-Denis; elle avait ses chefs tout trouvés; Duplessis-Mornay, vieux et austère calviniste, était la tradition vivante de Coligny; Condé ne remplacerait-il pas le roi de Navarre? et les seigneurs de Rohan et de Turenne, de brillante valeur, n'avaient-ils pas quelque chose de La Noue, de Téligny, courageuses victimes des longues guerres civiles? Les huguenots armaient comme en leurs jours de guerre; dans les réunions secrètes ils étaient déjà convenus de leurs chefs, des contributions à lever. Les prêches s'ouvraient encore à la prédication belliqueuse; il y avait eu des assemblées à Loudun, puis à Chatellerault. On stipula des conditions de prise d'armes; on fit des remontrances fières et hautaines; car enfin n'avaient-ils pas quelque droit d'être exigeans auprès de leur vieux chef de guerre? Des commissaires huguenots partirent pour la cour de Henri IV; là, ils exposèrent que leur situation en France était précaire; dans le Périgord, la Languedoc, partout où s'étendait leur prêche, l'Eglise catholique réclamait les fiefs gagnés par leurs sueurs. Qu'avaient donc fait les prêtres de Baal pour ainsi dépouiller les hommes d'armes victorieux?

Le commissaire royal De Fresnes Forget, qui négociait auprès des assemblées protestantes, écrivait au connétable de Montmorency : « Monseigneur, nous avons ouy les députés de Loudun, qui parlèrent un peu à cheval. L'après-disné, le roy appela les seigneurs de la religion qui sont icy pour leur commander de voir en particulier lesdicts députés, et les advertir de se rendre plus traitables et aussi de s'exprimer en termes plus modestes qu'ils ne font. Je tiens ceste affaire pour très-fascheuse, car s'ils demeurent si entiers qu'ils veulent estre, il ne pourra estre qu'il n'y ait du malencontreux. Je vous assure que le roy ne les flatta pas hier après-disner; celuy qui est icy de la part de M. le comte de Soissons ne s'en trouva pas mieux, car rencontrant Sa Majesté en ceste humeur, il n'eut pas meilleure réponse. Le roy estoit bien fasché, et ceste fois pas en apparence, comme il luy arrive, et cecy surtout par le ton aigre et reprochant de ces messieurs[1]. » Le roi ajoutait au connétable de Montmorency sur l'assemblée réformée de Vendôme : « Mon cousin, je m'attendois que vous seriez aujourd'huy icy; mais puisque cela ne peut estre, je vous prie que ce soit pour demain. J'ay icy le président Calignon, de retour du voyage qu'il a faict à Vendosme, et m'a rapporté la réponse

[1] Bibliothèque du Roi, mss. de Béthune, vol. cot. 9045, fol. 40.

qu'ils ont eue des députés de l'assemblée qui est audict Vendosme, par laquelle je vois qu'ils ne se contentent pas de celle que nous leur avions faicte. C'este affaire mérite estre résolue promptement. C'est une des principales causes que j'ay de vous prier d'advancer vostre retour [1]. »

Henri IV craignait toutes ces assemblées qui fatiguaient son autorité, et il avait pourtant dans le parti huguenot ses meilleurs amis! Là se trouvaient ses compagnons d'armes, ses camarades de montagnes. S'il ne pouvait leur accorder des faveurs publiques, il tendrait la main à tous les chefs par des dons privés, par des concessions fréquentes et multipliées. Combien de vieux huguenots, au teint basané, au visage balafré de coups de pertuisane, recevaient le denier royal sur la cassette de Henri! Sully en donne la liste secrète; bien secrète, en effet, car les catholiques se fussent irrités de ces dons qui allaient aux serviteurs du prêche.

Au milieu du Louvre, à Fontainebleau, dans toutes les demeures de la cour, les huguenots trouvaient une protectrice fervente dans Ca-

---

[1] Mss. de Béthune, vol. cot, 9044, fol. 15.

therine de Navarre, sœur du roi, cette Mme de Bar, tant aimée des ministres calvinistes. La politique entrait souvent comme un motif de ces protections diverses qui divisaient la cour. On se partageait les rôles depuis l'origine de la réforme; chacun se posait comme l'expression d'une opinion ou d'un parti, afin de les placer tous sous la couronne. Henri IV aimait les huguenots; Duplessis-Mornay habitait son palais; le roi s'ouvrait à lui avec toute confiance; et par ses promesses, par ses abandons souvent joués, il trompait la crédulité austère de ce Mornay, nouveau Coligny, qui fier de la faveur royale, compromettait naïvement son parti. Henri avait également attiré auprès de lui le prince de Condé, le comblant de faveurs; et de ses mains si généreuses et si familières, il assurait à Turenne l'héritage de Bouillon, souveraineté indépendante. Les chefs de parti étaient satisfaits; mais le mécontentement des huguenots dans les provinces s'accroissait; car après avoir fait leur roi, ils se trouvaient dans la même situation où ils s'étaient vus réduits pendant le règne des rois fervens catholiques.

Plus hautains depuis leurs victoires, les calvinistes déclarèrent au roi, durant la campagne contre l'Espagne en Picardie et en Bourgogne, qu'ils ne porteraient les armes que si de véritables concessions et des garanties leur étaient données. Henri IV engagea sa parole royale; et tandis qu'on suivait la négociation de Vervins pour la paix avec l'Espagne, Schomberg, Jeannin, de Thou et Calignon furent nommés pour discuter les clauses d'un grand édit qui formerait la base constitutive de l'existence des huguenots en France. Cette commission, toute du tiers parti parlementaire, se montra impartiale dans son dessein d'accomplir la pensée du roi Henri, un peu trop avancée pour son époque, à savoir qu'on pouvait fondre et réunir les deux opinions de telle sorte qu'il n'y eût plus ni huguenots ni catholiques mais des sujets fidèles et des Français dévoués [1].

Ce fut à Chatellerault surtout que les conférences s'ouvrirent. Comme pour toutes les grandes négociations de son règne, Henri donna des instructions de sa main aux députés : « Mes-

---

[1] Recueil des édits de pacification, ordonnances et déclarations du roi de France sur les troubles de la religion, depuis 1561 jusqu'en 1599. Paris, in-8°.

sieurs; l'instance qui m'a esté faicte par ceux de l'assemblée de Chastellerault de terminer promptement l'affaire qui y a esté cy-devant traitée, me faisoit croire que vous sachant acheminés pour cet effet, ils se seroient avancés jusqu'à Saumur pour vous y rencontrer et conclure le fait plus tost; mais puisqu'ils ont résolu de vous attendre audict Chastellerault, je desire que vous vous y rendiez vite, et y exposiez promptement à ladicte assemblée la résolution que j'ay prise sur leurs demandes, les exhortant de ma part de la bien recevoir, comme de la main d'un prince qu'ils cognoissent de long-temps, qui a pasti avec eux, qui cognoist leurs maux et les remèdes autant qu'eux-mesmes, les assurant, au reste, que non seulement moy, mais tous ceux qui ont esté employés à ceste affaire y ont apporté tout ce qui s'est pu pour leur contentement; et qu'ils feront extresmement bien de faire une prompte conclusion de ce traité, sans s'arrester aux défiances, que ceux qui ont plus d'inclination au trouble qu'au repos pourroient leur donner. J'ay toujours dict que lorsque je réunirai les Estat, mon intention est d'y appeler les principaux d'entre eux qui se retrouveront près de moy, et en prendre leur advis, particulièrement de mes cousins les ducs de Bouillon et de La Trémouille; et sans attendre que l'on m'obligeast par escrit, je me suis volontairement engagé de ma parole, qui vaut mieux que quelque parchemin que ce soit; ils auront tousjours la liberté de faire des remontrances, au cas que ceux qui auront esté nommés par moy leur fussent suspects, lesquelles remontrances j'entendrai tousjours bien volontiers et y ferai bonne considération, mon intention n'ayant jamais esté autre que de faire en cela tel choix que les Eglises auront plus de contentement que si elles le faisoient elles-mesmes. Pour toutes les autres objections qui vous seront faictes, je désire que vous vous serviez tousjours de ceste maxime générale, que mon intention est de les mettre en repos avec la liberté de leurs consciences, la sureté de leurs personnes, et participation aux charges et honneurs comme mes autres bons subjects. En une aussi grande affaire, recherchez des cautions exactes sur tous les faicts particuliers que vous recueillerez. Il faut commettre quelque chose à la bonne foy de ceux avec qui l'on traite; et s'il y eut jamais raison de le faire à personne, ils l'ont encore plus grande de moy, qu'ils cognoissent dès le berceau et savent quel estat je fais de ma foy et parole. Je ne procède pas avec eux avec ceste rigueur, leur confiant mes villes et en grande quantité sur la foy générale d'un corps qui pourroit estre encore plus suspecte que celle d'un particulier. Vous y adjouterez de vostre part ce que penserez pouvoir servir à l'effet de ceste mienne intention, qui est de donner tout le contentement que je puis à ladicte assemblée, et de tenir tous mes subjects en bonne union, paix et concorde. En me servant en cela, pouvez estre assurés de ne me pouvoir en aucune autre occasion servir plus utilement ni plus agréablement[1]. »

A cette lettre loyale était joint un brevet par lequel le roi permettait aux calvinistes de garder toutes les places de sûreté qu'ils tenaient alors et pendant huit ans. « Aujourd'huy, 6 décembre 1597, le roy estant à Sainct-Germain-en-Laye, a voulu donner tout le contentement qu'il luy est possible à ses subjects de

[1] Mss. de Baluze, in-fol. tom. CCXXXVIII, cot. L90^{35}/$_3$, pag. 300.

la religion prétendue réformée. Sa Majesté, confiante dans leur fidélité et sincère affection, leur a accordé et promis que toutes ses places et villes, tant celles qu'ils tiennent dès auparavant les troubles et jusqu'à l'avènement de Sa Majesté à la couronne, avec ou sans garnison, demeurent entre leurs mains durant huict années consécutives, à compter du jour de la publication, excepté la ville et chasteau de Vendosme, que Sa Majesté n'a voulu estre comprise[1]. Et pour le paiement des garnisons qui devront estre entretenues, leur a Sa Majesté

---

[1] *Jean B. de Taxis au roi d'Espagne.*

État des villes et places dans lesquelles le roi très-chrétien doit entretenir* des garnisons de la religion réformée en France, depuis le 1ᵉʳ avril 1598, jusques et pendant les huit années suivantes.

GOUVERNEURS.	PLACES.	GARNISONS.
	Généralité de Tours.	
MM.		hommes.
Duplessy-Mornay	Saumur	364
La Fériere	Bezins	17
Boisguérin	Loudun	40

* Il y a : *entretiene presidios* dans le texte espagnol; j'ai traduit : *dans lesquelles le roi très-chrétien doit entretenir*, mais il aurait fallu dire : *où Henri IV est forcé de tolérer des garnisons de protestans*; car on sait que ces questions furent long-temps débattues à l'assemblée de Chatellerault et ailleurs.

PLACES DE SURETÉ DES HUGUENOTS (1598). 79

accordé jusqu'à la somme de neuf vingt mille escus, sans y comprendre celles de la province de Dauphiné, auxquelles sera pourvu en outre de la somme de 190,000 escus précitée d'ailleurs. En sus, Sa Majesté a promis et accordé que, lorsqu'elle fera et arrestera l'estat desdictes garnisons, elle fera en sorte d'estre dans les environs, de manière à pouvoir recevoir les mé-

GOUVERNEURS.	PLACES.	GARNISONS.
	Généralité d'Orléans.	
MM.		hommes.
Dufaur	Gergeau	150
	Bourges.	
Beaupré	Argenton	25
	Poitiers.	
Montitaire	Thouars	165
Paravère	Niort	210
Lavoulage	Fontenay	87
Préau	Chatellerault	197
Monglat	Saint-Maixant	46
Constans	Marans	59
Aubigni	Maillefais	59
Dubellay	Talmont	14
	Beauvoir-sur-Mer	31
	Limoges.	
De Rohan	Saint-Jean-d'Angely	162
Bretanville	Pons	160
De La Trémouille	Taillebourg	52
Caudelay	Royan	50

moires et observations; et advenant vacation d'aucuns des gouverneurs et capitaines desdictes places, Sa Majesté leur promet aussi qu'elle n'en pourvoyera aucun qui ne soit de la religion prétendue réformée. Le terme de huict années expiré, encore bien que Sa Majesté demeure quitte de sa promesse, et eux obligés de luy remettre lesdictes villes, on continuera

GOUVERNEURS.	PLACES.	GARNISONS.
	Guienne.	
MM.		hommes.
Fontrailles	Lectoure	120
Dubourg	Mas-de-Verdun	61
Pairas	L'Ile Jourdan	64
Maravat	Fauzes	28
	Mauvoisin	16
	Figeac	61
De Bouillon	Cadenac	11
Saint-Ouin	Castillon	135
	Casteljoux	29
Favas	Montheurt	32
Boisse	Puymerol	51
Giscard	Tournon	11
Mains	Leprat	13
Vignoles	Tartas	7
La Force	Bergerac	32
Vivans	Caulmont	38
Gastelnas	Mont-de-Marsan	22
Saint-Légier	Mont-Flanquin	13
L'Estelle	Clairac	11

PLACES DE SURETÉ DES HUGUENOTS (1598).

néanmoins, si ces villes ont tousjours garnison, d'y laisser un gouverneur pour y commander, et qu'on ne dépossédera pas celui qui s'en trouvera pourvu, pour en mettre un autre. Sa Majesté déclare pareillement que son intention, tant pendant les huict années qu'après, est de gratifier ceux de la religion et leur faire part des grades, charges et gouvernemens, et autres hon-

GOUVERNEURS.	PLACES.	GARNISONS.
	Montpellier.	
MM.		hommes.
De Chastillon.........	Montpellier............	128
	Aiguemortes...........	127
	Fort de Peccais........	18
	Tour de Charbonnière.	3
Labastide............	Guignac...............	13
	Lunel.................	10
Bertichas............	Sommières............	59
Les consuls..........	Marveroles............	13
De Montgomery......	Clermont-de-Lodève....	23
	Toulouse.	
Montgomery.........	Castres...............	60

L'entretien des garnisons ci-dessus mentionnées coûte par mois 15,874 écus. — (*Cada mes quinze mill ochocientos y setenta y quatro escudos.*)

Autres garnisons non comprises dans l'état ci-dessus, et comme formant un état à part.

	Vitré.................	28
	Beaufort..............	10

neurs qu'elle aura à départir, sans aucune acception, selon la qualité et mérite des personnes, comme à ses autres subjects de la religion catholique. Et voulant Sa Majesté leur faire servir ce présent brevet, elle l'a signé de sa

GOUVERNEURS.	PLACES.	GARNISONS.
MM.		hommes.
	Châtillon.............	12
	L'Ile Bouchard........	10
	Sancerre.............	10
	Château-Renard.......	15
Pons...............	Montendre...........	12
Figeac.............	Cardailhac...........	7
Castillon...........	Turenne.............	27
	Saint-Hère..........	29
	Luveuil.............	29
Casteliéloux........	Meilhan.............	8
Bergerac...........	Mucidan............	12
	Castelnau-de-Mirade.	6
Caulmont..........	Tonenis.............	6
Sommières.........	Beis-sur-Beis........	12
	Villemur............	10

Garnisons du Dauphiné (del Delfinado).

De Lesdiguières.....	Grenoble............	101
	Barraut.............	201
	Die.................	21
	Nions...............	20
Gouvernet..........	Montelimar..........	51
	Lurion..............	9
	Embrun.............	51
	Gap.................	21

main et faict contresigner par nous, secrétaire d'Estat, de manière qu'il ait le mesme effet que s'il avait esté vérifié en ses cours de parlemens; s'estant ceux de la religion contentés de la parole et bonté du roy, sans le presser de mettre

Serres.................. 10
Piemorets............. 60
Exilles................ 100

La paye de toutes ces garnisons monte à 3,008 écus par mois.

Autres places de ceux de la religion réformée, non comprises dans les états précédens, et dans lesquelles il n'y a pas de garnison.

La Rochelle, l'île de Ré, l'île d'Oléron, Montauban, Sainte-Foi, Nîmes, Vigez, Pontorson, Puy-Laurens, Laval, Bélin.

Ne sont pas comprises les villes, châteaux et places appartenant en propre aux seigneurs de Bouillon, de Rohan, de Laval, de La Trémouille, de Châtillon, de Lesdiguières, de Rosny.

Non plus celles dans lesquelles les huguenots sont plus nombreux que les catholiques, et où ils avaient des garnisons pendant la guerre.

Enfin, il faut ajouter la principauté du prince d'Orange, dans laquelle, gouverneurs, officiers et soldats sont de la religion réformée.

Tout cela fait un total de trois mille cinq cents gentilshommes ayant fief (*gentiles hombres dueños*).

Je prie Votre Majesté d'y porter une sérieuse attention, et d'y mettre bon ordre.   J. B. DE TAXIS.

Archives de Simancas, cot. B. 88 [86].

ceste ordonnance en autre forme plus authentique[1]. » C'était une convention toute militaire, un moyen de s'assurer de bonnes places contre les tentatives catholiques, au cas où elles se reproduiraient encore. Les calvinistes campaient au milieu du pays; si long-temps persécutés, ils formaient comme une nation à part qui prenait ses positions d'armes et ses places de sûreté; ils ne se fondaient point avec les masses, antipathiques à leur croyance religieuse; et la preuve en est que les catholiques ne demandaient pas de garanties : quand on est peuple et fort, on n'a pas besoin d'occuper les cités militairement! Le nombre exact des places de sûreté, le personnel de leur garnison, les généralités dans lesquelles elles sont situées, ne nous ont pas été conservés par les archives de France : nous les trouvons, comme on vient de le voir, à Simancas, à la suite d'une dépêche de J. B. de Taxis à son souverain[2]. Le

[1] Bibliothèque du Roi, mss. de Baluze, in-fol. t. CCXXXVIII, côt. L9035/3, pag. 292.

[2] Je trouve pourtant l'état de ces villes, mais incomplet, dans un petit pamphlet sous ce titre : « Etat des places et deniers ordonnés par Sa Majesté, à Nantes, les 12, 14, 17 et 18 may, pour sûreté et ostage de ceux de la religion. » Montpellier, Gillet, 1617.

roi d'Espagne mettait une haute importance à connaître les forces et la puissance des huguenots; l'ambassadeur les indique avec une grande exactitude par généralités. Dans celle de Tours, ils avaient trois places et 421 hommes; dans celle d'Orléans, un seul point militaire et 150 arquebusiers; dans celle de Bourges, 25 hommes, et Beaupré seulement : leurs possessions étaient bien plus fortes dans les généralités de Poitiers, Limoges, Guienne, Montpellier, Toulouse; puis, dans un état à part étaient comprises toutes les places fortifiées, les garnisons du Dauphiné, Bretagne et Normandie.

La commission parlementaire, destinée à rédiger un grand édit de tolérance, l'élabora plus de deux ans; son travail fut successivement communiqué aux vieux chefs de la ligue et aux principaux conducteurs de l'opinion huguenote. Il en résulta deux édits, l'un public, l'autre secret, comme il arrivait toujours dans toutes ces transactions; on fit des concessions au parti, et l'on gratifia les chefs. Ces ordonnances ou traités prirent le nom d'*édit de Nantes*, parce que le roi les signa dans cette cité, durant un voyage qu'il avait fait en Bretagne après la pacification. L'édit public se composait de quatre-vingt-douze articles ; il n'était en quelque sorte que le développement de la transaction de Poitiers et des articles de Bergerac, de ces actes de la politique modérée de Catherine de Médicis, alors qu'elle était sous l'influence de L'Hospital. « D'abord la mémoire de toutes choses advenues de part et d'autre depuis le commencement des troubles et durant iceux, demeurera à jamais esteinte et assoupie [1] ; deffense expresse à tous procureurs généraux et autres personnes quelconques d'en faire mention et poursuite, comme aussi de s'injurier, s'attaquer ni provoquer l'un l'autre par reproche de ce qui s'est passé. Ordonnons que la religion catholique, apostolique et romaine sera remise et restablie en tous endroits de ce royaume, desfendant à toutes personnes de troubler ni molester les ecclésiastiques en la célébration du divin service, et à ceux de la religion prétendue réformée de faire presche ni aucun exercice de ladicte religion és églises et maisons desdicts ecclésiastiques.

---

[1] J'ai travaillé sur l'original de l'édit que j'analyse.

Et pour ne laisser aucune occasion de troubles et différends entre nos subjects, avons permis et permettons à ceux de la religion prétendue réformée, vivre et demeurer par toutes les villes de nostre royaume, sans estre enquis, molestés ni adstreincts à faire chose contre leur conscience, et pour raison d'icelle estre aucunement recherchés ès maisons où ils voudront habiter. Tous les seigneurs et gentilshommes faisant profession de la religion prétendue réformée, ayant en nostre royaume haute justice ou plein fief de haubert, pourront avoir en toutes leurs maisons de haute justice l'exercice de la religion, tant pour eux, famille, subjects, qu'autres qui y voudront aller. Nous permettons aussi à ceux de la religion faire et continuer l'exercice d'icelle en toutes les villes et lieux de nostre obéissance où il estoit par eux establi et faict publiquement en l'année 1596 et 1597; pourra semblablement ledict exercice estre establi en toutes les villes et places accordées par l'esdict faict en l'an 1577 et conférences de Nérac; pourra aussi se faire l'exercice de la religion en tous les fauxbourgs des villes qui ne leur sont accordés par le présent esdict, fors et excepté les villes où il y a archeveschés et esveschés, et les lieux et seigneuries appartenant aux ecclésiastiques. » Il était expressément défendu aux réformés de faire l'exercice de leur culte dans les lieux non compris ci-dessus, plus particulièrement à Paris ni à cinq lieues aux environs; toutefois, ceux demeurant dans lesdites villes ne seraient nullement recherchés pour leur conscience; ils pourraient bâtir temples et édifices religieux. Paris et les grandes villes formaient toujours des exceptions; car dans ces vastes peuples, les moindres signes d'hérésie étaient suivis de murmures et de révolte; c'est pourquoi, disait l'édit, « Nous deffendons à tous prescheurs, lecteurs et autres qui parlent en public, d'user d'aucune paroles, discours et propos tendant à exciter le peuple à sédition; leur enjoignons se contenir et comporter modestement, et ne rien dire qui ne soit à l'édification des auditeurs; deffendons d'enlever par force ou autre manière, les enfans de la religion pour les baptiser et confirmer en l'Eglise catholique, apostolique et romaine; même deffense sont faictes à ceux de la religion, sous peine d'estre punis exemplairement. Ceux de ladicte religion seront tenus de garder et observer les festes de l'Eglise catholique, apostolique et romaine, et ne pourront ès jours d'icelle vendre ny besogner en boutique ouverte, ni les ouvriers travailler à aucun métier dont le bruit puisse estre entendu par les voisins et les passans. Tous les livres de ceux de la religion ne pourront estre imprimés et vendus qu'ès villes et lieux où l'exercice public de la religion est permis; et aux autres villes seront vus et visités tant par nos officiers que par les théologiens. Il ne sera faict différence ny distinction pour le faict de la religion, à recevoir les escoliers ès universités, colléges et escoles, et les malades ès hospitaux, maladreries et aumosne publique. Voulons et ordonnons que ceux de la religion payent les dismes aux curés et ecclésiastiques et à tous autres à qui elles appartiennent, selon l'usage et coustume des lieux; pour l'enterrement des morts, ils auront cimetière séparé, en place la plus commode que faire se pourra. Afin que la justice soit rendue à nos subjects sans aucune haine ou faveur, ordonnons qu'en nostre cour de parlement de Paris sera establie une chambre composée d'un président et seize conseillers, laquelle sera appelée *la Chambre de l'Édict,* et cognoistra des causes et procès de ceux de la religion, tant dans le ressort de ladicte cour que dans ceux de nos parlemens de Normandie et Bretagne ; outre la chambre establie à Castres pour le ressort de nostre parlement de Toulouse, nous avons ordonné qu'en chascune de nos cours de parlement de Grenoble et Bordeaux sera pareillement establie une chambre my-partie de catholiques et de ceux de la religion, et sera faict création nouvelle d'un président et six conseillers pour le parlement de Bordeaux, et d'un président et trois conseillers pour celui de Grenoble. Toutes lesquelles chambres cognoistront et jugeront en souveraineté et dernier ressort. Cassons et annulons toutes sentences, jugemens, arrests, saisies, ventes et décrets prononcés contre ceux de la religion depuis le trespas du feu roy Henri IIe, voulant que les héritiers rentrent en la possession réelle de leurs biens. » Une longue suite d'articles réglait le mode de procéder des chambres mi-parties ; l'accord qui devrait exister entre les catholiques et ceux de la religion ;

les règlemens à suivre par les plaideurs; l'égalité dans la répartition des charges et dans l'exacte distribution de la justice. « Et ceux de ladicte religion se despartiront et désisteront dès à présent de toutes pratiques, négociations et intelligences tant dedans que dehors nostre royaume, et les assemblées et conseils establis par eux dans les provinces se sépareront promptement, et toute ligue et association sont et demeurent cassées et annulées, desfendant très-expressément à tous nos subjects de faire aucune cottisation, fortification, enroslement d'hommes et assemblées sans nostre permission, sur peine d'estre punis rigoureusement comme contempteurs et infracteurs de nos mandemens et ordonnances [1]. »

Par l'édit secret qui renfermait cinquante-six articles, communiqué seulement aux chefs, « ceux de la religion ne seroient pas contraints de contribuer aux despenses concernant la religion catholique, telles que réparation d'égli-

---

[1] Nantes, avril 1598. — Registré au parlement, le 2 février 1599; en la chambre des comptes, le 31 mars, et en la cour des aides, le 30 août, vol. UU, fol. 1. — FONTANON, tom. IV, pag. 361. — Recueil des traités de paix, tom. II, pag. 599.

ses, achat d'ornemens, luminaires, pain bénit et autres choses semblables; ne seront aussi contraints de tendre et parer le devant de leurs maisons aux jours de festes; lorsqu'ils seront malades ou proches de la mort ne pourront estre visités et consolés que par les ministres de leur religion, sans esprouver aucun trouble ou empeschement. » Puis, on agrandissait le nombre des villes et faubourgs où pourrait être fait l'exercice du prêche. « Sera baillé à ceux de la religion un lieu pour la ville, prevosté et vicomté de Paris, à cinq lieues pour le plus de ladicte ville auquel ils pourront faire l'exercice public d'icelle. En tous les lieux où l'exercice de la religion se fera publiquement, on pourra assembler le peuple mesme à son de cloches, et faire tous actes et fonctions, comme consistoires, colloques, synodes provinciaux et nationaux par permission de Sa Majesté; sera loisible aux pères faisant profession de ladicte religion, de pourvoir à leurs enfans de tels éducateurs que bon leur semblera: les prestres et personnes religieuses qui ont par ci-devant contracté mariage, n'en seront ni recherchés ni molestés. Permet Sadicte

Majesté à ceux de la religion eux assembler par devant le juge royal et par son auctorité, lever sur eux telle somme de deniers qu'il sera nécessaire pour les frais de leurs synodes et entretenement de leurs ministres. Sa Majesté escrira à ses ambassadeurs de faire instance et poursuite pour tous ses subjects, y compris ceux de la religion prétendue réformée, à ce qu'ils ne soient recherchés en leurs consciences ni subjects à l'inquisition, allant, venant, séjournant, négociant et trafiquant par tous les pays étrangers, alliés et confédérés de la couronne, pourvu qu'ils n'offensent la police des pays où ils seront. » Les autres articles réglaient les concessions d'argent et de terres faites aux chefs puissans de l'opinion calviniste : Turenne, La Trémouille, Rohan, Rosny; puis, les abolitions et rémissions personnelles.

On peut considérer l'édit de Nantes comme la charte de la réformation en France; cet édit ne différait pas beaucoup des ordonnances de Poitiers et des précédentes transactions entre les deux croyances; l'époque seulement était mieux choisie. La fatigue des guerres, la marche des esprits avaient favorisé ce rapprochement. La ligue avait usé les idées catholiques; les esprits ardens pouvaient encore gémir des concessions faites aux huguenots; mais la classe éclairée ne faisait plus un crime irrémissible du prêche ou de la messe; cinquante ans avaient affaibli les répugnances, assoupi les inimitiés: on avait besoin d'en finir avec le sang versé pour les questions religieuses. Les huguenots[1],

[1] Lettre des députés des églises réformées du haut et bas Languedoc et haute Guienne, au nom de tous les religionnaires, au connétable Henri de Montmorency (1598). « Monseigneur, envoyant vers le roy nos desputés pour rendre graces très-humbles à Sa Majesté de l'esdit qu'enfin il lui a plu nous octroyer, nous serions par trop indignes d'un si grand bien, si nous ne vous tesmoignions aussi la cognoissance que nous avons du support, assistance et faveur qu'il vous a plu nous despartir en la deslibération d'iceluy. Nous avons donc choisi d'entre nous des personnages, lesquels ayant, en diverses occasions, rendu preuve de la fidélité et desvote affection qu'ils ont à vostre service, ont acquis ceste opinion en nostre endroict, que vous les verrez de bon œil, et ajouterez foi à ce qu'ils vous diront de nostre part; pour vous assurer, Monseigneur, qu'après le service du roy, nous n'aurons rien de plus cher que vostre prospérité. Nous sommes nécessités d'ajouter une très-humble supplication, qu'il vous plaise, Monseigneur, assister de vostre faveur la juste plainte que nos desputes vont faire à Sa Majesté des entreprises dressées par nos adversaires pour étouffer l'assurance de nostre repos dès sa naissance, et nous arracher des mains le fruit de l'esdit; lorsque nous le pensions posséder plus surement; nous n'importunons Sa Majesté d'aucune nouvelle demande, ni de remontrance qui ne soit

si impérieux naguère, paraissaient satisfaits de l'édit de Nantes; ils entraient dans la plénitude de leurs droits, dans le libre exercice de leur croyance. Les fiefs militaires, que leur disputaient les clercs, ils les possédaient sans contestation. Comme les hommes d'armes de Charles Martel, ils élevaient fièrement leur étendard sur les vieilles manses de l'Église. Avaient-ils un débat, ils jouissaient d'une juridiction mixte, de chambres mi-partie; leurs enfans étaient enseignés dans leurs idées de liberté en leurs écoles spéciales; et l'édit ne leur défendait plus ni les colloques de ministres, concile réformé, ni les simples et belles cérémonies du baptême et de la cène du Christ.

L'exécution de l'édit commença immédiatement même dans sa partie morale. Cet édit portait, comme on l'a vu, l'abolition de tout ce passé et des tristes jours de la guerre civile.

---

plus que nécessaire ; c'est ce qui nous assure, Monseigneur, que ne nous serez moins favorable en ceste occasion que par le passé, et ne voudrez souffrir que un si long ouvrage, auquel vous avez tant et si heureusement travaillé, nous demeure inutile, comme il feroit, si les restrictions et modifications ajoutées n'en sont ostées. » — Mss. de Béthune, vol. cot. 9076, fol. 4.

Des lettres patentes de Henri IV, adressées à la cour de parlement, disaient : « Vous mandons et très-expressément enjoignons que vous ayez à faire rayer et mettre hors, tant du greffe de nostre cour que de toutes autres jurisdictions, toutes les procédures, arrests et jugemens donnés contre feu nostre amé et féal cousin le sieur de Chastillon, admiral de France, afin que la mémoire en demeure à jamais esteinte et assoupie, comme de chose non advenue et de nul effect; à quoy voulons estre procédé sans aucun refus ny difficulté, sous quelque prétexte que ce soict. » Le malheureux Coligny avait été le protecteur, l'ami d'enfance de Henri IV, le vénérable confident de sa mère : quel empressement ne dut pas mettre le roi à effacer les traces d'une condamnation qui se rattachait au souvenir de Jeanne d'Albret !

En effet, le parlement rendit un arrêt « que les procédures, décrets et jugemens donnés contre ledict défunct admiral de Chastillon seroient rayés, tant du greffe de la cour que autres, et mis en marge du registre : rayé par ordonnance de la cour[1]. » Le 8 juin 1600,

---

[1] Exécuté par arrêt du parlement, du 14 juillet.

Henri IV écrivit de nouveau au parlement : « Nous avons vu vostre arrest du 22 aoust, disant que les jugemens donnés contre notre cousin l'admiral de Chastillon, seroient rayés des registres et mis en marge : « rayés par ordonnance de la cour. » Sçavoir faisons que nos vouloir et intention, ont esté et sont encore que toutes les charges, informations, pièces et procédures, sentences, jugemens et arrests donnés contre nostredict cousin, soient non seulement rayés, biffés et mis hors des greffes, mais entièrement supprimés sans qu'il en puisse demeurer aucune marque ny mémoire à l'avenir, comme de chose non avenue; ce que nous vous mandons et très-expressément enjoignons de faire; car tel est nostre plaisir[1]. »

Ainsi disparaissaient peu à peu les tristes souvenirs de la guerre civile : Henri IV avait entièrement pacifié son royaume. La ligue, d'abord puissance toute populaire parce qu'elle était catholique et municipale, avait été domptée quand elle avait perdu ce caractère; puis

[1] Extrait des registres du parlement, mss. de Béthune, vol. cot. 8765, fol. 30.

la paix avec l'Espagne se scellait à Vervins. Enfin toutes ces œuvres de sueurs étaient couronnées par une transaction avec la chevalerie belliqueuse qui avait suivi la cornette blanche du Béarnais. Ce n'était pas là le résultat le moins difficile à obtenir, car c'était la victoire qu'il fallait tempérer : on devait assurer pour un long avenir la vie commune de deux partis puissans et vivaces; or, battre un ennemi, c'est le résultat du courage et de la fortune : on y réussit souvent; mais dompter les haines, comprimer les passions, c'est le prix de l'habileté, de la patience : on meurt à la peine.

CHAPITRE CXIII.

ADMINISTRATION DE HENRI IV.

Conseil. — Justice. — Finances — Intendance. — Commerce. — Métiers. — Agriculture. — Travaux publics. — Forêts. — Marais. — Voitures. — Chasse. — Duels. — Monnaies.

1598 — 1610.

Dans le grand mouvement politique et religieux qui avait agité les premières années de Henri IV, il y avait eu peu d'ordre, peu de pensées d'administration générale. Le roi avait eu à conquérir son trône, à disputer de sa bonne épée, les lambeaux de ses provinces, à traiter avec tous à des conditions onéreuses ; de là des emprunts à gros intérêts, des prodigalités secrètes, un oubli complet des principes de régularité administrative. Il serait difficile de saisir une idée d'avenir dans la gestion des intérêts sociaux ; la royauté vit au jour le jour ; on la voit préoccupée de sa propre sûreté ; et cette pensée absorbe tous les actes particuliers de sa vie politique.

A l'avènement de Henri IV, la première dignité du conseil, la chancellerie, était remplie par Montholon, qui résigna les sceaux sous la ligue. Charles de Bourbon, cardinal de Vendôme fut le chef du conseil jusqu'au 10 décembre 1589. Ph. Hurault, comte de Chiverny, que l'Union catholique avait fait disgracier aux Etats de Blois, devint chancelier de Henri IV et ne quitta la robe d'hermine qu'à la mort : il fut remplacé par le président de Bellièvre qui avait joué un si vaste rôle dans les négociations de l'avènement. Les sceaux furent quelques années après séparés de la chancellerie, pour créer une dignité judiciaire au profit de Brûlart, seigneur de Sillery, depuis chancelier à la mort de Bellièvre.

Sous la présidence du chancelier, le conseil se centralisa. Quand Henri vint au trône, l'administration était partout multiple. A la guerre, aux finances, tout se faisait par le moyen d'intendans et contrôleurs-généraux sous l'autorité des cours souveraines. Henri IV créa pour les finances une surintendance, autorité unique, absolue. Ce fut Maximilien de Béthune, marquis de Rosny, dont la capacité et le désintéressement ont été tant exaltés. Sully garda les finances jusqu'à sa mort. La guerre fut également confiée à un seul ministre, qui réunit les affaires étrangères; Henri IV donna ce double département à Nicolas de Neufville, seigneur de Villeroy, l'habile et souple négociateur de l'époque. Henri III avait créé un ministère pour les affaires de la religion; il fut continué par son successeur et confié à Pierre Forget, seigneur de Fresne, esprit modéré dans cette situation si délicate et si facilement accusée par les deux partis. Enfin le dernier poste de secrétaire d'Etat, celui de la maison du roi, revint à Loménie, seigneur de la Ville-aux-Clercs, le confident des plaisirs et des entraînemens secrets du Béarnais.

Le nouveau règne, une fois affermi, fut fécond en actes d'administration souveraine. Quand la guerre civile eut cessé, quand on put s'occuper en paix de la gestion sociale, le conseil multiplia les actes et se hâta de rentrer dans les voies d'ordre, dans les formes régulières. Après les grandes batailles, la plaie publique était toujours les gens de guerre. Que faire de cette multitude de soldats qu'un licenciement jetait tout à coup dans les campagnes, au milieu des villages? Fallait-il laisser les braves arquebusiers huguenots mendier leur pain sur les places publiques? Il fut rendu un édit solennel pour la subsistance, nourriture et entretien des pauvres gentilshommes, capitaines et soldats estropiés, vieux et caducs, en même temps qu'on réglait la tenue des hôpitaux, aumôneries et léproseries[1]. D'un autre côté, une ordonnance défendait aux gens de guerre de courir les champs, « car ils commettoient excès insupportables, injures et violences par oppressions et barbares cruautés, à cause de quoy nos pauvres

---

[1] Code Henri, liv. Ier, tit. XXXI. — Traité de la police, liv. IV, tit. XII, chap. II.

subjects font entendre des plaintes douloureuses et pitoyables lamentations; à quoy voulant obvier et pourvoir au soulagement de nostre dict peuple, disons et déclarons : que les gouverneurs de nos provinces et nos lieutenans-généraux et particuliers ayent, incontinent après la publication de ces présentes, à courir sus et tailler en pièces tous les gens de guerre à pied ou à cheval qui se trouveront tenir les champs sans commission expresse de nous, et faire commandement à ceux qui auroient commission de se rendre incontinent à nostre armée ou és provinces auxquelles nous les avons ordonnés sur peine de la vie. Et afin que pour l'avenir l'on ait cognoissance de ceux qui tiendront la campagne et qu'on les puisse faire respondre des insolences commises par leurs soldats, voulons et ordonnons que tous capitaines, chefs et conducteurs de gens de guerre, allant par pays, ayent à envoyer ou se transporter eux-mesmes vers le gouverneur de la province par laquelle ils auront à passer, auparavant que d'y faire entrer leurs troupes, afin de leur faire part de la commission qu'ils auront de nous, lui bailler par estat le nombre de leurs gens avec leurs noms et surnoms. Et si aucun desdicts capitaines et conducteurs des gens de guerre étoient si téméraires de faire le contraire, nous commandons très-expressément à nos gouverneurs et lieutenans, qu'ils aient, comme dict est, à leur courir sus et à les tailler en pièces, faisant chastier les capitaines et les chefs, et pour cet effect assembler la noblesse, les communautés et paroisses par le son du tocsin, en sorte que la force leur en demeure. Voulons et ordonnons en outre auxdicts gouverneurs et lieutenans qu'ils ayent à nous tenir advertis tous les mois des troupes qui auront passé dans l'estendue de leurs chargès et du séjour qu'elles y auront faict, comme elles auront vescu, ensemble des plaintes et de la justice qui en aura esté faicte[1]. »

Toutes ces ordonnances étaient favorables aux bourgeois, aux paysans qu'opprimaient les gens de guerre; Henri IV fit peu de concessions libérales aux villes, à moins que les cités n'en eussent fait une condition expresse de la réunion à la couronne; le roi n'ignorait pas que c'é-

---

[1] 24 février 1597. Registre du parlement, vol. SS, fol. 215. — FONTANON, tom. III, pag. 143.

tait des villes surtout qu'était sortie la ligue. Ces constitutions de municipalités bruyantes et populaires l'effrayaient; il n'existe que quelques ordonnances sur les cités et leur organisation libre. Et dans les villes, favorisait-il les métiers? les métiers en tant que corporation politique suscitaient dans l'esprit de Henri IV des répugnances aussi prononcées que les municipalités. Des bannières et des confréries était parti le grand mouvement des halles; le roi les craignait comme association politique : il ne leur concéda que de minces priviléges commerciaux ou honorifiques; il confirma les chartes des porteurs de grains et farine aux halles de Paris[1], des vinaigriers et moutardiers[2] et des épiciers apothicaires[3]. En 1597, d'après l'avis des notables assemblés à Rouen, Henri IV rendit un édit portant rétablissement du système général de maîtrise et règlement sur la police des métiers :
« Ceux qui voudront estre reçus aux maistrises des arts d'apothicairerie, chirurgie et barberie, seront tenus de souffrir l'examen et expérience

---

[1] Registre du parlement, vol. RR, fol. 59.
[2] Registre du parlement, vol. II R, fol. 145.
[3] Registre du parlement, vol. II, X, fol. 62.

par devant les commissaires par nous commis et députés, suffisans et capables à cet effect. Tous les marchands et artisans demeurant ès villes, bourgs et autres lieux de ce royaume, jurés et non jurés, soit à boutique ouverte, chambre ou magasin, afin d'estre maintenus et conservés aux priviléges, franchises, liberté, et immunités qui leur ont esté concédés, seront tenus de nous payer chacun en son particulier, à sçavoir : pour le plus haut art ou mestier, un escu sol; pour le moyen, deux tiers d'escu; pour le moindre, demi-escu. Et faute de ce faire, y seront contraints par toutes voies dues et accoutumées[1]. » Les priviléges de vendeurs de poissons furent entièrement confirmés; défense expresse à tout autre qu'auxdits vendeurs de faire le commerce du poisson[2]. Et la nombreuse corporation des marchands fruitiers de la ville de Paris reçut également la confirmation des beaux priviléges qu'elle tenait du roi saint Louis[3].

---

[1] Registre du parlement, vol. TT, fol. 70. — FONTANON, I, pag. 1101.

[2] Registre du parlement, vol. TT, fol. 274.

[3] Registre du parlement, vol. YY, fol. 203.

Le commerce, depuis le seizième siècle, prenait une grande extension; Henri le protégea; les marchands fréquentant les foires de Lyon virent accroître leurs anciens priviléges. En l'année 1606, un traité fut conclu avec Jacques Ier, roi d'Angleterre et d'Ecosse, pour la liberté de transaction : « A esté entre ces pays et la France convenu et accordé pour accroistre de plus en plus la bonne amitié et intelligence qui est entre Sa Majesté très-chrestienne et Sa Majesté de la Grande-Bretagne, qu'il sera mandé par toutes les villes, ports et havres des royaumes, de bien et favorablement traiter les subjects de l'un et l'autre prince, et les laisser trafiquer en toute sureté et liberté les uns avec les autres; et quant aux impositions qui se lèvent maintenant sur les subjects, marchandises et denrées de l'un et l'autre royaume, afin qu'un chascun de part et d'autre soit certain de l'imposition qu'il devra payer, en sera dressé pancarte en l'un et l'autre royaume, qui sera mise et attachée ès lieux publics, tant ès villes de France qu'en la ville de Londres et autres. Les navires françois pourront aller librement jusques au quai de la ville de Londres et autres ports de la Grand'-

Bretagne, et y estant pourront charger et frester avec les mesmes libertés et franchises dont les navires anglois jouissent en France. Et en attendant que justice se fasse des pirateries et déprédations faictes par les subjects de l'un et l'autre pays, a esté conclu que toutes les lettres de marque et de représailles, qui ont esté expédiées par ci-devant seront sursises, sans qu'elles se puissent exécuter de part et d'autre[1]. » Rendre les transactions à leur esprit purement commercial était un moyen de détourner les métiers de ces mouvemens politiques qui les préoccupaient depuis le roi Jean.

Avec ces idées de libre commerce on ne s'explique pas ces grandes ordonnances contre le luxe, retrouvées dans les vieilles prescriptions du moyen âge. L'austère pensée des huguenots avait sans doute présidé à cette réformation. En 1594, une déclaration défendit l'usage de l'or et de l'argent sur les habits[2]; en 1600, nouvel édit qui prohibe encore l'emploi des draps d'or et d'argent[3]. Sous le règne de Henri IV ces édits

[1] Registre du parlement, vol. XX, fol. 383. — Recueil des traités de paix, III, fol. 31.
[2] Registre du parlement, vol. II R, fol. 60.
[3] Registre du parlement, vol. UU, fol. 147.

étaient renouvelés presque annuellement[1]. Tous ces actes d'administration sont dominés par le système financier de Sully; j'y consacrerai un chapitre à part dans ce livre, car il modifia l'économie de quelques unes des idées antérieures. La théorie des impôts fut oppressive pour le peuple; quels que fussent les bons mots de Henri IV et les intentions qu'on lui prêtât, les masses ne furent point soulagées; elles n'eurent point la poule-au-pot; des témoignages irrécusables constatent les plaintes cruelles des villes et des campagnes.

Pourtant l'administration était en progrès; on ouvrait des routes; divers édits créaient des relais de chevaux sur les grands chemins, traverses et le long des rivières, pour le transport des voyageurs et des malles; on rendit plusieurs grandes ordonnances pour la conservation des forêts, l'entretien des chemins publics et rivières[2]. En 1599, Henri promulgua un édit pour le desséchement des marais; c'est la première loi qui ait été faite sur cette matière; le

---

[1] Registre du parlement, vol. VV, fol. 251. — *Idem*, XX, fol. 581. — FONTANON, I, pag. 996-997.
[2] FONTANON, IV, pag. 857. — NÉRON I, pag. 676.

sieur Bradléy, natif du duché de Brabant, se chargeait de cette opération : « Pour desdommager et rescompenser ledit Bradléy et ses associés tant des frais, coust et despens qu'il leur conviendra faire et advancer de leurs bourses que de leur expérience, industrie et intention, leur cédons et transportons la juste moitié de tous les marais appartenans à nous et de nostre domaine qu'ils auront ainsi desséchés et essuyés. Et d'autant que divers marais appartiennent en commun à plusieurs propriétaires, où se trouvent tellement meslés et enclavés les uns parmi les autres qu'il seroit impossible de les dessécher sans un commun consentement, voulons et ordonnons que où lesdicts propriétaires seroient de différens avis, la voix des propriétaires ayant la plus grande partie des marais emporte celle de la moindre part[1]. » Un autre édit confirmait les règlemens déjà faits sur les mines et minières, et créait un grand-maître-superintendant, un contrôleur-général et un receveur, « et tous les entrepreneurs et gens qui feront la recherche des mines ne pourront ven-

[1] Fontanon, II, pag. 398.

dre ou faire vendre aucuns métaux provenant desdictes mines sans la marque du grand-maistre[1]. » Henri institua l'office de commissaire général et surintendant des coches et carrosses publics qui aurait charge de faire exécuter les règlemens et ordonnances faits par le prevôt de Paris ; « et tiendra la main à ce que lesdicts coches publics soient attelés bien et duement, comme il appartient de bons et forts chevaux, pour tirer, mener et conduire par cochers et gens capables et expérimentés ; et que lesdicts coches soient maintenus en bon équipage, afin qu'il n'advienne aucun empeschement au public[2]. » On fit également plusieurs déclarations et mandemens royaux dans le but de favoriser l'agriculture ; le 7 décembre 1602, des lettres royales ordonnèrent l'établissement d'un plan de mûriers et l'entretien des vers à soie, « afin d'empescher par ce moyen le transport qui se fait de trois et quatre millions d'or par chascun an ès pays estrangers, pour l'achat des soyes ; vous mandons qu'en chaque paroisse vous vous informiez de la quantité de mûriers blancs

---

[1] Registre du parlement, vol. VV, fol. 373.
[2] Registre du parlement, vol. SS, fol. 10.

et noirs qui se trouvent en icelle, ensemble de leur age et grosseur à peu près, enjoignant aux habitans de faire publier aux prosnes de leurs paroisses, qu'ils ayent à eslire un ou plusieurs d'entre eux les plus capables, pour se charger de faire eslever et profiter lesdicts mûriers et graines qui leur seront données, et sera deslivré amples mémoires et instructions tant de la manière de semer, planter et cultiver lesdicts arbres et graines que pour faire esclore et nourrir les vers, les faire filer et en tirer la soye; à la condition qu'ils en recevront seuls pour l'advenir tout le profit et que les arbres leur demeureront en propriété pour la peine de les avoir eslevés et cultivés[1]. » Et en 1605, une nouvelle déclaration ordonnait « l'establissement par tous les diocèses de France, d'une pépinière de cinquante mille mûriers blancs, au moins, car on avoit recognu par diverses expériences l'utilité qui peut revenir de la nourriture des vers à soye et des plants de mûriers qui leur servent de nourriture[2]. »

Une multitude d'édits royaux, qui ne peu-

[1] Fontanon, I, pag. 1049.
[2] Fontanon, I, pag. 1051.

vent se classer dans aucune des catégories précédentes, signalaient une administration travailleuse; des ordonnances souvent cruelles réglèrent le *crime* de chasse et louveterie: « Défendons à toutes personnes, de quelle condition qu'elles soient, de chasser dans nos buissons, forests et garennes, à quelque sorte de gibier que ce soit; défendons également de mener aucun chien en nosdictes forests s'ils ne sont attachés ou une jambe rompue. Permettons à tous seigneurs, gentilshommes et nobles de chasser et faire chasser noblement, à force de chiens et oiseaux, dans leurs forests et buissons, à toute sorte de gibier, mesme aux chevreuils et bestes noires. Et quant aux marchands, artisans, laboureurs, paysans et autre telle sorte de gens roturiers, leur faisons desfenses très-expresses de tirer l'arquebuse, escopette, arbalète et autre baston, ensemble de chasser au feu ou autrement, à aucune grosse et menue beste et gibier, en quelque sorte et manière que ce soit[1]. » La peine était terrible, car il s'agissait de la pendaison

---

[1] *Code des chasses*, I, pag. 189. — Registre du parlement, vol. VV, fol. 246. — FONTANON, II, pag. 337.

pour le pauvre paysan pris avec le lacs en main ou l'arquebuse de chasse sur l'épaule. Le courre dans les forêts était alors le plus bel apanage des gentilshommes; c'était usurpation des vilains que de forcer le cerf ou le daim à travers les arbres centenaires; l'avènement de Henri IV n'était-il pas le triomphe de la gentilhommerie? Cette vie des bois et des bruyères remontait à la conquête, quand les Francs faisaient un roi sur le champ de guerre, au bruit de la framée; Henri avait hérité de ce noble goût. « Mon compère, écrivait-il au connétable; j'ay esté dix jours à Chantilly, où j'ay bien eu du plaisir, car j'y ay bien passé mon temps; j'ay pris trois cerfs dans vos bois et dix dans la forest de Halastre; j'ay faict renouveller les desfenses de la chasse, parce que j'ay trouvé que ceux de Senlis venoient chasser jusque contre la maison, et qu'il n'y avoit ny lièvres ny perdrix dans la plaine, n'y ayant pu courre que un lièvre, et pris fort peu de perdrix et de hérons. J'ay commandé à Girard quelque chose pour vos canaux et vostre jardin neuf qui pourra couster environ trois cents escus, et m'assure que lorsque vous le verrez, vous le trouverez mieux et n'y aurez point de regret. Je vous ay fort souhaité, car outre le plaisir que j'y ay eu, encore que je fusse tous les jours à la chasse, d'autant que j'y avois ma meute de chiens courans pour cerfs, celle de mon cousin le comte de Soissons et celle de MM. de Montbason et la Vieuville avec tous mes oiseaux, je n'ay laissé d'y engraisser. Je suis de là venu en ceste maison (Chantelou), où il y a déjà trois jours que je suis et m'y trouve aussi merveilleusement bien; les chasses y sont mieux gardées qu'à Chantilly; j'y ay vu vos chevaux et couru des chevreuils et pris trois ou quatre hérons fort bien: aujourd'huy je vais courre un cerf avec mes chiens; demain un autre avec ceux de mon cousin le comte de Soissons, et mercredy je m'en pourray retourner à Paris[1]. »

Des ordonnances défendirent aussi les duels, cette autre coutume de la gentilhommerie, ces combats à champ clos, qui remplaçaient les vieux tournois aux nobles dames, aux bannières et aux blasons de mille couleurs. « Nous

[1] Mss. de Béthune, vol. cot. 9093, fol. 1.

enjoignons à tous nos subjects de vivre à l'advenir les uns avec les autres en paix, union et concorde, sans s'offenser, injurier ni provoquer à haine et inimitié, sur peine d'encourir nostre indignation et d'estre chastiés exemplairement[1]. » On n'osait encore proclamer les peines inflexibles des édits postérieurs; la noblesse n'était point assez assouplie; elle était trop fière de ses priviléges, de ses droits, de son honneur; elle cherchait à les venger par l'épée au Pré-aux-Clercs, ou dans les rues étroites de la Cité.

Un grand édit fut rendu sur les monnaies, avec un tableau du nom, du poids et de la figure de toutes les pièces ayant cours[2]. Plus tard, des lettres royales ordonnèrent l'établissement à Paris et dans les autres villes du royaume, des manufactures de tapisseries[3]. Les administrateurs de l'Hôtel-Dieu reçurent le droit de faire quêter au profit de

---

[1] Registre du parlement, vol. VV, fol. 410. — FONTANON, I, pag. 665, 667.

[2] Registre du parlement, vol. VV, fol. 456. — FONTAN. II, pag. 227.

[3] BLANCHARD, compilation chronologique.

l'hospice ³ ; enfin un édit général fut publié contre les banqueroutiers frauduleux : « Voulons qu'il soit extraordinairement procédé contre les banqueroutiers et desbiteurs faisant faillite et cession de biens, en fraude de leurs créanciers; et la fraude estant prouvée, ils soient exemplairement punis de mort, comme voleurs, affronteurs publics; voulons aussi et nous plaist que ceux qui se diront contre vérité, créanciers desdicts banqueroutiers, comme il arrive souvent par monopole et intelligence, afin d'induire les vrais créanciers à composition et accords, soient aussi exemplairement punis comme complices desdictes fraudes et banqueroutes ¹. »

La tendance de cette administration fut surtout d'effacer les traces des guerres religieuses dans un système général d'ordre et de paix publique. Point de concessions libérales aux peuples, aux communes, aux municipalités; mais une gestion active et soigneuse de tous. Les guerres civiles ont pour résultat d'user

---

¹ Registre du parlement, vol. XX., fol. 124.
² Registre du parlement, vol. II Y, fol. 310. — FONTAN. I, pag. 763.

l'énergie politique des sociétés; alors, si un pouvoir arrive bienveillant et fort, on lui sacrifie tout; on ne lui demande en échange que la paix et le repos : c'est l'atonie après la période de fatigues, de sueurs et de travail.

CHAPITRE CXIV.

SYSTÈME FINANCIER DE SULLY.

Aperçu général du système financier. — Ressources du trésor. — Augmentation de l'impôt. — Remise à quelques provinces. — Organisation de la comptabilité. — Résumé du système. — Aliénation du domaine royal. — Taille. — Gabelle.

1598 — 1610.

Le système multiple *des généraux sur le fait des aides et finances* avait été centralisé sous la direction d'un surintendant. Dans la vieille monarchie des Valois, tout dépendait de la

Cour des comptes pour l'examen des recettes et dépenses. Dans chaque généralité, les receveurs des aides et tailles écrivaient sur de longs registres en parchemin ce qu'ils retiraient de l'impôt; puis, ces registres étaient envoyés aux généraux sur le fait des aides, et soumis à la Cour qui balançait les résultats. Il y avait dans ce mode d'administration de l'impôt, de nombreuses causes d'erreurs et d'abus; mais la Cour des comptes, autorité souveraine, empêchait par son contrôle les malversations des percepteurs. On ne pouvait prendre un sol, denier ou maille sans que ladite Cour s'en aperçût, et justice était promptement faite. On pendait aux halles le receveur maudit, et quelle joie parmi le peuple quand il voyait, un pied de langue hors la gueule, le maître Juif qui naguère, dans sa petite cabane du pont des Meuniers ou de la place Maubert, retirait écus et deniers des bestiaux aux pieds fourchus, de la farine ou du vin, de la belle serge du bourgeois ou du mantelet des marchands de cresson! C'était le cri d'une de ces pauvres vieilles qui avait donné le signal au mouvement des halles sous Charles VI.

La centralisation, sous un surintendant des finances, corrigeait quelques uns des abus, par cela seul qu'elle plaçait dans une unique inspection cet ensemble de comptes des receveurs de Paris et des provinces. La Cour des finances n'avait plus de rapports qu'avec le surintendant; elle vérifiait les recettes générales, tandis que les recettes particulières n'étaient examinées que par les commis du surintendant. De plus, en face de cette surveillance d'un corps, de cette autorité collective, la royauté n'était pas libre; elle ne pouvait se procurer pour elle-même et pour ses projets des ressources immédiates et toujours assurées. Avec le surintendant, institution toute monarchique, le roi agissait bien plus efficacement; quand il avait des besoins, il s'adressait au ministre, et toute l'intelligence de celui-ci s'appliquait à trouver des ressources, sans que le roi eût à s'inquiéter de la nature et de la portée des expédiens.

Telle était la seule pensée de Henri IV, en substituant la surintendance de Sully au système des douze généraux sur le fait des aides. Sully répondit-il à cette pensée? Oui, en ce qui touche la couronne; il remplit avec une grande sollicitude tous les besoins de la guerre, des alliances et des pensions, tous les secrets désirs du roi pour ses plaisirs et ses maîtresses. Ce fut un ministre à expédiens, qui ne modifia que l'assiette de l'impôt. Son système n'inventa rien de vaste : il fut soucieux des petites ressources. Il eut peu de conception, car augmenter l'impôt, pour agrandir les recettes, c'est l'idée la plus commune, l'enfance de l'art dans les combinaisons financières. Sully épargna les tailles déjà si pesantes; il agrandit au contraire l'impôt sur les denrées, sacrifice moins sensible pour le peuple; puis, le surintendant appela une plus haute régularité dans la tenue des registres, un mode plus simple dans les ressorts de l'administration; il se jeta dans les emprunts forcés, dans le système qui faisait rentrer au domaine les biens aliénés. En résultat, le peuple ne fut pas soulagé; plus d'une fois ses malédictions et ses cris poursuivaient le surintendant, tout enrichi de l'impôt et renfermant dans la Bastille les trésors qu'il avait arrachés au bourgeois et au pauvre laboureur.

Du reste, les besoins du roi étaient presque toujours satisfaits. Sully s'en est vanté avec une simplicité d'éloges qui se ressentait de la disgrâce du surintendant sous Marie de Médicis. Dans ses Mémoires, sorte de justification de son administration laborieuse, il rappelle tous ses services : « Le bruit des sommes que j'avois fait revenir dans les coffres ne fut pas plustost répandu, que je me vis accablé d'un nombre infini de créanciers sur le roy, envoyés, pour la plupart, par le conseil. Je séparai en présence des receveurs ce qui étoit nécessaire pour le service actuel des gens de guerre : j'en ôtai 50 mille écus pour les usages particuliers et les menus plaisirs du roi qui ne consistoient qu'à gratifier, à l'insu des catholiques, plusieurs vieux officiers et soldats protestans qui l'avoient si utilement servi[1]. »

Sully eut surtout cette sollicitude qui plaçait en tête de ses devoirs la répression des abus, et l'exacte gestion des deniers; il ne pouvait souffrir ce gaspillage du trésor au profit des gentilshommes favorisés par Henri IV. Toutefois il ne refusait jamais rien au roi; fal-

---

[1] Mémoires de Sully, année 1596, liv. VIII.

lait-il lever des régimens ou gratifier une maîtresse, le surintendant trouvait des ressources. « Lorsqu'on apprit la prise d'Amiens, les coffres du roi étoient vides; il n'y avoit pas un seul régiment en état de servir; cependant il falloit de l'argent et des troupes sans délai. Je feuilletai mes Mémoires, je repassai les moyens de recouvrer de l'argent dont je m'étois occupé dans mon loisir, prévoyant que le roi en auroit besoin. On peut en général réduire ces moyens en deux espèces différentes : les uns plus simples où il ne s'agit que de mettre une augmentation sur la taille et sur les impôts déjà établis; les autres plus difficiles qui consistent à imaginer de nouvelles sources d'où l'argent puisse sortir. Il ne me paroissoit point de bonne politique d'avoir recours aux premiers; je me tournai de l'autre côté, et je m'en tins au projet suivant : demander un don gratuit au clergé pour une ou même pour deux années, en l'obligeant d'en faire l'avance; faire une nouvelle création d'offices par une augmentation aux anciens; retarder d'une demi-

---

1 Mémoire de Sully, année 1597, liv. IX.

année le paiement des arrérages des sommes empruntées aux partisans sous le dernier règne; augmenter le sel de 15 sous par minot; tiercer les entrées et droits de rivière par une simple réappréciation, et comme ces établissemens ne donnoient pour la plupart de l'argent qu'en espérance, commencer par faire un emprunt de 1200 mille livres, tant de la cour que des principales villes du royaume, et leur assigner le remboursement sur pareille augmentation faite dans les gabelles et les cinq grosses fermes; et pour le surplus de ce qu'on auroit actuellement besoin de deniers comptant, obliger par les poursuites d'une chambre de justice les derniers traitans qui avoient fait des fortunes considérables à souffrir une taxe, aussi en forme d'emprunt. Ce plan, comme on voit, étoit assez étendu, et mon intention n'étoit pas qu'on mist tous ces moyens en usage à la fois; mais ne sachant combien la guerre devoit durer, on pourroit s'en servir successivement en faisant précéder les moins onéreux. »

Ce n'était là qu'un système d'avanie et d'emprunt forcé; il n'y avait aucune idée, aucun élément du crédit. La taille était tellement excessive que Sully n'osa point l'augmenter; ce fut à l'emprunt et à l'impôt sur les denrées que le surintendant eut recours. Ces ressources de l'emprunt étaient alors bornées; elles consistaient à affecter certains revenus spéciaux des fermes au paiement des intérêts; et d'ailleurs était-il possible d'agrandir l'impôt dans l'état de désolation où se trouvaient les provinces couvertes par l'invasion? « Rien assurément ne peut donner une idée de l'état accablant auquel étoient réduictes les provinces, surtout celles de Provence, Dauphiné, Languedoc et Guyenne, long et sanglant théâtre de guerre et de violences qui les avoient épuisées. Je remis par tout le royaume le reste des imposts de 1596, action autant de nécessité que de charité et de justice. Ceste gratification, qui commença à faire respirer le peuple, fit perdre au roy vingt millions; mais aussi elle facilita le payement des subsides de 1597, qui sans cela seroient devenus moralement impossibles. Après ce soulagement, je cherchay à procurer aux peuples de la campagne tous ceux que je pouvois leur donner. Fortement persuadé que ce ne peut estre une somme de trente millions perçue tous les ans dans un royaume de la richesse et de l'étendue de la France, qui le resduit en l'estat où je le voyois, et qu'il falloit que les sommes consistant en vexation et faux frais excédassent celles qui entroient dans les coffres de Sa Majesté. Je pris la plume et entrepris ce calcul immense. Je vis avec une horreur qui augmenta mon zèle, que pour trente millions qui revenoient au roy, il sortoit de la bourse des particuliers cent cinquante millions; la chose me paroissoit incroyable; mais à force de travail, j'en assuray la vérité. Je me tournay contre les auteurs de ceste violence, qui estoient tous les gouverneurs et autres officiers de guerre, aussi bien que de justice et de finances, qui, jusques aux moindres, faisoient tous un abus énorme de l'auctorité qu'ils avoient sur le peuple; et je fis rendre un arrêt du conseil par lequel il estoit desfendu, sous de grandes peines, de rien exiger du peuple, à quelque titre que ce pust estre, sans une ordonnance en forme, au-delà de ce à quoy il estoit obligé pour sa part des tailles et autres subsides réglés par Sa Majesté, et enjoint aux trésoriers de France, sous peine d'en respondre personnellement, d'informer de tout ce qui se pratiqueroit au contraire[1]. »

La pensée de Sully fut toujours d'uniformiser son système; comme il était lui-même l'expression d'une pensée de centralisation, il cherchait à la mettre partout : « Le projet de dresser, pour chaque partie des finances, des états généraux qui en prescrivoient nettement la forme, m'a paru tousjours si heureux et si propre à conduire à la plus grande exactitude, que j'étendis ceste méthode sur tout ce qui en estoit susceptible. Dès les premiers jours de ceste année, en présentant au roy les jetons d'or et d'argent, suivant la coutume, je luy présentay en mesme temps cinq de ces états généraux, dont chascun avoit rapport à quelqu'un de mes employs. Dans le premier, qui estoit le plus important, parce que j'y entrois dans le détail de tout ce qui me regardoit comme surintendant, estoit renfermé, d'une part, tout ce qui se lève d'argent en France par le roy, de quelque nature qu'il puisse estre; d'une autre, tout

---

[1] Mémoires de Sully, année 1598, liv. x.

ce qui doibt en estre déduit en frais de perception, et par conséquent ce qui revient de net dans les coffres de Sa Majesté. Le second de ces Etats estoit faict uniquement pour l'instruction du garde du trésor royal; il y apprenoit de quelle part et à quel titre lui estoit remis tout ce qui passoit de deniers royaux par ses mains pendant l'année de son administration; ensuite de combien il pouvoit disposer sur ceste somme totale et à quoy l'employer. Le roy corrigea sur mes représentations quantité d'abus dans la monnoie, principales causes du dépérissement du commerce; on rendit grand nombre de desclarations, lesquelles tendoient toutes à une dernière, qui desfendit de transporter hors du royaume aucune espèce d'or ou d'argent. A la peine de confiscation des espèces qui seroient interceptées dans le transport, on joignoit celle de tous les biens des contrevenans[1]. Le roy tesmoigna publiquement combien il avoit ceste affaire à cœur, par le serment qu'il fit de n'accorder aucune grace pour cette sorte de malversation,

---

[1] Mémoires de Sully, année 1601, liv. XII.

et mesme de regarder de mauvais œil tous ceux qui le solliciteroient d'en accorder. »

Le système du libre transport des monnaies était trop avancé pour les idées commerciales du seizième siècle. On ne comprenait pas la balance qui s'établit par l'échange et la circulation. Parce qu'on empêchait matériellement le numéraire de sortir d'un Etat, on s'imaginait que cet Etat ne pouvait s'appauvrir. Les peines étaient sévères, car le délit était immense dans les principes d'économie sociale de l'époque.

Obtenir des ressources pour faire face à tous les besoins du roi, telle fut la constante pensée de Sully; et peu lui importait le poids des charges, la grandeur des impôts. Le surintendant attaque même ceux qui parlaient de retranchemens et d'économie; le plan qu'il offre à Henri IV porte toujours sur les avanies contre les traitans, l'emprunt forcé sur le clergé, le retrait du domaine aliéné, mesures despotiques et fausses que le moyen âge avait inventées dans l'absence des grandes ressources du crédit et de l'impôt régulier. « Le projet du roi, pour l'intérêt de l'Etat, exigeant qu'il cherchast tous les moyens d'augmenter ses finances, au lieu d'y faire ces retranchemens dont les prétendus zélés ne cessoient de l'entretenir, Sa Majesté me demanda mon advis en particulier. Les progrès que j'avois faits en matière de finances me firent descouvrir des moyens qui, sans estre trop onéreux au peuple, me parurent d'une grande ressource. J'en rassemblay neuf des principaux dans un Mémoire que je présentay à Sa Majesté : 1° Les traitans qui avoient administré dans les derniers temps les fermes les plus considérables des finances, sous couleur de différens employs nécessaires en apparence, en avoient diverty les deniers, ensuite les avoient fait passer en compte à la ruine de l'épargne qui paroissoit les avoir reçus sans pourtant en avoir rien touché. Cet article avoit obéré la couronne de plusieurs millions. Je demandois une révision de tous ces comptes et états, afin de pouvoir tomber sur ces traitans qui n'étoient pas si bien cachés que je ne pusse remonter jusqu'à eux. 2° Le clergé de France venoit de desférer par la bouche de ses cardinaux, archevesques, évesques, Castille, son receveur général, comme malversateur. Leur requeste, qui m'avoit esté adressée, estoit accompagnée d'un Mémoire si net et si positif des articles d'accusation, qu'il ne tenoit qu'à Sa Majesté de se faire restituer les sommes immenses que ce receveur avoit destournées. 3° Tous les financiers et gens d'affaires, les trésoriers de France surtout, grands destructeurs de la finance, pouvoient estre associés avec Castille, par la création d'une chambre de justice, et elle ne pouvoit manquer de produire de grands avantages, pourvu qu'on sçust en exclure la brigue. 4° Les abus dans l'aliénation du domaine estoient si palpables, que plusieurs de ceux qui estoient actuellement en possession jouissoient sans titre et par une pure usurpation, et les autres avoient acquis à si vil prix qu'ils avoient esté plus que remboursés dans la seule première année : c'est ce que je fis toucher au doigt à Sa Majesté qui empeschoit qu'on ne fist une exacte vérification de ces aliénations, et je l'engageay à consentir qu'on retirast tous ces biens, et qu'on obligeast les acquéreurs à en solder la juste valeur. 5° Mesmes abus et mesme opération sur différentes charges et offices, dont on forceroit les possesseurs ou à suppléer sur le pied de leurs finances, ou à recevoir pour le remboursement la mesme somme que ces offices leur avoient coustée. 6° La mauvaise régie avoit faict que jusqu'à présent les dettes de la couronne aux cantons suisses, loin de diminuer, avoient tousjours esté en augmentant. J'avois déjà si bien faict changer ceste partie de face, qu'un million payé à propos en avoit acquitté huict, moitié sur les arrérages, moitié sur le principal. En s'appliquant de même au reste, l'Estat se trouveroit dans peu libre de ceste dette. 7° Autant qu'il estoit possible de faire rentrer le roy en possession de son domaine aliéné, autant luy estoit avantageux d'en aliéner plusieurs petites parties consistant en fonds de terre et en droits, dont les frais, soict pour réparation, baux à ferme et perception, soict sous prétexte de poursuites, de remises, d'améliorations et autres choses semblables, estoient si prodigieux par la connivence de messieurs les trésoriers des finances, qui, en quelque sorte, en profitoient seuls, que, suivant le calcul que j'en avois faict, en réduisant dix années à une commune, il s'en falloit de plus d'un cinquième qu'il n'en revinst la première obole au roy : c'estoit là le grand brigandage des bureaux de finances. En aliénant toutes ces parties au denier prescrit par l'ordonnance, le roy devoit y gagner plus du double, puisqu'il n'avoit qu'à racheter des deniers de ceste vente des parties de ses rentes constituées au denier dix. 8° Par rapport à ces retraicts de revenus royaux aliénés, un party de traictans m'avoit offert d'en faire revenir pour plus de quarante millions au roy, sans qu'il fust obligé de rien payer pour le remboursement, moyennant qu'on leur laissast le choix de ces parties, et qu'on convinst d'un certain nombre d'années qu'ils en jouiroient, et après lesquelles ils les remettroient au roy, francs et quittes de toute dette. Au lieu d'accepter leurs propositions, Sa Majesté n'avoit qu'à faire par elle-même les profits qu'apparemment ils y trouvoient. 9° La France avoit en mains un moyen sûr de s'attirer tout le commerce de l'Océan et de la Méditerranée, et de le voir tout d'un coup, sans de grands frais, jusqu'au centre de ses provinces. Il devoit lui en couster pour cela de joindre par des canaux la Seine avec la Loire, celle-cy avec la Saosne et la Saosne avec la Meuse. Mais aussi le premier coup d'œil de ce projet n'offre pas moins de deux millions par an dont nous nous enrichirions sur l'Espagne seule, richesses réelles et solides, comme sont toutes celles que produit le commerce. »

Cette dernière pensée était grande et féconde. La canalisation devait multiplier les richesses du pays. Sully, gentilhomme féodal, avait aperçu néanmoins les inappréciables avantages du commerce. Le seizième siècle, par la conquête de l'Amérique, par la splendeur de ses transactions merveilleuses, avait jeté dans le monde de nouvelles idées. Comment s'étaient élevés les États libres des Pays-Bas? quelle force et quelle puissance n'avait pas atteint l'Angleterre sous Elisabeth? Sully avait contemplé ces résultats immenses; mais le crédit, il ne le savait pas encore; retrancher les rentes, supprimer les quartiers d'intérêts, tels étaient les expédiens du surintendant général. « Nous arrestasmes, Sa Majesté et moy, qu'on commenceroit par la vérification des rentes de l'Etat; lorsque j'eus faict voir à Sa Majesté, par de bons extraits et par d'autres pièces authentiques de la chambre des comptes, de la cour des aydes et autres bureaux, que ceste opération pouvoit, sans la moindre injustice, faire revenir six millions au trésor royal. Pour y réussir, je crus qu'il estoit nécessaire que Sa Majesté establist *ad hoc* un conseil ; la chambre des comptes s'y opposa, mais on n'eut aucun égard à ses raisons. J'étois le chef de ce conseil ; il apporta des améliorations notables ; j'avois faict une distinction très-nette et très-exacte entre les rentes de différentes créations et de fonds divers ; il y en eut dont les possesseurs furent assujettis à rapporter les arrérages qu'ils avoient perçus injustement, et d'autres dont les arrérages touchés furent imputés sur le principal, qui servirent à amortir. L'Estat y gagna encore la suppression d'une grande quantité de receveurs, payeurs de rentes, qui le chargeoit d'un fardeau inutile. Je n'y en laissay qu'un seul[1]. »

« Je mis la gabelle de niveau avec la taille. Je n'ay jamais rien trouvé de si tyrannique que de faire acheter à un particulier plus de sel qu'il n'en veut et n'en peut consommer, et de luy desfendre de revendre ce qu'il a de trop.

---
[1] Mémoires de Sully, année 1604, liv. XIX.

Je m'en expliquay un jour avec le roy. Il me demanda un Mémoire détaillé sur ceste matière : ce que coustoit le sel d'achat aux salines, de sa distribution dans les greniers, et autres questions qu'on peut faire à ce sujet. Je me hastay de dresser le Mémoire le mieux que je pus, mais il ne produisit aucun effect, et tout demeura à cet égard comme auparavant. Enfin les dettes créées sur les provinces, généralités, maisons de villes et communautés, ne faisant pas moins de tort au roy que les siennes propres, je le sollicitois continuellement de permettre qu'on fist sur elles la mesme révision et la mesme opération qu'on avoit faictes sur les autres, afin d'en diminuer au moins la quantité. Je l'obtins enfin, et Sa Majesté laissa à ma disposition le choix des moyens d'y parvenir. Je commençay à nommer, à cet effet, des commissaires que je choisis parmy les personnes que je connoissois les plus laborieuses et les plus fidèles dans les cours souveraines, le corps des maistres des requestes, celuy des trésoriers de France et des autres officiers. Ce travail produisit ses effets[1]. »

[1] Mémoires de Sully, année 1605, liv. XXI.

Ainsi, retranchement sur la dette fondée par l'Etat et par les cités, et tout cela au moyen de commissaires, sans autre règle générale que le caprice; c'était le plus faux système de crédit. Un Etat doit dépenser économiquement; mais lorsque la dette est établie, lorsque la rente est reconnue, consolidée, toute révision est une injustice et une faute, parce qu'elle ébranle le principe de la sécurité publique. En résumant les principaux élémens du système de Sully dans l'administration des finances du roi, on trouve les résultats suivans : Le surintendant obtint des ressources pour les besoins généraux du trésor, dans l'impôt indirect, les emprunts, le retour des domaines aliénés, et les restitutions qu'il imposait aux traitans. Sully avait une autorité arbitraire dans sa gestion; tout-à-fait indépendant de la cour des comptes, il ne soumettait à personne ses idées; elles s'exécutaient dans toutes les généralités du royaume sans opposition. Les misères populaires étaient grandes, et voilà pourquoi Sully ne toucha que faiblement aux tailles, qui frappaient matériellement les masses. L'impôt indirect sur les denrées pesait moins sensiblement : il l'agrandit. Tout ce qui pouvait multiplier les relations et le bien-être devait augmenter les ressources du pays et les élémens de l'impôt. De là ces nombreux projets sur le commerce, et cette noble fécondation des ressources nationales; Sully ne vit pas tous les principes du crédit, mais il se plaça au-dessus de son époque; il fit marcher le siècle, et c'est toujours un service rendu à la science.

CHAPITRE CXV.

COUR DE HENRI IV.

Caractère du roi. — Sa correspondance. — Politique de ses lettres. — Ses maîtresses. — Gabrielle d'Estrées. — Mademoiselle d'Antragues. — Les grandes familles. — Partis à la cour. — Plaisirs. — Fêtes. — Dissipations. — Mariage de Henri et de Marie de Médicis. — Mœurs de cour.

1598 — 1610.

Henri IV avait atteint cette époque de la vie où toutes les illusions disparaissent. A son avènement, déjà ses cheveux avaient blanchi; à quarante ans les rides couvraient son front et plissaient ses joues amaigries; que de soucis n'avait point eu à subir son existence agitée, existence de montagnes, de luttes et de dangers! Il montait sur le trône au milieu des partis qui se croisaient; les uns lui reprochaient d'avoir trahi ses vieux amis des camps, ses braves compagnons de bataille; les autres dénonçaient ses concessions imparfaites au catholicisme. Ces soucis, il les enveloppait d'une sorte de gaieté gasconne; c'était un esprit à jeux de mots, à libre plaisanterie; son amitié était expansive quand il avait besoin de dévouement; ingrat pour les services passés et inutiles; de la franchise habile; de la dissimulation plus adroite; plein de cet enjouement méridional qu'une prononciation béarnaise[1], une brutalité chevaleresque rendaient plus piquant encore. Ses lettres ne sont point celles qu'on lui a faites au dix-huitième siècle; ces petites inventions des notes de *la Henriade*, ces bou-

---

[1] Le caractère de Henri IV est très-bien apprécié par un compatriote dans une petite brochure en langue gasconne, que je possède sous ce titre : « Lou Gentilome gascon, rey de France et de Navarre, boudat à monseignou lou duc d'Espernon, par Guill. Ader, Gascon. » Tolose, Colomies, 1610, in-8°.

tades cavalières des marquis de Louis XV; calculées avec un art infini, elles vont à tous les caractères, s'adressent à toutes les convictions. C'est plutôt le prince roué, réfléchi dans chacune de ses démarches, que le chevalier franc et naïf tel qu'on nous l'a donné. Henri IV veut-il s'attirer un ennemi? ses paroles, pour ainsi dire, le jettent dans ses bras; menace-t-il? c'est de la véritable colère, colère de roi, impérieuse et brusque. Ses lettres aussi sont des négociations. J'ai recueilli ses nombreuses et actives correspondances, et les autographes particulièrement. Cette époque travailleuse du seizième siècle voit partout des souverains qui mettent la main à l'œuvre et se posent dans la politique. Il n'est pas un petit billet du roi qui n'ait son but[1]. Henri veut-il allécher le maréchal de Biron, l'attirer dans ses liens, calmer l'irritation de cet esprit altier, c'est alors le ton d'une douce confiance : « Mon ami, écrivait-il, j'ay esté bien aise d'entendre de vos nouvelles par Hébert, et des lieux où il a esté.

---

[1] J'ai déjà dit que la collection la plus précieuse en autographes est celle de Béthune; les Mss. Dupuy ne peuvent être placés qu'en seconde ligne.

J'ay vu le mémoire de ce qu'il vous a apporté de Milan. Je mets mon coussinet sur deux gardes d'espée, lesquelles je veux choisies de vostre main, car vous sçavez mieux que moy-mesme ce qu'il me faut. Je retiens aussi une toilette de Milan pour me faire un pourpoint pour l'esté, de telle couleur que vous voudrez. Je pense que dans deux ou trois jours je vous pourrai redépescher Escures; cependant je vous prie m'advertir de ce que vous apprendrez de ceste armée d'Espagne qui passe pour aller en Flandres; et vous assurez tousjours de la continuation de mon amitié, de laquelle je vous témoignerai les effets en toutes les occasions qui s'en offriront, de la mesme volonté que vous le sauriez desirer de la personne du monde qui vous aime autant. Adieu, mon ami. Ce 11e may [1]. »

Veut-il appeler la république de Strasbourg dans son alliance, c'est une lettre sérieuse et réfléchie avec cet abandon et cette bonté qui attirent : « Très-chers et bons amis; vostre bien m'est si cher et recommandé, qu'ayant en-

---

[1] Mss. Dupuy, vol. 590. Pièce originale.

tendu qu'aucuns envieux de la prospérité de votre république seroient à l'aventure bien aises de trouver moyen de troubler vostre union sous divers prétextes, j'ay commandé au sieur de Bongars, outre et par-dessus les autres charges que je luy ay commises en vostre endroict, de vous admonester et prier de ma part d'éviter, par vostre prudence accoutumée, toutes les occasions qui pourroient donner entrée et prise sur vous à ceux qui envient vostre bonheur, ce qu'il me semble que vous ferez facilement et heureusement quand vous donnerez un moyen honneste à vos concitoyens de vivre en repos de conscience. Car comme chascun d'eux pourra lors encore mieux, sans aucun divertissement, entendre et servir au public, aussi toutes sortes de prétextes et d'espérances de jetter et semer la discorde en vostre ville manqueront à ceux qui les recherchent. Et affermirez du tout vostre repos qui est ce que je desire et vous exhorte de faire comme vostre plus assuré amy[1]. »

A-t-il pour but de donner une haute idée de

---

[1] Mémoires de Bongars, mss. in-fol., t. II, pièce 73.

sa force et de son pouvoir, son style est plein de fanfaronnades, de plaisanteries gasconnes : « Ma cousine, écrit-il à Mme de Condé, je diray comme fict César : *Vidi, veni, vici*, ou comme dit la chanson : *Trois jours durent nos amours et finissent en trois jours*, tant j'étois amoureux de Sédan ; maintenant vous pouvez voir si je suis véritable ou non. Je savois mieux l'estat de ceste place que ceux qui me vouloient faire croire que je ne la prendrois de trois ans ; M. de Bouillon a promis de me bien et fidèlement servir, et moy d'oublier tout le passé ; cela faict que j'espere vous voir bientost, Dieu aydant ; car aussitot que j'auray esté dans ceste place et que j'auray pourvu à ce qui est nécessaire pour mon service, je prendray mon retour vers Paris. Bonjour, ma cousine[1]. »

S'agit-il d'affaires, de mesures militaires ou de police, sa manière est grave : « Mon compère, écrit-il au connétable, depuis que vous estes party d'auprès de moy, j'ay esté adverty que le sieur d'Antragues faisoit faire des cordes et des poulies pour donner moyen à mon ne-

---

[1] Mss. de Béthune, vol. cot. 8681, fol. 55. — 2 avril 1606.

veu le comte d'Auvergne de sortir de la Bastille; et pour en estre plus assuré, j'ay envoyé saisir les cordes qui ont été fabriquées chez un cordier de Neuilly, qui les a recognues pour les avoir faites par le commandement du sieur d'Antragues, ce qui m'a donné occasion de le faire arrester en sa maison, où lesdictes cordes et poulies ont esté trouvées. J'en apprendray davantage par le retour du sieur Berangueville, lequel a eu commandement de moy de l'arrester et l'interroger. J'ay aussy mandé à celuy qui commande à la Bastille en l'absence de mon cousin le marquis de Rosny, qu'il ait l'œil à ses gardes, et qu'il y donne l'ordre nécessaire pour estre surement gardé [1].

« Chers et bien amés, écrit-il aux consuls de la ville de Nismes; nous sommes advertis de divers endroicts que les catholiques voisins de nostre ville de Nismes, spécialement les ecclésiastiques, sont grandement opprimés par ceux de la religion prétendue réformée de la ville, qui sortent en troupes armées pour venir fourrager la récolte et piller les

[1] Biblioth. du roi, mss. de Béthune, col. 9089, p. 1.

grains d'yceux, prétendant les faire ainsi contribuer à l'entretien de leurs ministres, comme durant les troubles. Or, nous trouvons cela si estrange et si éloigné des assurances qui nous ont esté données de la part de ceux de la religion de la province, que nous y ajouterions moins de foy, si n'estoit que cet advis nous est confirmé par plusieurs de nos bons serviteurs, et aussi qu'il nous ressouvient qu'en ces deux dernières années de pareilles plainctes nous ont esté portées. Mais puisque la douceur n'a servi qu'à leur rendre ces actions plus familières, nous sommes bien résolus d'y employer la sévérité de la justice, pour les en désaccoutumer. Car, outre que c'est un crime de lèze-majesté de troubler la paix publique, c'est encore envers nous une ingratitude extresme, sachant avec combien de soins et peines nous avons establi la paix en ce royaume. Et parce que la plaincte est aujourd'huy particulière à la ville de Nismes, nous enjoignons aux consuls de la ville d'observer soigneusement ceux qui sortent en armes et en troupes pour en cas qu'il advienne quelque excès de les déférer eux-mesmes à la justice ; comme nous voulons pareillement que pour ce qui est advenu du passé, ils aient à en déclarer les coupables ; et ce, sous peine d'en répondre en leurs propres et privés noms. Ce que faisant, vous mériterez de nous toute faveur et protection, comme y manquant vous pouvez estre assurés que vous nous aurez fort contraires et offensés de vostre désobéissance, qui ne demeurera pas impunie.

HENRY [1]. »

La dissipation de Henri IV est toute dans les femmes : sous la tente, aux montagnes, dans les palais, ce tempérament de feu, cet homme tout chair et tout sang, comme la race basque et méridionale, se montre, éclate en amour, en joyeux libertinage, qui vole de fille en fille, de la duchesse de Beaufort (Gabrielle) à Mlle d'Antragues, de Mlle d'Antragues à Jacqueline du Bueil, créée comtesse de Moret, de la comtesse, à Charlotte des Essarts, dame de Romorantin, puis à la princesse de Condé [2] ; et les

---

[1]. Biblioth. du roi, mss. de Béthune, n° 9053, fol. 65.

[2] Henri eut huit bâtards de ses maîtresses. De Gabrielle d'Estrées naquirent trois enfans : César, duc de Vendôme, qui épousa Mlle de Mercœur, Alexandre, grand-prieur de France, et Henriette, mariée au duc d'Elbeuf. — De mademoiselle d'Antragues, marquise de Verneuil, Henri eut deux

débris de ses lettres, de ses confidences d'amour restent encore épars[1].

Ce ne fut pourtant point un amour de légèreté et de passage que celui de Henri pour la duchesse de Beaufort, Gabrielle d'Estrées : « Mes chères amours, lui écrivait-il, il faut dire vray, nous nous aimons bien ; certes, pour femme, il n'en est point de pareille à vous ; pour homme, nul ne m'égale à sçavoir bien aimer ; ma passion est toute telle que lorsque je commençois à vous aimer ; mon desir de vous revoir encore plus violent qu'alors ; bref, je vous chéris, adore et honore miraculeusement. Pour Dieu, que toute ceste absence se passe comme elle a commencé, et bien avancé. Dans dix jours j'espère mettre fin à ce mien

---

enfans, l'un qui fut évêque de Metz, l'autre, jeune et belle fille, devint duchesse d'Epernon. — De la comtesse de Moret il eut un fils, qui périt plus tard les armes à la main sous les ordres de Gaston ; enfin de Mme des Essarts, le Béarnais laissa deux filles qui prirent toutes deux le voile et devinrent abbesses, l'une de Fontevrault, l'autre de Chelles.

[1] « Histoire des amours de Henri IV, avec un recueil de quelques actions et paroles mémorables. Cologne, 1618, in-12. » On l'attribue à Louise-Marguerite de Lorraine, princesse de Condé. — « Le grand Roi amoureux, où est contenue la généalogie de la race des Bourbons, par Pierre de Sainte-Gameuve. Lyon, 1613, in-12. »

exil; préparez-vous, mon tout, de partir dimanche, et lundi estre à Compiègne, si vous y pensez estre ce jour. Il m'arrivera bien des affaires, ou je m'y trouveray, soyez-en sûre. Mme Devau est icy, je ne l'ay vue ny ne la verray, si ne me le commandez.

« Bonsoir, mon cœur, mon tout; je vous baise un million de fois partout. Ce 21 octobre[1]. »

« Mes belles amours, deux heures après l'arrivée de ce porteur, vous verrez un cavalier qui vous aime fort, que l'on appelle roy de France et de Navarre, titre certainement bien honereux (honorable) mais bien pénible. Celuy de vostre subject est bien plus délicieux. Tous trois ensemble sont bons à quelque sauce qu'on veuille les mettre, et n'ay résolu de les céder à personne. Je suis fort aise qu'aimiez bien ma sur ; c'est un des plus assurés tesmoignages que me pouvez rendre de vostre amour et bonne grace que je chéris plus que ma vie, encore que je m'aime bien. Mais c'est trop causé pour vous voir sitost. Bonjour mon tout, je baise vos beaux yeux un million de fois. — Ce 22 sep-

[1] Mss. Dupuy, vol. 407.

tembre. De nos délicats déserts de Fontainebleau[1]. »

« Je vous escris, mes cheres amours, d'après vostre peinture que j'adore, seulement pour ce qu'elle est faicte par vous; non qu'elle vous ressemble, j'en puis estre juge compétent, vous ayant peinte en toute perfection dans *mon ame*[2]; dans *mon ame*, dans mon cœur, dans mes yeux.   HENRY. »

Tant que Gabrielle vécut, elle posséda complètement le cœur du Béarnais; quelques galanteries passagères cédaient bientôt à l'irrésistible ascendant de la belle et noble dame, que le roi créa marquise de Monceaux, puis duchesse de Beaufort. Elle eût été peut-être reine de France, car elle lui avait donné un fils digne et fier, si le premier mariage d'Henri avait pu être brisé, si surtout une foudroyante attaque d'apoplexie ne l'avait enlevée jeune encore à la passion du roi.

---

[1] Henri IV avait adopté de certains signes qu'il mettait au bas des lettres à ses maitresses. C'était d'ailleurs l'usage du temps. — Marguerite de Valois et Madame, sœur de Henri IV, duchesse de Bar, avaient adopté aussi des signes distinctifs.

[2] Deux fois répété à l'original. — Mss. Dupuy, pièce originale, vol. 407.

A la duchesse de Beaufort succéda Mlle d'Antragues. Rien ne coûtait au roi pour avoir fleur d'amour : intrigues, argent, promesses de mariage même; Mlle d'Antragues était adroite; et le roi, vivement épris, scella une singulière obligation : « Nous, Henry, roy de France et de Navarre, promettons et jurons devant Dieu, en foy et parole de roy, à M. de Balzac d'Antragues, que, nous donnant pour compagne damoiselle Catherine-Henriette de Balzac sa fille, au cas que, dans six mois, à commencer du premier jour du présent, elle devienne grosse et qu'elle accouche d'un fils, alors et à l'instant nous la prendrons à femme et légitime épouse, dont nous solemniserons le mariage publiquement et en face de nostre mère saincte Eglise, selon les solemnités en tel cas requises et accoustumées[1]. » La promesse, montrée à Sully, avait été déchirée dans un moment de mauvaise humeur; elle fut ensuite refaite, car la noble demoiselle ne voulait céder au roi qu'à bon escient. Elle avait reçu trois cent mille livres en écus; ce n'était point assez : comme

---

[1] Copie faite sur l'original étant en la bibliothèque de Lamoignon, dans Fontanieu, portefeuille, n°s 444, 445.

Gabrielle, elle ambitionnait un trône [1].

Quand Henri eut obtenu pleine jouissance et amour de Mlle d'Antragues, créée marquise de Verneuil, il lui écrivit : « Mon cher cœur, vostre mère et vostre sœur sont chez Beaumont où je suis convié de disner demain; je vous en manderay des nouvelles : un lièvre m'a mené jusques aux rochers devant Malesherbes, où je n'ay esprouvé que des plaisirs passés. Douce est la souvenance; je vous y ay souhaitée entre mes bras comme je vous y ay vue, souvenez-vous-en en lisant ma lettre; je m'assure que ceste mémoire du passé vous fera mespriser tout ce qui vous sera présent, pour le moins en faisiez ainsi en traversant les chemins où j'ay tant passé vous allant voir. Bonjour mes chères amours; si je dors, mes songes seront de vous; si je veille, mes pensées seront de mesme. Recevez

---

[1] Cette promesse faite au père, sans aucun consentement ni approbation de la demoiselle, étonne M. de Fontanieu. « Ma conjecture seroit, dit ce critique, que M. de Balzac ayant trouvé mauvaises les assiduités de Henry IV auprès de sa fille, il fallut le tranquilliser, et qu'on lui donna cette promesse absurde, n'étant point synallagmatique; il la prit pour bonne, soit qu'il n'en connût pas le vice, soit qu'il ne cherchât qu'un prétexte pour justifier sa patience. » Le 11 juillet 1604, M. de Balzac restitua cette promesse à Henri IV.

ainsy disposée un million de baisers de moy¹. »

Puis l'amour passa. Mlle de Verneuil fut-elle infidèle? Le pauvre Béarnais n'avait point été heureux; il inspirait peu de retour, et, ainsi que le disait Mme de Rohan, rancuneuse huguenote, comment l'amour aurait-il pu se nicher entre un nez et un menton qui se mêlaient l'un à l'autre? Henri n'était ni beau ni fidèle lui-même; et il songeait alors à un mariage politique. Il écrivait à son bel ange, le 21 avril 1601 un véritable billet de rupture : « Mademoiselle, l'amour, l'honneur et les bienfaits que vous avez reçus de moy eussent arresté la plus légère ame du monde, si elle n'eust esté accompagnée de mauvais naturel comme la vostre. Je ne vous piqueray davantage, bien que je le pusse et dusse faire : vous le savez. Je vous prie de me renvoyer la promesse que savez, et ne me donnez poinct la peine de la ravoir par autre voie; renvoyez-moy aussi la bague que je vous rendis l'autre jour. Voilà le subject de ceste lettre, de laquelle je veux avoir response. » Et il ajoutait au père de la demoi-

---

1 FONTANIEU, portefeuille n°s 452, 453.

selle : « M. d'Antragues, je vous envoye ce porteur pour me rapporter la promesse que je vous ay baillée ; je vous prie, ne faillez de me la renvoyer, et si vous voulez me la rapporter vous-mesme, je vous dirai les raisons qui m'y poussent, qui sont domestiques et non d'Estat, par lesquelles vous direz que j'ay raison, et recognoistrez que vous avez esté trompé, et que j'ay un naturel que je peux dire plutost trop bon que autrement ; me promettant que vous obéirez à mon commandement, je finiray, vous assurant que je suis un bon maistre[1]. »

Rien de plus touchant que la réponse de Mlle d'Antragues à la royale rupture ; le cœur de la femme s'y montre tout entier : « Je suis réduite au malheur qu'un grand heur m'a naguère fait craindre, Sire. Il faut que je confesse que je devrois ceste crainte à la connoissance de moy-mesme, puisque si grande fortune de ma qualité à la vostre me menaçoit du changement qui m'a précipitée du ciel où vous m'avez eslevée en la terre où vous m'avez trouvée. Je ne donneray point la coulpe de ma

[1] Mss. Dupuy, vol. 407.

douleur, puisqu'il vous plaist qu'elle soict le prix des joies publiques que la France reçoit en vostre mariage. Douleur à la vérité que je suis contraincte d'avouer, non parce que vous devez accomplir le vœu de vos subjects, mais parce que vos noces sont les funérailles de ma vie, et qu'elles m'assujetlissent au pouvoir d'une nouvelle discrétion qui me bannit de vostre présence et de vostre cœur, pour n'estre doresnavant offensée des œillades dédaigneuses de ceux qui m'ont vue au rang de vos bonnes graces. J'aime mieux soupirer en ma solitude que respirer avec crainte en bonne compagnie; c'est un sentiment que vostre générosité a nourri, et un courage que vous m'avez inspiré, lequel ne m'ayant jamais appris à m'humilier aux infortunes, ni sous un joug, ne peut permettre que je retourne en ma première condition. Je ne vous parle que par soupirs, Sire, car mes autres plainctes secretes Vostre Majesté les peut sourdement entendre de ma pensée, puisque vous connoissez aussi bien mon ame que mon corps. Or, Sire, en mon exil misérable, il ne me reste que ceste seule gloire d'avoir esté aimée du plus grand monarque de la terre, d'un roy qui s'est voulu tant abaisser de donner le titre de maistresse à sa servante et subjecte, et ce me semble une prospérité imaginaire d'avoir eu autrefois quelque part en vostre bienveillance. Toutefois je suis trop frappée au vif par vos dernières volontés, pour m'arrêter à ceste fausse erreur, et mon souvenir m'éveille avec trop de violence pour sommeiller en cet agréable songe qui n'est plus, et qui, en s'évanouissant, a estouffé l'espérance que je nourrissois sur vostre parole. Que si c'est une action familière aux roys de garder la mémoire de ce qu'ils ont aimé, souvenez-vous, Sire, d'une damoiselle que vous avez possédée avec ce qu'elle vous devoit naturellement, ce qu'elle ne pouvoit faire qu'en vostre unique foy, qui a eu autant de pouvoir sur mon honneur que vostre royale Majesté en a sur la vie, Sire, de vostre malheureuse et très-obéissante servante et subjecte,

« HENRIETTE[1]. »

Henri, ingrat quand il avait obtenu ses plaisirs, se montra inflexible à l'égard de la belle Henriette. Je dirai plus tard comment Mlle d'An-

---

[1] Mss. de Béthune, vol. col. 8476, p. 94.

tragues se trouva en opposition avec la nouvelle épouse de Henri, Marie de Médicis; elle avait manifesté le désir de se retirer de la cour pour réveiller l'amour du roi et piquer sa passion. Henri ne la retint point, et alors, mécontente, Henriette, au lieu de se réfugier en Angleterre, comme elle en avait obtenu la permission, accueillit quelques propositions de l'ambassade d'Espagne. Le roi frappa impitoyablement son ancienne favorite; il condamna son père à une prison perpétuelle dans la Bastille. Ce fut là une action bien déloyale envers un jeune cœur qui avait tout donné au roi[1] sur le sceau d'une promesse solennellement jurée. Si Henri s'était contenté d'aimer, pourquoi l'histoire lui reprocherait-elle ces nobles entraînemens? Dans la vie agitée, dans les sombres nuits, au milieu des rêves de guerre civile et de sang, l'image d'une femme console, fortifie l'âme; c'est la Vierge pour le matelot dans la tempête! Puis, toutes les têtes d'imagination et de génie courent à ces distractions

---

[1] « Histoire de la marquise de Verneuil et de sa conspiration contre le roy Henry IV. » Paris, 1602, in-8°.

des sens, à ce repos dans des bras qui vous enlacent sur une poitrine de jeune fille.

Et comment Henri IV n'aurait-il pas cherché à secouer sa vie royale ? A sa cour ce n'étaient que plaintes, doléances; toutes les hautes existences étaient ameutées contre la paix publique ; les puissantes familles avaient pris une extension démesurée; les grandes pairies, à l'avènement de Henri IV, étaient déjà nombreuses et siégeaient en parlement : le duché de Guise, érigé en 1527, Montpensier en 1538, d'Aumale en 1547, de Montmorency en 1551, de Mercœur en 1559, de Penthièvre en 1569, d'Uzès en 1572, de Mayenne en 1573, de Saint-Fargeau en 1575, d'Epernon, d'Elbeuf, de Rethel, de Joyeuse, de Piney-Luxembourg, de Retz, d'Halwin en 1581, de Montbazon en 1588, et de Ventadour en 1589. Toutes avaient leurs fiers castels, leur autorité territoriale, leurs armées, leur ville fortifiée; la féodalité s'était en quelque sorte reconstruite sous le titre de gouvernement de province. Quelques uns des pairs, amis personnels du roi, venaient à la cour; les autres résidaient dans leurs gouvernemens, correspondaient avec le conseil, n'exécutaient les ordres du souverain que lorsqu'ils étaient à leur convenance, et donnaient de cuisans soucis au roi de France, le premier des pairs et des gentilshommes de ses Etats. Et cette situation si difficile, le roi tâchait de la couvrir de fleurs, de la dissiper dans les fêtes et les magnificences. Le goût de Henri IV était surtout pour les bâtimens publics; il continuait le Louvre, monument de toutes les races, alors encore simple château à tourelles; cent ouvriers étaient sans cesse occupés à Fontainebleau, à Chambord, Compiègne; les Tuileries étaient bâties avec un grand luxe d'or et de peintures, et ces dépenses soulevaient de dures plaintes des parlemens et des sujets. Tout était solennités en cette cour de Henri de France. La lecture des vieux romans de chevalerie s'était réveillée avec enthousiasme. On ne pouvait pourfendre des géans véritables, des monstres et des enchanteurs; mais l'Italie avait jeté ses ballets et ses carrousels. « En 1606, un ballet à cheval se fit en la cour du Louvre, où les quatre élémens furent représentés par quatre troupes de cavaliers qui sortirent l'une après l'autre de l'hostel de Bourbon. La première représentait l'eau; vingt-quatre pages marchaient devant, vestus de toile d'argent, avec chacun deux flambeaux; puis douze syrènes jouant de leur hautbois, suivies d'une pyramide et d'un dieu de la mer et autres représentations aquatiques. Après avoir fait quelques exercices dextres et habiles, ils prirent place pour laisser entrer la seconde troupe, qui représentoit le feu. Après que nombre de pages, vestus d'écarlate, furent entrés, quatre forgerons se mirent au milieu de la cour et frappèrent si dru et menu sur une enclume qu'ils en firent sortir force pétards, et l'on ne voyoit que feu et fusées de toutes parts; après quoi il entra plusieurs animaux qui ne vivent que dans le feu, lesquels le dieu Vulcain suivoit avec les pages et douze cavaliers en grande parure. La troisième troupe, qui représentoit l'air, se formoit de vingt-quatre pages qui marchoient devant, suivis par la déesse Junon avec des aigles et une infinité de sortes d'oiseaux. La quatrième estoit la terre : ceste dernière troupe estoit vestue en Maures; après les premiers pages cheminoient deux éléphans artistement faits, leurs tours pleines de toute sorte d'instrumens de musique (c'estoit une chose bien agréable à voir); puis suivoient plusieurs cavaliers richement caparaçonnés, lesquels, au son des instrumens, dansoient et faisoient comme danser leurs chevaux. Ces quatre compagnies s'estant quelque temps contemplées, elles s'attaquèrent et partirent comme pour se donner des coups de lances, mais avec une grande dextérité. Après tous ces exercices et qu'ils eurent, en combattant, rompu leurs dards, leurs coutelas, leurs flèches et leurs boucliers, ils se pesle-meslèrent tous d'une façon gentille, et s'en retournèrent à l'hostel de Bourbon[1]. »

Le roi avait épousé Marguerite de Valois, sœur de Charles IX, quelques jours avant les journées sanglantes d'août, si fatales aux huguenots. Pauvre mari trompé; il avait subi l'affront de je ne sais combien de ces mignons de couchette qui muguetaient les princesses de la cour; Marguerite avait tout entière hérité de l'esprit des Valois, race de plaisirs, de galanterie et de dissipations;

---

[1] Mercure français, édit. de 1619, t. I, p. 100.

Mme Marguerite aimait les lettres, les musiciens et les poètes, de nobles chevaliers et des pages. Le scandale de ses amours était si public, et Mme Marguerite si peu soigneuse de sa bonne renommée, que Henri IV demanda la nullité du mariage. La pensée d'un divorce avec la fille des Valois remontait haut dans l'esprit du roi. Gabrielle d'Estrées l'avait inspirée d'abord, afin de saisir cette couronne de France qu'elle ambitionnait pour elle-même et pour ses enfans; Marguerite était jusqu'alors demeurée inflexible; elle ne voulait point céder à une rivale. Après la mort de Gabrielle, la reine se montra plus facile; des propositions d'un riche douaire, et des titres d'honneur lui furent faites : elle les accepta. Restait encore la question morale du divorce auprès du pape.

Dans le moyen âge, le pontificat s'était posé au milieu de la société comme un pouvoir modérateur des passions brutales. Tandis que des barbares campaient armés sur le territoire, que des rois sans frein rejetaient de faibles femmes du lit nuptial, pour choisir des concubines, les papes veillaient à Rome au respect de la foi conjugale, foudroyaient la formidable excommunication contre l'époux parjure, et maintenaient la sainteté du lien. Quelquefois ils firent servir à des fins intéressées cette arme puissante; ce furent là des exceptions à cette autorité protectrice des mœurs publiques. La parole sainte du pontife, à l'époque religieuse, calmait les orages impétueux dans le cœur de ces barons qui ne courbaient la tête que devant Dieu. La réformation s'était montrée plus large, et le divorce, sans être admis en principe, avait été souvent appliqué dans la réalité.

L'abus de l'Eglise consistait spécialement dans les nullités canoniques. Cette Eglise avait hérité des formes multipliées, des empêchemens et des prohibitions du droit romain; elle les avait agrandies encore. De là résultait que tout mariage entre têtes couronnées, se rattachant nécessairement à la grande famille des rois, se trouvait frappé des nullités pour cause d'affinité ou d'alliance. Telle était l'union de Henri IV avec Marguerite de Valois. Duperron pressait le pape d'en finir avec un mariage qui plaçait le roi dans une position si délicate; il insinua même que si la nullité était prononcée, Henri choisirait pour sa nouvelle épousée Marie de Médicis, nièce du pontife et de la riche maison de Florence.

La négociation se suivait avec un plein succès auprès de Marguerite de Valois; elle avait agréé toutes les promesses qui lui avaient été faites; elle passa même la procuration suivante : « Par-devant Maurice Gayte et Blaise Portal, notaires royaux en la chastellenie d'Usson, a esté présente en personne, très-haute, très-excellente et très-puissante princesse Marguerite de France, royne, duchesse de Valois, laquelle, de son bon gré et franche volonté, a faict, créé et constitué ses procureurs généraux et spéciaux, les sieurs Martin Langlois, sieur de Beaurepaire, et Edouard Molé, sieur de Montbelin, conseillers du roy en la cour de parlement de Paris, auxquels elle a donné et donne par ces présentes plein pouvoir, puissance, auctorité et mandement spécial et irrévocable : 1° de supplier en son nom très-humblement le roy, son très-honoré seigneur, de prendre en bonne part qu'elle ne peut cohabiter en bonne et sure conscience avec Sa Majesté en qualité de mary, pour estre le prétendu mariage d'entre eux nul en sa substance et essence; de toute nullité, contre les lois divines et humaines, comme faict entre personnes joinctes de consanguinité en degré prohibé pour conjonction de mariage, estant aussi lors, de contraire religion, d'ailleurs sans consentement aucun ny volonté de ladicte dame, mais, par la force et contraincte de la royne sa mère et du feu roy Charles son frère; ne pouvant aussi apporter à Sa Majesté et au royaume la consolation de lignée qu'elle desire. Conséquemment, supplier Sa Majesté trouver bon que pour les mesmes causes leur mariage soit desclaré nul par nostre Sainct-Père le pape ou autres juges ecclésiastiques à qui la cognoissance en appartiendra, pour après telle desclaration, prendre autre alliance licite dont puisse s'ensuivre la lignée qui est requise. 2° Pour et au nom de ladicte dame comparoir par-devers nostre Sainct-Père le pape et tous autres juges ecclésiastiques que besoin sera, et là, demander et poursuivre icelle desclaration de nullité de mariage; et à ceste fin, faire, dire, proposer et alléguer toutes les choses susdictes, pour obtenir ladicte desclaration de nullité et la sentence et jugement définitif de la séparation; dire, jurer et attester les choses susdictes tant par-devant Sa Saincteté que tous autres qu'il appartiendra[1]. »

Quand le consentement mutuel fut ainsi acquis, le pape nomma des députés pour examiner les cas de nullité ; et comme le divorce était déjà une convention arrêtée à Rome, il n'y eut qu'un petit nombre de difficultés. Henri écrivit à la femme répudiée, lui donnant le titre de sœur, afin de montrer que tout lien charnel était brisé entre eux : « Ma sœur, disait-il, les desputés pour juger de la nullité de nostre mariage, ayant enfin donné leur sentence à nostre commun desir et contentement, je n'ay voulu différer plus long-temps à vous visiter sur telle occasion, tant pour vous informer de ma part de tout ce qui s'est passé, que pour vous renouveler les assurances de mon amitié. Partant, j'envoye vers vous le sieur de Beaumont exprès pour vous faire cet office ; auquel j'ay commandé de vous dire, ma sœur, que si Dieu a permis que le lien de nostre conjonction ait esté dissous, comme la justice divine l'a faict, au-

---

[1] Mss. Colbert, vol. XXXII, regist. en parch. 3 février 1599.

tant pour nostre repos particulier que pour le bien du royaume, je desire aussy que vous croyiez que je ne veux pas moins vous chérir et aimer pour ce qui est advenu, que je faisois devant ; au contraire, vouloir avoir plus de soin de ce qui vous concerne que je n'avois, et vous faire cognoistre en toutes occasions que je ne veux pas estre dorénavant vostre frère seulement de nom, mais aussy d'effects, digne de la confiance que vous avez prise de la sincérité de mon affection. Aussy suis-je très-satisfait de l'ingénuité et candeur de vostre procédure, et espère que Dieu bénira le reste de nos jours d'une amitié fraternelle accompagnée d'une félicité publique qui les rendra très-heureux. Consolez-vous donc, je vous prie, ma sœur, en l'attente de l'un et de l'autre!. » Et Marguerite, toujours poète, même pour ses expressions de regret, lui répondait dans une langue de fables et d'hyperbole : « Monseigneur, Vostre Majesté, à l'imitation des dieux, ne se contente de combler ses créatures de biens et de faveurs, mais daigne encore

1 Mss. de Béthune, vol. cot. 8476, fol. 97.

les regarder et consoler en leur affliction. Cet honneur, qui tesmoigne en luy de la bienveillance, est si grand, qu'il ne peut estre égalé que de l'infinie volonté que j'ay vouée à son service. Il ne me falloit, en ceste occasion, moindre consolation, car encore qu'il soict aisé de se consoler de la perte de quelque bien de fortune, une pourtant qui est l'ame et la naissance telle que je l'ay, le seul respect du mérite d'un roy si parfaict et valeureux en doict retrancher par sa privation toute consolation; et c'est marque de la générosité d'une belle ame d'en conserver tousjours le regret, tel que seroit le mien, si la félicité qu'il lui plaist me faire ressentir en l'assistance de ses bonnes graces et protection, ne le bannissoit, pour changer ma plaincte en louange de sa bonté et des graces qu'il lui plaist me despartir; de quoy Vostre Majesté n'honorera jamais personne qui les ressente avec tant de révérence et de desir d'en mériter la continuation par très-humbles et très-fidèles services [1]. » Depuis, Marguerite vécut tout entière de plaisir et de fêtes. Elle

[1] Mss. de Béthune, vol. cot. 8476, fol. 96.

s'était d'abord enfermée dans le château d'Usson, en Auvergne, à l'abri de ses créanciers qui la poursuivaient, tête dissipée qu'elle était; puis elle vint à Paris où le roi paya toutes ses dettes; et c'est là qu'elle bâtit son palais de plaisance dans le Pré aux Clercs, pour voir rire et folâtrer les écoliers, et écrire ses Mémoires, si pleins d'intérêt, de sentiment et de souvenirs spirituels.

La nullité du mariage avec Marguerite de Valois laissait pleine et entière la liberté du roi pour son second mariage, déjà assuré à Rome [1]. C'était une belle et grande fortune pour la maison de Florence, que d'unir une de ses filles au roi de France; et Henri à son tour se donnait l'appui de la puissance du Pape en s'alliant à sa famille [2]. Dès que les conditions

---

1 Contrat de mariage de Henri IV et de Marie de Médicis, princesse de Florence, passé par M. Brulart de Sillery, ambassadeur à Rome. Ce contrat est précédé de la sentence de dissolution avec Marguerite de France, rendue le 17 décembre 1599, par le cardinal de Joyeuse, délégué du pape, conjointement avec l'archevêque d'Arles et le nonce. — Mss. de La Mare, in-fol. parchem. cot. 9594, fol. 91; et Léonard, recueil des traités.

2 Il existe à la Bibliothèque du roi un fort paquet de pièces intitulées : *Liasse pour former un recueil de pièces*, in-8°, cot. 4. 1501; p. 1 *bis*. — Là que se trouve aussi le traité du mariage

furent arrêtés, le roi en écrivit au connétable de Montmorency : « Mon cousin ; je vous escrivis il y a deux jours, mais je ne veux tarder davantage de vous faire part de deux bonnes nouvelles que je reçus hier. L'une est que mon mariage fut célébré en grande pompe et allégresse à Florence, et que la reine devoit partir le 10 pour estre le 14 à Livourne et le 20 à Marseille, où la grande-duchesse la veut accompagner ; l'autre a été la conclusion de la capitulation de Montmélian, au cas que d'ici à un mois la place ne soict secourue. Et pour revenir à ma femme, continue le roi, j'ay pourvu à ma santé afin de me bien porter à son arrivée, ayant pris médecine ces deux jours passés, pour ce que j'étois tout desbauché d'une vio-

---

de Henri IV, roi de France et de Navarre avec la sérénissime princesse de Florence ; le nom des ambassadeurs de part et d'autre ; son heureuse arrivée en France à Marseille, et ses entrées en Avignon et à Lyon. — Il n'y a rien de piquant dans les détails, si ce n'est qu'arrivée à Lyon, la princesse y attendait le roi, qui devait quitter le camp de Chambéry pour venir la voir. Cependant le roi n'arrivait pas. L'inquiétude gagnait la reine. « *Mais le roi était arrivé, et s'était caché en la chambre de sa femme*, dit le chroniqueur, *et s'étant élancé de derrière les rideaux, la prit dans ses bras, et se baisèrent long-temps.* » J'ai vu à Florence l'original du traité.

lente colique ; maintenant je me trouve bien, Dieu mercy. Je me suis résolu à faire le voyage de Marseille et m'en vais par Lyon pour venir au Rhosne, afin de faire meilleure diligence [1]; car si je sçais que le duc de Savoye se remue, je ne veux pas manquer de me trouver icy pour le recevoir. Je laisse cependant le comte de Soissons pour conduire mon armée. — Que vous demande le mareschal de Biron? Quelle mouche le pique, de s'en aller en son gouvernement de Bourgogne, quand si belle partie va peut-estre se jouer ici? Dites-moy cela.

« Adieu, mon compère; tâchez de vous trouver du voyage de Marseille, et m'accompagner à la rencontre de si bonne compagnie. En attendant, m'envoyez des bons muscats que vous savez, et de vos nouvelles. Bonjour, mon compère. HENRY [2]. »

Le roi cherchait aussi à se bien mettre dans l'esprit de sa nouvelle femme, et il lui écrivait : « Madame, les vertus et perfections qui reluisent

---

[1] Il ne partit pas, attendu que le duc de Savoie fit un mouvement comme pour secourir Montmélian. Le connétable alla à la place du roi recevoir la reine à Marseille.

[2] Biblioth. du roi, mss. de Béthune, vol. cot. 9080, fol. 86.

en vous et vous font admirer de tout le monde, avoient, il y a long-temps, allumé en moy un desir de vous honorer et servir comme vous le méritez. Mais ce que m'en a rapporté Hallincourt l'a faict croistre. Et ne pouvant moy-mesme représenter vostre inviolable affection, j'ay voulu, en attendant ce contentement (qui sera bientost, si le ciel est favorable à mes vœux), faire eslection de ce mesme fidèle serviteur Fontenay, pour faire cet office en mon nom. Il vous descouvrira mon cœur que vous trouverez non seulement accompagné d'une violente passion, mais encore de ce désir de ployer sous le joug de vos commandemens, comme dame de mes volontés. — Si vous ajoutez pareille foy que je mérite aux paroles de mon serviteur, de quoy je vous prie, et luy permettre, après vous avoir saluée et baisé les mains de ma part, qu'il vous présente ce service d'un prince que le ciel vous a dédié et faict naistre pour vous seule, comme pour moy il a faict votre mérite. Paris, 24 may 1600. HENRY[1]. »

---

[1] Mss. Dupuy, vol. 407.

Le voyage de la reine fut heureux et bien plaisant. Les noces furent célébrées avec pompes ; il y eut fêtes et banquets, où le conseil municipal de Paris se distingua. Marie de Médicis était grosse de taille et de figure ; ses yeux étaient grand, mais ronds et fixes ; elle ne plut point aux bourgeois. Le roi l'accueillit bien, la combla de fêtes ; mais rien ne fut plus court que cette intelligence. Les pasquils disaient que le roi, qui se connaissait en fine fleur, ne l'avait point trouvée, et qu'il s'en plaignait tout haut[1] : ce qu'il y a de vrai, c'est que cette illustre paire d'amans n'était point toujours d'accord sur leurs amours particulières. La reine avait un crève-cœur non pareil de voir les maîtresses du roi, et le roi ne pouvait souffrir qu'avec indignation les déportemens de la reine avec le marquis d'Ancre, son favori. Un soir, étant couchés ensemble et se faisant des reproches mutuels avec la dernière aigreur, la reine se leva, sauta à son visage et l'égrati-

---

[1] Biblioth. du roi. Recueils historiq., t. IV, p. 17. Recueil de Thoisy. — La première nuit que Henri IV coucha avec Marie de Médicis, on afficha à la porte nuptiale, en gros caractère : *Non erat opus benevolentibus Medicis.*

gna dans l'excès de son courroux. Le roi ne l'épargna pas non plus de son côté, et il fallut courir bien vite à l'hôtel de M. de Sully, qui avait beaucoup d'ascendant sur l'esprit du roi, pour arrêter la furie de Leurs Majestés. Il les remit en effet de son mieux; mais pour éviter un plus grand scandale, il obligea le roi de quitter la partie, et le mena coucher en une autre chambre. Un homme de condition, et plusieurs autres, rapportent le mauvais ménage qui a toujours été entre le roi Henri IV et la reine, 1° sur la grande jalousie qu'il conçut d'elle aussitôt après l'avoir épousée, sur son humeur acariâtre, pleine d'obstination; parce qu'elle se montrait à face ouverte passionnément espagnole et qu'elle n'aimait rien que sa personne. Sa jalousie s'engendra par la venue de don Virgine d'Ursin, qui avait suivi Marie de Médicis et qui en avait toujours été amoureux et aimé, dit-on. A cela se joignaient les tourmens que donna à la reine la marquise de Verneuil, tourmens qu'elle rendait avec usure à Henri IV, qui ne l'eût point supporté, si cette reine ne s'était trouvée grosse, par la grâce de Dieu, du fait du roi. « En 1602, que le roy alloit à Poitiers pour les brouilleries qu'il y craignoit relativement à l'affaire de M. de Biron, estant arrivée à Blois, la royne déclara qu'elle n'iroit pas outre, et vouloit retourner à Fontainebleau, où elle avoit donné rendez-vous à don Virgine Ursin, qui retournoit de voyage. Le roy en ayant esté adverti, voulut la détourner doucement, mais elle s'obstina en termes malicieux et reprochans. Sur quoy le roy entra dans une telle colère, qu'il dit tout haut à M. de Sully qu'il ne la vouloit plus souffrir, et qu'il la vouloit chasser et renvoyer dans son maudit pays. A quoy M. de Sully respondit que cela seroit bon si elle n'avoit point d'enfans, mais puisque Dieu lui en avoit donné, il falloit se garder d'une telle faute. « Sire, ajoutait-il, Vostre Majesté est bien venue « à bout de ses ennemys par sa valeur, ne peut-« elle donc pas espérer d'avoir raison de sa « femme testue et acariastre ? »

« Il y eut encore de grands démêlés et jalousies par rapport à Concini (depuis maréchal d'Ancre), et de Bellegarde, qui faisaient l'amour à la reine, et M. de Sully était toujours l'entremetteur pour les apaiser. Ils en étaient venus à ce point l'un et l'autre, de craindre réciproquement pour leur vie; car comme ils ne mangeaient plus ensemble, lorsqu'il arrivait que le roi lui envoyait quelquefois de son dîner, s'il s'y rencontrait de la nouveauté, aussitôt la reine le renvoyait sans en vouloir manger. On sait que M. de Sully se trouva présent comme plusieurs fois le roi et la reine, étant en grand courroux l'un contre l'autre, et ce nécessairement sur les causes de jalousies qu'il avait d'elle, elle devint si outrée de certain mot que lui lâcha le roi, qu'elle leva le bras pour le frapper. M. de Sully l'arrêta si rudement que le bras de la reine en demeura meurtri; et jurant de toutes ses forces : « Estes-vous folle, Madame? il vous peut faire trancher la teste en demi-heure! » Il les apaisa encore, et depuis, la reine s'est plainte que le duc de Sully l'avait frappée. — Un premier jour de l'an, le duc portait au roi des jetons d'or, selon la coutume, et les lui donna étant encore dans le lit avec la reine, et après avoir un peu parlé, toute la nuict elle n'a faict que me tourmenter, inutilement, je vous l'assure. » Et là-dessus se levant, il emmena le duc dans son cabinet, et luy conta qu'il n'aimait point sa femme, non pas seulement pour ses coquetteries raffinées, mais parce que surtout elle était Espagnole dans l'âme, et qu'il savait long de ses desseins et trames perfidement ourdies.

« Cette princesse avoit certaines paillasses à terre où elle se couchoit l'esté, durant la chaleur des après-disnées, avec des habits légers et beaux; et estant ainsi étendue, appuyée sur le coude, montroit ses bras et sa gorge fort belle. Elle avoit des complaignans de ceste beauté admirable, quoique souvent elle fust délaissée pour des laides qui n'avoient point tous ces avantages de nature. Aussi s'enflammoit-elle d'amour ou de haine toute la journée, et quand le roy retournoit, elle ne le vouloit pas regarder, et toute la nuict ne faisoit que gronder[1]. »

pour Henri IV que la naissance d'un fils; il en donnait avis à tout le monde : « Mon cousin de Montmorency[1]; présentement sur les dix heures du soir, la royne ma femme est heureusement accouchée d'un fils; grace à Dieu, la mère et l'enfant se portent bien ; je n'ay pas voulu différer davantage de vous en donner advis par le secrétaire du Faultray, exprès comme à celuy de mes bons serviteurs qui s'en réjouira autant que moy. Je n'en escris qu'à mon parlement et ville de Toulouse, m'en remettant à vous d'en faire part à tous mes bons serviteurs de vostre gouvernement, et à en faire rendre graces publiquement à Dieu. Je ne mesleray point d'autres nouvelles à celle-cy, et prieray Dieu, mon cousin, vous avoir en sa saincte garde. A Fontainebleau, ce 27 septembre 1601. HENRY. »

L'ambassadeur d'Espagne se hâta d'en prévenir également sa cour : « La nuict dernière, la royne très-chrestienne a accouché d'un fils[2]. Tout le monde se réjouit icy; je desire qu'il en

---

[1] Bibliothèque du roi, mss. de Béthune, vol. cot. 9070, fol. 95.

[2] *Pario la r^a ch^{ma} un hijo.*

soit de mesme auprès de Vostre Majesté. Je n'en dis pas davantage, car le courrier françois va partir[1]. Je m'expliquerai plus longuement dans ma première lettre. J. B. DE TAXIS[2]. »

La dépêche promise arriva bientôt, annonçant tout ce qui se passait à la cour dans cette circonstance, et les projets de Henri IV : « Sire ; j'ay eu, le 13 du courant, une audience du roy très-chrestien, en ce moment à Fontainebleau. Je luy ay présenté les lettres de Vostre Majesté en qualité de son ministre ordinaire, et l'ay félicité en vostre nom de la naissance de son fils. Sa Majesté très-chrestienne a esté extresmement bienveillante, et son accueil des plus aimables : il s'est écrié qu'il remercioit en effet le ciel de luy avoir donné un fils : « Les deux couronnes, a ajouté le roy (en faisant allusion à la fille qui vient de naistre à Vostre Majesté), les deux couronnes de France et d'Espagne viennent de recevoir deux héritiers des mains

---

1 *No tardara a partir correo françes.*

2. Le roi d'Espagne, qui, en général, écrit ou fait écrire ses résolutions par son conseiller intime au dos des dépêches, a tracé rapidement ces mots au dos de celle-ci : *R. siempre que S. M. a halgado de saber lo* : répondez toujours que je me suis réjoui de cette nouvelle. — Archives de Simancas, cot. B 877[3].

de la Providence ; il semble qu'elle a voulu resserrer les liens de bonne amitié qui existent déjà entre les deux royaumes, en donnant un fils d'une part et une fille de l'autre, de manière à laisser entrevoir dans l'avenir la possibilité d'une alliance qui éterniseroit la paix[1]. » Ces paroles, joinctes à des assurances de sincère amitié, ont esté prononcées avec effusion et franchise[2]. J'ay respondu comme je l'ay dû, et en conjurant Sa Majesté de ne pas changer de résolution. Peu après, comme je demandois des nouvelles de Sa Majesté la royne très-chrestienne, le roi, qui m'avoit quitté pour parler à d'autres seigneurs, revint vers moy, en me disant qu'elle se portoit à merveille depuis sa couche. Vostre Majesté sçait que le fils premier-né et héritier présomptif se nomme Dauphin en France. On l'a baptisé ces jours-cy sans aucune cérémonie, et seulement par précaution. On ne luy a pas encore donné de nom, ce que l'on réserve pour une occasion solennelle. Je ne

---

[1] Ces mots ont été soulignés par l'ambassadeur, ainsi que ceux qui terminent la lettre.
[2] *Todo ésto dicho difusamente y con maneras aviertas.*

connois pas l'époque ny quels seront les parrains[1]. »

Le roi d'Espagne répond sur-le-champ à son ambassadeur : « Je n'ay qu'à me louer du langage que vous m'avez faict tenir auprès du roy de France à l'occasion de l'accouchement de la royne sa femme. Mais pour ce qui est des fiançailles et alliances des nouveau-nés, sçavoir entre le fils du roy de France et nostre infante, je regarde ce projet comme trop prématuré pour y donner suite[2]. Si le roy m'en faisoit part d'une autre manière, je luy respondrai en conséquence; mais jusque-là ce n'est point une affaire dont on doive s'occuper. Et, bien que vous ayez fort bien faict de m'avoir prévenu de ce qui s'est passé, vous aurez soin de laisser ignorer que vous l'avez escrit icy[3]. »

Tout paraissait gai à la cour, et pourtant ceux qui s'approchaient de Henri IV s'apercevaient qu'à travers des éclairs de distraction

---

[1] *Ny quienes seran los padrinos.* — Archives de Simancas, B 87.75.

[2] *Pero para lo del casamiento de los rezien nacidos es muy temprano por que se movio la platica.*

[3] *No havra para que se entienda que lo aveis escrito aca.* — Archives de Simancas, A 58 53.

et de joie il y avait de tristes préoccupations; on voyait sur son front l'ennui, l'effroi, la crainte d'un avenir d'angoisses et de tourmentes publiques. Le roi ne satisfaisait précisément aucun parti; son système de temporisation n'allait droit à aucune de ces opinions franches qui donnent la popularité. Sa tête, déjà penchée sur sa poitrine, paraissait dominée par de grands projets. Quelle était sa position à l'extérieur? le repos allait-il naître avec la paix? cette paix était-elle définitive et sincère?

CHAPITRE CXVI.

DIPLOMATIE DE HENRI IV.

Ambassades. — Le pape. — Italie. — Venise. — Empire. — Angleterre. — Espagne. — Suisse. — Hollande. — Turquie. — Esprit des relations extérieures.

1598 — 1610.

La haute et belle partie du règne de Henri IV est l'organisation régulière et vaste des relations politiques au dehors. Dans le désordre qu'avait jeté la ligue, dans ces alliances motivées sur d'autres liens que sur des circonscriptions de territoire, sur l'intérêt des peuples ou la force de la couronne, il avait été difficile de parfaitement démêler les véritables élémens d'un système européen. Deux principes étaient au fond de toutes les questions : le catholicisme et la réforme, et tant qu'ils étaient en lutte, tant qu'on n'était pas parvenu à les concilier ou à les dompter l'un par l'autre, il était impossible de se faire des alliances durables, des principes de sécurité au dehors. Henri IV, prince conciliateur, mit la main à l'œuvre et parvint à son but, après la paix de Vervins surtout, qui fit rentrer chaque puissance dans ses intérêts propres ; car il faut considérer cette grande paix comme un retour vers les idées simples et régulières de la diplomatie.

La transaction de Vervins n'avait pas calmé pourtant les agitations politiques de l'Europe. La pensée religieuse ne s'était pas entièrement transformée dans la pensée politique ; et tant le principe catholique était encore énergique, que toutes les puissances s'ébranlaient pour l'élection d'un pape. Clément VIII (Hippolyte Aldobrandini) venait de mourir ; le sacré collége portait le cardinal Baronius, le savant analyste qui avait placé au-dessus de toutes les puissances la suprématie romaine ; il fut repoussé par l'Espagne. On transigea enfin pour le cardinal de Florence, qui fut élu pape sous le nom de Léon XI. Léon XI vécut peu de temps et fut remplacé par Paul V.

Henri IV mit une grande importance à ses alliances d'Italie, non seulement par le souvenir de la vieille domination française, mais encore dans des intérêts généraux et puissans ; il fallait les opposer à la Savoie, s'assurer le pape, conserver l'antique alliance et le protectorat de Venise. Son mariage avec Marie de Médicis avait aidé cette politique générale. Ses rapports avec le pape prirent une grande extension à la suite de la médiation française dans la querelle du souverain pontife et de Venise : il y avait eu interdit solennel, excommunication pontificale. Le cardinal Duperron fut chargé de négocier l'accommodement de Paul V et de la république ; il devait presser Sa Sainteté de consentir à une transaction. Le pape se réconcilia avec les Vénitiens, et Henri IV écrivait au pontife : « Très-sainct-père, nous bénissons Dieu de nous avoir rendu ministre de sa gloire et de la conservation du repos public de la chrestienté en l'accommodement du différent survenu entre Vostre Saincteté et la république de Venise, pour lequel, comme nous n'avons eu autre visée ni dessein que de nous acquitter du vray devoir d'un prince très-chrestien premier fils de l'Eglise, au gré et contentement de Vostre Saincteté, nous nous tiendrons aussi pour dignement et suffisamment récompensés de la peine que nous y avons employée, si nous connoissons et apprenons que Vostre Saincteté en demeure satisfaite, et que le public en recueille le fruict que nous avons cultivé : de quoy nous attendons en bonne desvotion le jugement et la desclaration de Votre Saincteté[1]. »

Ce rôle de médiation créait pour Henri IV une haute influence dans les relations de l'extérieur, et là était son but. La première et la plus forte alliance c'était celle des princes de l'Empire, barrière opposée à l'ambition de la maison d'Autriche; elle datait de François I*er* et de Henri II; le roi agrandit

[1] FONTANIEU, portefeuilles, n°s 452, 453.

cette protection par des subsides habituellement payés, soit à la Bavière, soit aux princes palatins, aux villes libres du Rhin, que Bongars rattachait habilement aux intérêts français. Cette ambassade de Bongars fut des plus habiles et des plus curieuses par les résultats [1]; je ne puis la comparer qu'à celle de Savary de Brèves à Constantinople. L'Allemagne était encore agitée par les questions religieuses. La réforme puritaine, le système de Calvin tentait d'y pénétrer et de s'y établir; il trouvait surtout faveur dans la Basse-Allemagne, au sein de ces populations qui avaient autrefois salué la royauté anabaptiste de Muncer. Dans plusieurs cités, et principalement à Marbug, le peuple avait chassé les ministres luthériens pour adopter les doctrines plus démocratiques de Calvin. C'était à ce résultat qu'aboutissait alors le mouvement religieux : le luthéranisme, la hiérarchie épiscopale avaient à lutter contre l'égalité presbytérienne, le dernier période de la réformation. Ces divisions religieuses en Germanie favorisaient les progrès des Turcs.

[1] Toutes les pièces officielles en ont été recueillies en 2 vol. in-fol. mss. Biblioth. royale, fonds, n°

dans la Hongrie, champ de batailles et glorieux rendez-vous de la chevalerie catholique. Là périssait le jeune Laval, le petit-fils de l'austère Dandelot, qui avait abjuré hautement le calvinisme. Par pénitence, Laval venait expirer sous les balles turques. Bongars, habile et persévérant, se ménagea toutes les alliances avec les petits princes germaniques contre la grande maison d'Autriche. Ses négociations étaient de deux espèces ; les unes, purement politiques, pour maintenir la balance des États allemands contre l'influence autrichienne ; les autres se rattachaient au paiement des subsides, à la levée des lansquenets et gens de guerre, moyens si importans dans cette époque des batailles. Bongars préparait dès lors ce grand mouvement anti-autrichien que Henri IV allait accomplir lorsque la mort vint le frapper.

L'Angleterre avait prêté aide et appui à Henri IV ; le prince persista dans cette alliance qui était un naturel appui contre l'Espagne, l'ennemi commun ; des traités successifs agrandirent et resserrèrent ces rapports politiques et commerciaux. Elisabeth, malgré ses momens de mauvaise humeur et de colère contre le Béarnais, n'avait cessé de conserver pour lui une vive et tendre amitié que le traité de Vervins n'avait pas refroidie. Le roi l'engageait même à en finir avec une guerre qui appauvrissait ses sujets et tourmentait sa vieillesse. Elisabeth n'avait point voulu traiter à Vervins : ses raisons étaient puisées moins encore dans les intérêts matériels que dans le principe religieux et moral; principe qui en Angleterre se mêlait si puissamment aux droits de la couronne. Le parti catholique était fort dans les deux royaumes. La paix avec l'Espagne lui redonnerait une énergie nouvelle, car Elisabeth était déjà aux prises avec les dissidens des deux sectes extrêmes catholiques et presbytériennes.

Depuis, la grande reine était morte; une dépêche de M. de Beauvais, ambassadeur à Londres, en prévenait le roi [1]. « Sire, le 3 de ce mois, à trois heures du matin, la royne a rendu l'esprit fort doucement, ayant commencé de perdre la parole depuis quelques jours auparavant. Elle avoit reposé fort tranquillement pendant cinq heures avant de mou-

---

2 Biblioth. du roi, mss. de Béthune, vol. cot. 8954, fol. 62.

rir. Jusqu'à ce moment suprême, elle avoit conservé ses sens et l'entendement, n'ayant enduré ni fièvre ni douleur. Messieurs de son conseil, et tous ses serviteurs domestiques ont faict proclamer à Richemont le roy d'Ecosse roy d'Angleterre, et peu après, sur les dix heures, s'étant venus joindre en ceste ville avec tous les seigneurs et gentilshommes, ils y ont publié, en divers endroits, par le hérant d'armes du royaume, une forme de proclamation dont Vostre Majesté aura icy la copie. L'opinion générale des médecins de la royne et de ceux qui la servoient en sa chambre, est que sa maladie n'a procédé que d'une tristesse qu'elle conçut fort secrètement quelques jours avant de s'en plaindre; elle n'avoit en effet aucun signe mortel; le pouls, l'urine et les yeux ont été beaux jusqu'à la fin. De plus, pendant toute sa maladie elle n'a jamais voulu user d'aucun remède qu'on lui ait proposé, nonobstant les prières et menaces de la mort que ses médecins et surveillans lui faisoient. C'est donc, selon eux, ou l'appréhension et le mépris de la vieillesse, ou plus naturellement selon d'autres, le ressentiment secret, le cuisant regret de la mort du feu comte d'Essex, qui lui ont fait désirer la mort. Quoi que ce soit, dès l'heure qu'elle se sentit atteinte du mal, elle dit qu'elle vouloit mourir et ne fict aucun testament ni desclaration de son successeur; elle ne s'estoit mise au lit que trois jours avant sa fin, et en avoit demeuré plus de quinze assise sur des coussinets et les yeux fichés en terre sans vouloir parler ni voir personne. L'archevesque de Cantorbéry et l'évesque de ceste ville l'ont assistée jusqu'à la fin, où elle a tesmoigné beaucoup de recognoissance avec Dieu. Ceux de son conseil se sont assurés de mistriss Arabel, cousine-germaine du roy d'Ecosse; de sorte que de ce costé-là il n'y a aucun reniement à craindre[1]. A Londres, le 3 avril 1603. »

La mort d'Elisabeth ne changea point les rapports nécessaires et naturels de la France et de l'Angleterre. Le 30 juillet, un traité de confédération entre Henri IV et Jacques Ier, roi d'Angleterre et d'Ecosse, fut conclu par le marquis de Rosny. Il avait pour objet la défense et conservation des provinces-unies des

---

[1] Biblioth. du roi, mss. de M. de Lamarre, conseiller au parlement de Dijon, vol. cot. 9594/9, fol. 89.

Pays-Bas contre le roi d'Espagne, l'ennemi commun. Ensuite cette alliance se développa, parce qu'elle était dans la force des intérêts.

Depuis le traité de Vervins, les rapports avec l'Espagne étaient placés sur des bases régulières et précisément déterminées; l'Espagne pouvait soulever encore des mécontentemens en France, profiter de quelques révoltes isolées; mais elle n'avait plus une ligue dont les chefs se proclamaient pour elle dans toute l'étendue du territoire, dans les villes, parmi les métiers et les affiliations populaires. Philippe II n'était plus; cette haute figure politique avait disparu de la scène après la signature de la paix de Vervins. On eût dit que la mort s'était emparée de cette proie au moment où la pensée catholique avait cessé de dominer les intérêts d'Etat à Etat. Quel rôle pouvait encore jouer Philippe II à la suite de la paix de Vervins, transaction qui reposait sur des idées de conciliation diamétralement opposées à l'unité religieuse et politique, fondement de son système? Son successeur, Philippe III, était jeune, indolent, peu capable; sa main ne se montre plus sur toutes les dépêches, comme aux grands jours de son père : on ne trouve pas la trace de son pouvoir jusque dans les moindres actes de sa chancellerie. Tout se fait par son conseil d'Etat, et dès lors les vastes Archives de Simancas n'offrent plus le même intérêt de politique et d'histoire.

Les transactions de l'Espagne, à cette époque, se résument dans les négociations suivantes : 1° Développement difficile et inquiet de l'état de paix avec la France, conséquence naturelle du dernier traité ; 2° arrangement spécial de l'Angleterre et de l'Espagne à la suite des transactions de Vervins ; 3° tendance obligée à la pacification des Pays-Bas et à leur reconnaissance comme Etat libre.

Depuis la signature de la paix de Vervins, les rapports diplomatiques devaient naturellement se reprendre, et les ambassadeurs de puissance à puissance résider dans les capitales ; le conseil d'Etat espagnol se réunit donc pour examiner comment serait reçu l'envoyé de France : « Sire, le conseil d'Estat a vu quelques papiers de don Juan-Baptista de Taxis, ambassadeur de Vostre Majesté en France, lequel nous faict cognoistre qu'il est essentiel de recevoir dignement à Madrid les ambassadeurs qui vont y arriver de France¹. Il faut, ajoute-t-il, les combler de caresses et de présens, et leur procurer mesme la faveur de disner quelquefois avec Sa Majesté Catholique, ainsi que l'a faict le roy de France à l'égard de ceux qui sont venus de Flandre à Paris pour la ratification de la paix². Juan Baptista Taxis représente à Vostre Majesté les frais énormes qu'occasionnent son séjour et sa position à Paris, et la supplie de vouloir bien lui tenir ses appointemens au courant; le moyen seroit d'en charger des personnes qui ne donnassent lieu à aucun retard ni à aucune plainte sur ce point. — Il seroit bon, continue l'ambassadeur de Vostre Majesté, que l'on transmist des ordres aux frontières pour que les ambassadeurs françois n'y fussent point retenus par les gardes ou autres personnes. Quant à la faveur de les convier à disner avec Vostre Majesté, elle jugera si elle veut leur

1. *Quan necessario es que sean ben rescibidos los embaxadores que han de venir de Francia.*

2. *Que deben ser acariciados con palabras y dadivas y aun combidados a comer con V. M. algun dia, a exemplo de lo que aquel rey hizo con las personas que de Flandes acudieron a el para la ratification de la paz.*

faire cet honneur ou le remplacer par d'autres marques de bienveillance, telles que présens, fêtes, etc. etc. Le duc de Nevers ne doibt partir d'ici pour la France que lorsque nous aurons reçu un ambassadeur ordinaire de ce royaume. Juan Baptista de Taxis desireroit que le marquis de Poca reçust l'ordre de lui faire tenir sa solde[1] de six mille escus, en une ou deux fois dans l'année; en outre, qu'on lui accordast deux mille escus de gratification pour ses frais extraordinaires. Il demande aussi que l'on porte à vingt-cinq escus par mois, au lieu de vingt, la paye de don Juan de Willanajo, placé auprès de luy par l'ordre de Vostre Majeté. Vostre Majesté nous fera cognoistre ses volontés sur ces derniers articles. A Barcelonne, le 1er juillet 1599[2]. »

Henri IV voulait reconnaître la bonne réception qui était faite à Madrid à son ambassadeur, et, de son côté, il donnait ordre à Paris de bien accueillir les envoyés espagnols : « Très-chers et bien amés, le désir que nous avons que l'ambassadeur que le roy d'Espagne

---

[1] *Su sueldo.*
[2] Archives de Simancas, cot. B 86².

nous a naguère envoyé reçoive tout le bon traitement qu'il nous sera possible, nous a fait faire un mot à vous, nostre amé et féal prevost des marchands, pour tenir la main à ce que luy et ceux de sa suite fussent logés, bien reçus et accommodés ès maisons de nostre bonne ville de Paris, où les mareschaux de nos logis que nous avons envoyés à cet effect les pourroient marquer; et parce qu'il est party ceste nuict pour s'y acheminer et que nous ne desirons pas qu'il soit laissé aucune chose de ce qui est nécessaire à cet effect, nous vous mandons et ordonnons que incontinent après la réception de la présente, vous ayez à aller visiter ledict ambassadeur d'Espagne, et lui faire les présens ordinaires et accoutumés en tel cas, en sorte qu'il en reçoive le contentement que nous nous sommes promis, et à ce ne faictes faute; car tel est notre plaisir [1]. »

Ces rapports de bonne intelligence n'empêchaient pas les intrigues de toute espèce que l'Espagne entretenait en France, afin de réveiller les troubles de la ligue; les agens secrets

[1] Registre de l'Hôtel-de-Ville, XVII, fol. 375.

se multipliaient. «*Jesu Maria!* (c'est ainsi que commencent tous les rapports de Rafis, un de ces agens)[1], Jésus Marie !..... troisième rapport dans lequel je vais dire les noms des personnes qui sont ennemies du roi de France pour les tyrannies qu'il s'est permises; j'ajouterai les noms des provinces où résident les mécontens et ce qu'ils peuvent faire contre le roi :

«Le maréchal *de Biron*. — Ce maréchal tire toute son importance de l'ancienne position seigneuriale de son père en Périgord et dans le duché de Guienne; et du côté de sa mère dans la province et l'évêché de Comminges. Tous les principaux gentilshommes de la province du Périgord sont parens ou très-attachés à la famille de Biron, parce que le père du maréchal de Biron leur a rendu service à tous étant lieutenant-général de Guienne : tels sont MM. de Lamotte-Fénélon, cousin de celui qui avait été ambassadeur de France en Espagne; de Beauregard, frère du comte de Pompadour; de Montréal, de Barrault, qui avait été sur le point d'être ambassadeur en Espagne à la place de

[1] Archives de Simancas, cot. B 87 244.
[2] *Affeccionadissimos amigos*.

M. de Rochepot, actuellement à Madrid, etc. etc.
Tous ceux-là sont catholiques. Parmi les hérétiques, on peut compter MM. de Saint-Gênes, de Badasol son frère; de La Force, gouverneur de la principauté de Béarn, marié à la sœur aînée du maréchal de Biron; le baron de Beynes, etc. etc. (J'omets ici une liste nombreuse de seigneurs.) Dans la province du Limousin, c'est le comte de Châteauneuf, parent du maréchal, et avec lui marchent d'autres seigneurs hérétiques : le baron de Lostanges, les seigneurs de Bonneval et Chambazet. Les catholiques sont : le comte de Pompadour, fils de celui qui mourut en 1591, étant chef de ceux de la ligue; quoique jeune, le comte jouit d'une grande réputation de bravoure et est fort considéré[1] : tels sont d'ailleurs tous les Pompadour, que si les pierres de leur château pouvaient parler, elles crieraient *vive la ligue!* Il ne faut pas oublier encore les ducs de Bouillon, de Ventadour, etc., qui tirent leur condition principale du Limousin. Dans le Quercy, je citerai le baron de

---

[1] *Y su hijo aunque mozo es hombre de mucho resolucion y credito.*

Temmes, gouverneur et sénéchal de la province, homme d'exécution autant peut-être que le maréchal de Biron lui-même. Il peut à lui seul entretenir la guerre en Guienne et en Auvergne. Au surplus, la maréchale, mère du maréchal de Biron, est alliée à presque toutes les grandes familles de Comminges et de Gascogne qui ne demandent que la guerre, comme les barons de Montberant, de Bajordan, les vicomtes de Saint-Giron, de Labours, etc. etc.

« Les seigneurs qui se sont trouvés offensés dans la personne du comte d'Auvergne, sont le connétable de Montmorency, si puissant par tout le royaume; ses cousins les ducs de Bouillon et de Ventadour, de la Trémouille, les fils du duc d'Epernon dans le Poitou. Le duc d'Epernon lui-même tient, comme on le sait, d'une manière à peu près absolue, la Saintonge, le Bordelais, l'Agénois et la Gascogne : enfin il serait trop long d'énumérer toute cette population de gentilshommes mécontens des impositions, rapines et vexations d'un tyran. On ne parlera pas non plus de la puissance dont jouit le duc d'Epernon en Picardie, en Lorraine, et de M. Demasses, lieutenant-général, qui, quoique infirme, n'en sera pas moins un de nos dévoués serviteurs dans Angoulême[1]. »

L'agent donnait, à la suite de ce tableau, un aperçu des moyens qu'on pouvait employer pour soulever les provinces. C'est par ces espérances de séditions nouvelles qu'il faut expliquer les retards que l'Espagne apportait à jurer la paix de Vervins. Henri IV écrit au cardinal d'Ossat, ambassadeur à Rome, une longue lettre dans laquelle il s'en plaint avec aigreur : « Le 2ᵉ de ce mois, le roy d'Espagne n'avoit encore juré ladicte paix, et semble qu'il alloit encore délayant ce devoir, auquel il est obligé, pour attendre quelque autre chose que je ne puis comprendre. Nous allons voir s'il passera outre audict serment, et si son armée se séparera, estant vraisemblable, s'il diffère davantage, que ledict roy d'Espagne sera poussé de quelque arrière-pensée. Il a couru quelques bruits des desseins du comte de Fuentès qu'il veuille attaquer la ville de Genève; mon cousin, je vous diray que, comme je suis obligé de protéger et défendre ladicte ville, je

---

[1] Archives de Simancas, col. B 87²⁴⁴.

suis tout résolu aussi de le faire, sans y espargner ma propre personne, ny ma couronne, quoi qu'il en puisse succéder. Vous savez que ce n'est d'aujourd'huy que la foy des rois de France est engagée en ladicte protection. Je ne dois rien espargner pour conserver ladicte ville et empescher qu'elle ne soit molestée par voye de faict : j'en ay faict plusieurs déclarations, d'après lesquelles ma réputation est d'autant plus engagée à défendre ladicte ville. Si ledict roy d'Espagne et le duc de Savoye entreprenoient maintenant de l'assaillir, comment pourrois-je y conniver? Je vous prie déclarer rondement à Sa Saincteté que je ne commettray jamais une si lourde faute, afin qu'elle sache que je tiendray la paix pour rompue si l'on attaque ladicte ville, et employeray tous les moyens que Dieu m'a donnés pour la défendre. J'ay trop esprouvé la bonté de Sa Saincteté pour craindre qu'elle trouve mauvais que je veuille défendre une ville que j'ay prise en protection, et qui se confie à ma foy [1]. » Les démonstrations de bonne intelligence entre la France et l'Espagne

---

[1] Mss. de Béthune, vol. col. 8957, fol. 20.

furent toutes extérieures ; jamais il n'y eut amitié sincère ; cela ne pouvait être, et à peine ce traité était-il signé, que les deux monarchies se menaçaient par de sourdes menées et de longues conjurations, qui éclatèrent plus tard encore par la guerre.

J'ai dit que le second objet des transactions diplomatiques de l'Espagne se rattachait au triomphe de la pensée catholique en Angleterre. Cette pensée, même encore sous le règne d'Elisabeth, préoccupe les ambassadeurs espagnols à Paris. L'Espagne n'a point renoncé à ses projets de révolution au profit de la vieille société religieuse : « Je reçois de Rome, écrit le roi Philippe III à Taxis, la nouvelle suivante : Un agent du roy d'Ecosse, Jacques VI, a laissé entendre au duc de Sessa que, conformément aux intentions qu'il cognoissoit à son maistre, si je l'aidois à entrer en Angleterre et à s'emparer de ce royaume, il se feroit catholique. Le fils du roy d'Ecosse entreroit mesme dans l'armée espagnole, et se marieroit par mes mains. Nous réunirions nos forces et nous porterions un double coup et contre les anglicans, et contre les révoltés de Flandre. Le roy d'Ecosse pense qu'au premier bruit de nostre marche tous les catholiques anglais accourroient se ranger sous nos drapeaux réunis[1] et doubleroient nos forces. L'armée ainsi attaquée de deux côtés, ne pourroit se défendre. Je ne sçais jusqu'à quel point on peut croire ce que promet le roy d'Ecosse, pour sa conversion[2]; mais comme ses intentions et ses manœuvres, quelles qu'elles soient, ne sauroient en ce sens que nous estre avantageuses, il nous faut sonder ses intentions réelles et en tirer tout le parti possible. Pour cela, ayez soin de voir à Paris le chargé d'affaires de ce prince[3], de pénétrer autant que vous pourrez dans ses instructions, mais cela avec un profond secret, avec une extresme adresse, pour luy cacher tout ce que nous savons[4]. Sachez si, soit avec le roy de France, soit avec tout autre prince, il n'auroit pas ourdi déjà quelque trame pour

---

[1] Creyendo que todos los catholicos ingleses acudirian luego a ambos ejercitos.

[2] De Bolverse catholico se puede tener poca seguridad.

[3] El agente que tiene ay il d^{ho} rey.

[4] Pero con mucho secreto y destreza por que cuticide nada de lo que sabeis.

s'acheminer à la succession à laquelle il prétend[1]. »

En réponse à cette dépêche, Taxis écrit au roy : « Sire, j'ay vu ce matin une lettre d'un grand seigneur italien, écrite de Londres, dans laquelle il est dit que la royne d'Angleterre est morte à trois heures du matin, et que dans la mesme matinée on avoit proclamé le roy d'Ecosse roy d'Angleterre aux acclamations générales[2], et sans que personne songeast à s'y opposer[3]. On pensoit qu'il seroit arrivé à Londres dans vingt ou vingt-cinq jours au plus tard. L'opinion générale étoit également que ce changement de souverain feroit cesser la guerre entre l'Angleterre et l'Espagne[4], espérance qui avoit causé la plus vive satisfaction à tous. La mort de la royne et l'élévation du roy d'Ecosse sont choses déjà publiques içy; or, comme ces affaires sont d'une haute importance[5], j'ay cru

---

1 *Si con este rey con otros principes trae algunas inteligencias para encaminar la subcession que pretende.*

2 *Con grande applauso.*

3 *Y sui contradicion de nadie.*

4 *Que con esta mudança cessaria la guerra entre aquel reyno y España.*

5 *De tanta consideracion.*

devoir en prévenir Vostre Majesté en toute haste.   J. B. DE TAXIS [1]. »

Quelques jours après, nouvelle dépêche, datée d'Aranjuez, à J. B. de Taxis : « J'ay vu par vos lettres, relatives à l'Angleterre et à l'Écosse, comment et quand est arrivée la mort de la royne Elisabeth, et l'eslévation au trosne d'Angleterre du roy d'Écosse. Ainsi doivent cesser les relations secrètes que nous avions avec ce prince relativement à la succession [2]; la seule attention à avoir, c'est de bien juger la tournure que vont suivre ces affaires. Sachez comment le roy de France a pris la résolution des Anglais, quels sont ses liens avec le roy d'Écosse, et du roy d'Écosse avec lui. Comment le roy d'Écosse va-t-il régler le gouvernement de ses deux royaumes, et quelle sera sa marche pour la religion? Faites vos efforts pour apprendre tout cela; l'occasion est belle; elle est immense pour me prouver vostre zèle [3]. »

1 Archives de Simancas, cot. A 58⁸⁴ et B 88¹⁰⁹.
2 *Cesan los disignios que hasta aqui se tenian aca y ay por subcession.*
3 *Occasioni es grande, muy grande por monstrar esso zelo que sabeis.* — Cette lettre est chiffrée : ce ne sont pas toujours les plus importantes qui sont écrites ainsi ; cela dépendait plutôt

Jacques Ier, en montant sur le trône d'Angleterre, ne tint point les espérances catholiques qu'avait fait naître le roi d'Ecosse. Prince tout inconstant, dévoué d'abord aux opinions de Calvin, au puritanisme de sa patrie, il traitait alors avec l'Espagne, pour s'assurer des appuis contre Elisabeth; mais quand la main de Cécil eût posé la couronne sur sa tête, cet esprit d'opposition disparut. Théologien spirituel et très-érudit, Jacques Ier donna, à son avènement, des gages à l'épiscopat anglais par son *Basilicon Doron*, ouvrage d'une vaste science et dans lequel le monarque liait son sceptre à la hiérarchie anglicane. De là ses querelles avec les presbytériens, ses vieux amis, les prescriptions implacables pour les liturgies; enfin ces controverses, tant de fois renouvelées, où Jacques Ier résumait ainsi la question : « Si vous tendez au presbytériat écossois, cela s'arrange aussi bien avec la monarchie que Dieu avec le diable. Alors Jack, Tom, Will et Dick se réuniront, et à leur bon plaisir, viendront me censurer, moy et mon conseil, ainsi que toutes

des courriers, et des moyens que l'on employait pour faire parvenir les dépêches.

nos déterminations. Will se lèvera et dira : Cela doit estre ; alors Dick répliquera : Non, vraiment ; mais nous voulons que cela soit de ceste façon. D'après cela, je dois encore répéter mon premier mot et dire : Le roy advisera[1]. »

C'est par des controverses moqueuses contre le parti puritain que le roi attaquait cette opinion puissante qui s'étendait déjà en Angleterre. Le parti catholique se montra haut dans la conspiration des poudres, et le roi n'hésita pas à rompre tout-à-fait avec les papistes, dont les intérêts se liaient encore avec ceux de l'Espagne. Les souverains pontifes, qui avaient songé à une réconciliation, furent forcés d'y renoncer, et Jacques Ier devint un des plus chauds protecteurs de l'Eglise d'Angleterre.

Un nouvel Etat entrait, par la médiation de la France et par son propre courage, au rang des nations parmi lesquelles il était appelé à jouer un rôle immense ; j'entends parler de la Hollande. Personne ne favorisa plus son développement que Henri IV ; il la fit reconnaître

---

[1] Le *Basilicon Doron* fut achevé en 1599. J'ai en ma possession une édition originale de 1603, in-fol.

par l'Espagne elle-même'. C'était un grand poids que la Hollande dans les transactions de l'Europe septentrionale : de là ce puissant rôle qu'elle joua au dix-septième siècle. Deux périodes marquent la durée politique des Etats : 1° l'existence de fait consacrée par les efforts des peuples et la victoire; 2° la reconnaissance par les autres gouvernemens du fait accompli. Ainsi avait été la Hollande; depuis vingt ans, elle formait une nation libre; mais sa liberté n'était point reconnue par l'Espagne et les Etats de l'archiduc, dont elle s'était violemment séparée. Par la médiation de Henri IV, il y eut donc garantie aux

2. *Philippe III au marquis don Pédro de Tolède.*

De Valladolid, 9 août 1608.

« Je suis entièrement de l'avis du nonce. Sa pensée est prudente (*es muy bien pensado*). Je crois en effect que si on donnoit par escrit au roi de France les conditions auxquelles nous descendrions pour nous séparer des Hollandois, ce prince pourroit fort leur envoyer la copie desdits articles pour les irriter contre nous (*por que no les embie copia dello para irritar los contra nos otros*). Je vous félicite donc d'avoir escouté le sage conseil du nonce. Mais ayez bien soin de ne pas laisser pénétrer ceste méfiance aux ministres françois, qui ne manqueroient pas d'avertir leur roi, et celui-ci les Hollandois de notre stratagème (*el qual tam poco no dexaria de avisar a Olanda desta estratagema*). LE ROI. » — Archives de Simancas.

Provinces-Unies par les rois de France et d'Angleterre, de la trève de douze ans faite entre eux et les archiducs Albert et Isabelle-Claire-Eugénie[1]. Par cette trève les Etats-Généraux des Provinces-Unies furent reconnus comme puissance libre et indépendante. Ils durent ainsi à la protection de Henri IV, l'honneur d'être comptés au nombre des nations souveraines de l'Europe; et c'est quelque chose dans les mouvemens diplomatiques, pour la facilité des transactions. A la suite de ce premier acte d'une reconnaissance absolue et sans conditions, il y eut un traité d'alliance négocié par le président Jeannin et de Bezenval. Dans ce traité « le roy très-chrestien promet assister de bonne foy les sieurs des Estats pour les ayder, en ce qu'il pourra, à obtenir une bonne et assurée paix; et s'il plaist à Dieu la leur donner, se mettre en tout devoir de la faire garder, et les desfendre eux et leurs pays de toute injure, violences et invasions contre tous princes, potentats et personnes quelconques qui voudroient entreprendre d'enfreindre

[1] Bibliothèque du Roi, mss. de Lamarre, cot. 9594/9, fol. 202.

et violer ladicte paix, soict directement ou indirectement, et leur fournir à cet effect dix mille hommes de pied, à ses frais. Si ces forces n'estaient pas suffisantes, Sa Majesté s'engage à les accroistre d'autant de gens que ses affaires et la sureté de son royaume pourront le permettre, à la charge toutefois que ce sera par forme de prest aux frais desdicts Estats, pour en estre remboursé après la guerre finie. En recognoissance de quoy les sieurs desdicts Estats ont promis et seront tenus, si ledict sieur roy est assailli ou troublé dans son royaume, par quelque prince que ce soict, de le secourir et assister incontinent après qu'ils en auront esté requis, de cinq mille hommes de pied, à leurs frais et despends. Et sera de son choix de les demander en gens de guerre ou bien en navires de guerre équipés et armés ainsi qu'il appartient de munitions, victuailles, pilotes et mariniers, lesquels navires ne pourront estre moindres de deux à trois cents tonneaux. Les Estats promettent aussi audict roy, en cas qu'il ait besoin d'un plus grand secours, de l'en ayder et assister à la charge toutefois de les rembourser des frais. S'il arrive que ledict sieur roy donne secours auxdict Estats ou eux à luy, l'assailli ayant reçu ledict secours, ne pourra faire aucun traicté avec l'agresseur sans le consentement exprès de l'autre[1]. »

Si la monarchie des Bourbons prenait sous sa protection la république naissante des Etats de Hollande, elle renouvelait aussi ses vieilles alliances avec les Grisons et les Suisses. La liberté de Genève n'éprouvait pas une atteinte dans ses droits, que tout aussitôt le roi de France ne tirât l'épée pour sa conservation. Quand les députés des Grisons vinrent à Paris[2] pour renouveler la ligue et trève, ils furent royalement festoyés au Louvre et par la ville; le jurement fut renouvelé, et le roi déclara qu'il se ferait découronner roi de France plutôt que de souffrir que ses bons compères les Suisses pussent voir leur indépendance menacée. On jura de part et d'autres des capitula-

---

[1] Mss. de Dupuy, vol. 455.
[2] On fit beaucoup de pasquils contre l'arrivée de ces Suisses à Paris; j'en possède un qui commence ainsi :
  Voyant passer ces gens étranges,
  Au teint vermeil et aux gros culs,
  Je pensai voir le dieu Bacchus
  Qui venoit de faire vendanges.

tions militaires, une assurance mutuelle en cas d'attaques : « Le roy loue la résolution que les seigneurs des trois ligues des Grisons ses bons amis, alliés et confédérés, ont prise de pourvoir à la conservation et desfense de leurs pays et passages d'iceux, sur la juste jalousie qu'ils devoient avoir des actions et armemens de leurs voisins et les attentats par eux faicts à leursdicts pays ; et d'autant que Sa Majesté a tousjours grandement affectionné la prospérité de leur république, comme elle le leur a tesmoigné en plusieurs et diverses occasions, elle est contente, conformément à la requeste qu'ils luy ont faicte, de les soulager du payement des deux tiers de l'entretenement et solde des six compagnies qu'ils ont levées de leur jurisdiction, à raison de douze mille livres par compagnie, et ce, durant trois mois, dans lequel temps Sa Majesté se promet que lesdicts seigneurs des ligues seront deslivrés de crainte, ou contraints de prendre avec leurs alliés et confédérés de plus fortes et importantes résolutions. Sa Majesté se promet que la république de Venise, alliée desdictes ligues, les aydera lorsqu'elle en sera requise par eux, de quoy

Sa Majesté la fera admonester par son ambassadeur. Sa Majesté donnera ordre que les deniers seront payés de mois en mois par son ambassadeur auprès desdictes ligues. Et s'il advient que lesdicts seigneurs soient contraints, pour desfense de leursdicts pays et pour les autres justes occasions qui leur en seroient données, d'entrer en guerre ouverte avec leurs voisins, Sa Majesté les assistera de la somme de vingt-cinq mille livres par mois, pourvu qu'ils soient secourus par ladicte république de Venise et leurs autres alliés de somme proportionnée et convenable aux despenses qu'ils devront faire; davantage, s'il est nécessaire, pour la sureté desdicts pays et passages de faire construire un fort, pour opposer à celuy qui a esté bastit proche de leur frontière, comme ils en ont faict ouverture à Sa Majesté, elle contribuera très-volontiers aux frais qu'il lui conviendra faire pour cet effect, et après qu'il sera en desfense, de l'entretenir des gens de guerre qu'il faudra employer pour la conservation d'iceluy. Moyennant quoy sadicte Majesté se promet que celuy desdictes ligues qui sera commis pour garder ceste place, luy soit agréable, et partant que l'eslection luy en soict desférée. Sa Majesté envoyera un ingénieur au pays pour cognoistre le lieu plus propre pour bastir ledict fort, en faire le dessin et le devis et procéder sur iceluy à l'exécution. Pareillement Sa Majesté envoyera auxdictes ligues un bon chef de guerre sitost qu'elle sera advertie et qu'elle cognoistra qu'elles en auront besoin[1]. » La Suisse formait pour la France une barrière naturelle du côté de la Savoie, antique rivale de la maison de Bourbon. Non seulement Henri IV appelait ses bons compères dans ses armées, mais il sentait l'importance de maintenir l'intégrité des Cantons, la force de la fédération helvétique. Genève était alors spécialement menacée par la Savoie, qui convoitait cette belle cité, le siége de la religion de Calvin et de la philosophie de la réforme.

Sous le règne de Henri IV se développe encore sur de larges bases, l'alliance de la France et de la Turquie, essayée sous François Ier, et qui changea la pensée du droit public en Europe. Il est curieux de voir avec quelle attention les sul-

---

[1] Fontanieu, portefeuilles, n°s 452, 453.

tans Amurath, Mahomet et Ahmed, entretiennent des relations avec la cour de Henri IV; ils craignaient la puissance de Philippe II et de son successeur, ces croisades que les papes rêvaient contre l'Orient; plusieurs des conseillers du roi recevaient des pensions secrètes de Constantinople, et Henri IV cherchait dans l'empire ottoman une force contre l'Espagne. L'habile Savary de Brèves, ce négociateur actif qui depuis quinze ans n'avait jamais quitté Constantinople, stipulait alors de hauts priviléges commerciaux et politiques. Les premières capitulations régulières pour les consulats et juridiction des Francs dans les Echelles remontent à cette ambassade active et curieuse[1] : « L'empereur Ahmed, fils de l'empereur Mahomet toujours victorieux, moy qui suis par les infinies grâces du juste, grand et tout-puissant Créateur, et par l'abondance des miracles du chef de ses prophètes, empereur des victorieux empereurs, distributeur des couronnes aux plus grands princes de la terre, seigneur de

---

1 Bibliothèque du Roi, mss. de Brienne, vol. LXXVIII, pag. 157.

l'Europe, Asie et Afrique conquises par nostre victorieuse espée et espouvantable lance, recours des grands princes du monde et refuge des honorables empereurs; au plus glorieux, magnanime et grand seigneur de la créance de Jésus, eslu entre les princes de la nation du Messie, médiateur des différens qui surviennent entre les princes chrestiens, seigneur de grandeur, majesté, richesses, Henry IVe empereur de France, que la fin de ses jours soict heureuse. Nous avons commandé que ceste capitulation soict escrite en la teneur qui s'ensuit: Les ambassadeurs, consuls envoyés par Sa Majesté à nostre Porte et résidans en nos terres, et généralement tous les subjects qui vont et viennent par icelles, ne seront inquiétés en aucune façon que ce soict, au contraire bien reçus et honorés selon la capitulation faicte par nostre desfunct père l'empereur Mahomet, heureux en sa vie et martyr en sa mort. Toutes les nations, quelles qu'elles soient, pourront librement venir et trafiquer par nos pays sous l'aveu et sureté de la bannière de France, laquelle ils porteront comme leur sauvegarde; et ce seulement tant que ledict empereur de

France conservera nostre amitié, et ne contreviendra à celle qu'il nous a promise. » Une longue série d'articles stipule ensuite les divers avantages commerciaux concédés aux Français, les priviléges des ambassadeurs, consuls, marchands et autres, la reconnaissance du droit de sauvetage, la permission d'aller pêcher poissons et corail sur les côtes de Barbarie. « De plus, pour l'honneur et amitié d'iceluy empereur, nous voulons que les religieux qui demeurent en Jérusalem et servent l'église de Coumame, c'est-à-dire le Sainct-Sépulchre de Jésus, puissent demeurer, aller et venir surement et sans aucun doute, et y soient bien receus, protégés, aydés et secourus; commandons aussi que les subjects dudict empereur de France et ceux des princes ses amys, alliés et confédérés puissent, sous son aveu et protection, venir librement visiter les saincts lieux de Jérusalem, sans qu'il leur soict faict ou donné aucun empeschement. »

Un curieux document constate toute l'action que la Porte, par la médiation de la France, exerçait alors sur les affaires générales de l'Europe. Il y eut promesse par le sultan aux princes d'Allemagne, d'Italie et de Hollande, de les protéger contre les invasions de Rodolphe, *roi de Vienne* en Autriche, et de Philippe, roi d'Espagne, protection accordée à la sollicitation de l'ambassadeur Savary[1]. Cette intimité s'étendait à toutes les puissances musulmanes[2], même à celles des côtes d'Afrique. L'Espagne était la rivale naturelle des peuplades mauresques. Ne se souvenait-on pas des efforts de Charles-Quint pour établir sur ce rivage les couleurs de la grande monarchie. L'empereur de Maroc écrivait à Henri IV dans l'intention

---

[1] Bibliothèque du Roi, mss. de Brienne, vol. LXXVIII, pag. 155.

[2] Je trouve une lettre d'un Mustapha aga à Henri IV, datée de Constantinople. « Au roy de France invincible. Combien que pour faire service à Sa Majesté Très-Catholique j'avois deslibéré de me transporter en France, toutefois l'opportunité du temps ne correspondant pas à mes desirs, afin de confirmer l'amour et l'obéissance perpétuelle que je lui ai voués, j'ai bien osé lui envoyer quelques petits présens, lesquels, comme j'espère, seront reçus de Sa Majesté invincible pour très-agréables : savoir, est cinq coutelas très-excellens; après, une pierre ditte en langue turquesque *panzeher*, servant de remède à ceux qui sont empoisonnés; finalement une robe toute de soie, ornement turquois, resplendissante de diverses couleurs. Dieu conserve Sa Majesté à jamais. » — Mss. de Béthune, vol. cot. 9050, fol. 20.

de resserrer ces liens : « De la part de Mulay-Zeidan, serviteur de Dieu, et par son ayde roy victorieux des fidèles, et de générations en générations fils de roys ; que Dieu, par sa grace, continue la prospérité sacrée de sa bonne fortune, et que la lumière de sa justice reluise sur son royaume, et le glaive victorieux du Tout-Puissant desfende le peuple de la foy de Hanefy ! est adressée ceste lettre d'honneur à la majesté du plus grand prince des pays et régions des chrestiens ; Henry IV, empereur de France et roy de Navarre, fils de la grande famille des anciens princes gaulois. Dieu nous a faict la grace de jetter ses yeux sur ces royaumes, faisant dormir les bornes de nos pays sous l'ombre de la paix ; après luy en avoir rendu louanges, nous l'avons bien voulu faire savoir à Vostre Majesté. Maintenant, que Dieu nous a bény, nous souhaitons que nos Majestés entretiennent l'amitié qui s'est conservée entre nos prédécesseurs. Il ne tiendra à nous que cela n'arrive ; si Vostre Majesté nous mande des nouvelles de sa prospérité, ce sera nous obliger de croire qu'elle desire nous faire part de son amitié. Escrit de nostre chasteau de Maroc que Dieu environne, l'an de la prophétie de Mahomet 1015[1]. » A ces avances des Musulmans, Henri répondait par des lettres gracieuses et des ambassades. Les barbaresques avaient alors la plus belle marine; leurs corsaires faisaient de terribles dégâts sur les côtes d'Espagne. Qu'importaient les croyances et les opinions religieuses dans ce mouvement d'intérêts politiques qui se croisaient depuis le seizième siècle? Ce qu'il fallait à Henri IV c'étaient des auxiliaires dans ses vastes projets d'agrandissement de territoire, et d'influence européenne. Ce n'était pas la première fois que les rois de France avaient cherché des appuis parmi les infidèles. Le droit public du moyen âge n'était plus qu'un souvenir pontifical; l'idée de croisade était encore dans quelques têtes ardentes de chevalerie; les souverains restaient en dehors.

En résumant la question diplomatique sous Henri IV, on pourrait dire : la pensée religieuse s'effaçait du système européen; alors arrivaient les intérêts positifs de dynastie, de

---

[1] Fontanieu, portefeuilles, nos 452, 453.

peuples, de territoires. La France, alliée de l'Angleterre, protectrice de la Hollande et de la Suisse, avait à lutter contre la maison d'Autriche, l'Espagne et la Savoie; elle devait les vaincre par la guerre ou les attirer sous sa main, par des pactes de famille et une communauté de principes. C'est ce système que Richelieu développa si admirablement. Il y eut, dans les douze années du règne effectif de Henri IV, une série de larges transactions; 1° le traité de Vervins, pacification des différens de l'Espagne, de la France et de la Savoie, arrangement territorial favorable à la maison de Bourbon; 2° traité entre l'Espagne et l'Angleterre, qui mettait un terme à la grande lice ouverte entre deux partis qui s'essayaient par la révolte, les catholiques et les anglicans; il y eut trève aussi entre ces deux hautes puissances navales et leurs formidables armada; 3° reconnaissance de la Hollande et développement d'un gouvernement intermédiaire au nord de la monarchie; 4° maintien et consolidation de la confédération helvétique; 5° établissement d'un Etat mixte dans les Pays-Bas catholiques au profit d'un archiduc indépendant de l'Espagne ; 6° alliance intime avec les sultans de Constantinople et les puissances barbaresques d'Afrique, auxiliaires actifs dans les questions maritimes ; 7° enfin réunion du Béarn et de la Navarre, qui couvraient les frontières méridionales de la monarchie. La France était désormais la grande nation.

CHAPITRE CXVII.

SITUATION DES PARTIS. — GUERRE DE SAVOIE. — PROCÈS DU MARÉCHAL BIRON.

Le parti royaliste. — Biron. — Mécontentemens. — Intrigues de l'Espagne. — De la Savoie. — Guerre contre le duc de Savoie. — Parti huguenot. — Le duc de Bouillon. — Arrestation de Biron. — Le maréchal à la Bastille. — Procès. — Motif de la sévérité de Henri IV. — Condamnation. — Exécution à mort.

1602.

Deux partis avaient suivi la fortune de Henri IV, les huguenots et les royalistes catholiques que conduisaient les Birons. Les huguenots avaient déjà exhalé leurs mécontentemens, prenaient toutes leurs précautions pour ressaisir les armes au besoin ; on les avait à peine satisfaits par l'édit de Nantes. Dans plusieurs villes le prêche était défendu ; n'était-il pas dur pour les braves compagnons du Béarnais, ses amis d'Ivry et d'Aumale, de se voir réduits à cacher leur sainte cène dans le palais de Mme Catherine de Navarre, sœur du roi, dont la mort faisait un vide récent au sein de la réforme[1].

[1] Les plaintes des calvinistes étaient vives ; tout le monde connaît les invectives de Mme de Rohan. Voici une pièce inédite assez curieuse : « Requeste présentée par ceux de la religion prétendue réformée au roy Henry IV, divisée en sept articles. Ils y joignirent les lettres du duc de Bouillon, écrites tant au roy lui-mesme qu'aux diverses Eglises réformées. » — Mss. Béthune, vol. cot. 8631, fol. 47. « La longue suite des bons et signalés services que nous avons tousjours rendus à Vostre Majesté luy a faict considérer que nous n'estions pas si peu nécessaires au bien de son Estat, que nos vies dussent estre sans relasche exposées à l'exil, aux souffrances et aux flammes, comme sous les règnes des feu roys vos prédécesseurs. Le sage conseil qui assiste Vostre Majesté a bien su représenter que la force ne les fera jamais ployer sous les lois, mais qu'ils se roidissent davantage au plus fort des supplices dont on a affligé et martyrisé leurs corps. Le zèle et l'amour que l'on porte à sa religion anime quelquefois les plus foibles courages d'un tel transport, qu'il n'y a sorte de résistance qu'ils ne surmontent pour en conserver la créance. De tout le grand déluge de sang que la France a respandu en ceste querelle on eust cimenté de forts remparts, qui

Les catholiques royalistes murmuraient à leur tour de voir leur fidélité méconnue; et en faveur de qui? au profit de ces ligueurs qui avaient combattu le roi et proscrit la dynastie. Quand un parti a fait un pouvoir, qu'il l'a pétri de ses mains, il ne peut souffrir qu'il lui échappe; c'est son bien, sa propriété. Ce parti veut les garder; il parle d'ingratitude, d'oubli de serment; il se montre insatiable : tel était Biron chef des royalistes. Le roi avait fait beaucoup pour lui, mais était-ce assez par rapport aux services? Biron tenait le gouvernement de la Bourgogne; mais Brissac, Villars,

la couvriroient aujourd'huy contre la violence de ses ennemis. Nous bénirons tousjours Dieu en nos églises tout autant de fois que les perturbateurs de ceste monarchie en seront découverts et chastié; mais nous prions Vostre Majesté de discerner avec attention que sous le voile du bien public on ne livre le juste au lieu de Baraba, et le fidèle serviteur au lieu du traistre, perfide et scélérat. La France n'a jamais manqué de boute-feux qui l'embrasent de tous côtés, et qui, plus rusés que valeureux, se retirent hors de la presse et attisent le feu du bout de leurs plumes plus que de la pointe de leurs épées. »

« Le roy ayant faict cadeau de son portrait à M. d'Aubigné, qui probablement en attendoit autre plus grande faveur, fit escrire au-dessous de ce portrait :

Ce prince est d'estrange nature ;   Car il rescompense en peinture
Je ne sçais qui diable l'a faict,   Ceux qui le servent en effet.

Mayenne, Guise, Mercœur, ligueurs acharnés, n'avaient-ils pas des gouvernemens plus vastes, une indépendance quasi-royale? était-ce ainsi qu'on récompensait les fidèles compagnons d'Arques et d'Ivri, les soldats de la cornette blanche, couverts d'arquebusades? Henri IV avait tendance pour ses vieux compagnons de bataille; il les comblait d'amitiés et de confiance intime. Toutefois la voix qui vous rappelle sans cesse les services rendus et murmure journellement qu'elle a créé votre puissance, cette voix est importune; on la secoue volontiers : c'était non seulement un ennui pour le roi, mais encore un danger, car la gentilhommerie royaliste pouvait se lever en armes sous ce chef mécontent.

Tant que la guerre générale avait appelé la noblesse aux armes, il y avait eu fraternité de batailles. Dans l'agitation des camps, on songeait peu aux ingratitudes du roi, on mourait pour lui et son honneur de gentilhomme. Après la paix de Vervins, il y eut agitation parmi les royalistes; la noblesse s'en retournait ruinée dans ses domaines; il n'y avait d'argent et de bonnes conditions que pour les ligueurs.

Dans ses vieux châteaux, abîmée par les guerres civiles, la gentilhommerie rêvait des fortunes nouvelles; elle desirait se montrer encore aux champs de guerre, pour une cause moins ingrate.

L'Espagne et la Savoie avaient signé la paix de Vervins, mais il entrait dans le système politique de ces deux puissances de se mettre en rapport avec les mécontentemens. L'esprit catholique ne dominait plus exclusivement les relations européennes; les idées politiques surgissaient. L'Espagne et surtout le duc de Savoie ne se firent donc aucun scrupule de sonder ceux même qu'ils avaient combattus au temps de la ligue; des négociations secrètes s'entamèrent par la Savoie avec les ducs de Biron et de Bouillon, chefs des grands partis qui murmuraient. Ce que cherchaient alors les étrangers, c'étaient les auxiliaires, et peu importait à quelle couleur ils appartinssent [1].

---

[1] Le roi Philippe III s'en défend; il écrit à J. B. de Taxis : « Vostre lettre du 24 octobre me faict cognoistre les aveux du comte d'Auvergne et du secrétaire du duc de Biron, qui vient d'estre arresté. Ces confessions, évidemment fausses, comme quiconque exempt de passion peut le juger, laissent entrevoir toute la portée de ceste méchante invention. Aussi bien que je

En ce moment éclata la guerre contre le duc de Savoie ; Biron obtint un commandement militaire ; il se comporta avec honneur. A la tête d'un camp, jamais il n'eût trahi les armes qui lui étaient confiées. Charles de Gontaut-

suppose vostre zèle assez intelligent pour en avoir prévenu le duc de Sessa à Rome, je ne luy en fais pas moins escrire à ce subject, afin que s'il en est question auprès du Sainct-Père (*para que si hallaren aqui en ello*), il dise combien ces rapports sont opposés à la vérité. On voudroit me perdre à la cour de Rome ; je vois ceste perfide intention. » — « Selon ce que vous m'aviez annoncé de l'arrivée prochaine de l'ambassadeur de France, celui-ci devroit estre déjà en Espagne ou sur les frontières. Aprenez-moy si son départ est différé et quelle peut en estre la cause ? » — Archives de Simancas, cot. A 58⁸¹. — Lettre chiffrée. (Valladolid, 10 décembre 1602.)

Dans une autre dépêche, Philippe se plaint des menées du roi de France en Espagne : « J'ay reçu vos lettres, etc. Il faut que vous fassiez entendre à Sa Majesté très-chrestienne combien j'ay esté scrupuleux à observer tous les articles de la paix, bien qu'elle m'ait donné et me donne de justes subjects de plaintes (*no obstante las occasiones que el rey de Francia me ha dado y da de justo sentienzo*). N'ay-je pas le droit de m'estonner en effet, de l'assistance et des secours matériels qu'il ne cesse de fournir à mes rebelles (*que ha hecho y haze a mis rebeldes*)? Est-ce ainsi qu'il prétend observer ses promesses de bonne amitié, de fraternité qui doivent exister entre nous (*conservare realmente la amistad y hermandad que debe aver entre ambas*)? Le lieu et les moyens par lesquels il se porte à leur secours m'estant connu (*como y quando lo haze*), je le trouve sans excuse dans ceste infraction flagrante à ses engagemens. » — Archives de Simancas, cot. A 587⁶. (Valladolid, 12 août 1602.)

Biron était un homme d'une moyenne taille, d'une force musculaire si remarquable qu'il brisait le milieu d'une arquebuse de sa main gantée. Son caractère était indomptable; orgueilleux et fier de son origine, avec un besoin sans cesse renaissant d'éloges, de pouvoir et d'argent, il avait toutes les prodigalités de la vie des gentilshommes; il aimait les chevaux à tout crin et de race; dans ses accès de colère, il eût précipité femmes, filles, roi ou prince de la tour du Châtelet ou du bourdon de Notre-Dame sur le parvis, et vu sans émotion la cervelle jaillissant sur les dalles sanglantes. Comme Henri IV, il eût mis ses terres et ses châteaux sur le fol, le pendu, la mallemort du Tarot ou le roi de coupe et de deniers; il aimait les travaux pénibles, les exercices violens; il restait à cheval quinze heures de suite : vie aventureuse commencée dans les camps et qui ne pouvait s'assouplir aux régularités d'un revenu fixe et d'un gouvernement économe[1].

---

[1] « Il était hasardeux en guerre, ambitieux sans mesure; il aurait dû profiter de ces paroles d'Elisabeth qui, lui montrant un jour la tête du comte d'Essex, lui dit : « Si j'estois en la place du roi mon frère, il y auroit des testes aussi bien cou-

Après les agitations de la ligue, rien n'était plus dans les idées féodales que les rapports avec les puissances étrangères. Ces luttes longues et désordonnées entre les huguenots et les catholiques, cette suite de traités faits par les partis avec l'Angleterre, l'Allemagne, la Suisse et l'Espagne, en avait rendu l'habitude commune. Quand un mécontent en était là, quand sa tête était menacée ou ses espérances ambitieuses déçues, il entamait une négociation au dehors, comme il se faisait chef de parti à l'intérieur : il s'armait; c'était son droit public, sa loi de vieille féodalité. Le plan était simple : Biron à la tête des royalistes éclatait, en même temps que le duc de Bouillon prenait en main la cause des calvinistes déjà organisés : c'était

---

pées à Paris qu'à Londres. » On raconte qu'il se fiait fort au dire des astrologues et devineurs ; il avait parlé à un nommé César, tenu à Paris pour magicien, lequel lui avait dit « qu'il ne s'en faudroit que le coup d'un Bourguignon par derrière qu'il ne parvînt à estre roy. » Il eut mémoire de cette prédiction étant à la Bastille ; il se fit informer si l'exécuteur était de la Bourgogne, ce qui se trouva ainsi : « Ah ! s'écria Biron, je suis bien mort ! » Il n'avait jamais été enclin aux lettres ni à l'étude, mais seulement aux armes ; ce qui fut cause que son père le conduisit de bonne heure avec lui. » — Bibliothèque royale, mss. cot. 9769/3 ; de Cangé, 97.

donc une situation semblable à celle qui s'était produite sous Henri III, pendant la grande puissance du maréchal de Damville et de Montmorency. La France voyait se renouveler les guerres religieuses et politiques sous le règne d'un roi indifférent.

Le caractère personnel de Henri IV n'allait pas aux mesures violentes; toute sa vie s'était passée en ménagemens; comment fut-il dès lors entraîné à cet acte de fermeté cruelle envers un de ses amis de batailles? Biron, se considérant comme chef de parti, voulait traiter avec Henri IV; les ligueurs n'avaient-ils pas obtenu de bonnes conditions? la révolte n'avait-elle pas été récompensée? pourquoi n'en serait-il pas ainsi pour Biron le chef fidèle, le conducteur du parti qui avait jeté la couronne sur la tête du Béarnais? la différence était simple : quand Henri IV traitait avec les ligueurs, il pacifiait son royaume, acquérait des provinces, des villes, en échange des concessions qu'il faisait. Que pouvait lui donner Biron? son parti de noblesse et de gentilhommerie? mais ce parti aurait grandi par les concessions, et serait devenu plus exigeant. En frappant le chef, au contraire, on finirait par le contenir, et cela décida tout-à-fait Henri IV, lorsqu'il ne put obtenir du maréchal des révélations qui l'eussent avili et perdu aux yeux de sa propre cause de gentilhommerie.

La procédure contre Biron fut poursuivie avec une vigueur sans exemple, et j'emprunte aux documens manuscrits et curieux, les détails inconnus de cette triste et solennelle condamnation. J'aime ces récits contemporains, ces épisodes écrits sous l'impression des événemens et qui secouent de la poussière des âges les opinions éteintes[1]. « Dès le voyage de Poictiers, Henri IV fut adverti que plusieurs seigneurs taschoient d'esbranler son Estat et luy susciter plusieurs affaires : aussi, pendant ce voyage qui dura près de deux mois, la cour sembloit triste et le roy pensif. Celuy qui advertit le roy de la conspiration du mareschal de Biron estoit le sieur de Lafin, lequel avoit luy-mesme trempé en ceste conspi-

[1] « La conspiration, prison, jugement et mort du duc de Biron, exécuté à Paris dans la Bastille, le mercredi, dernier jour de juillet 1602. » Bibliothèque royale, mss. col. 9769/s ; de Cangé, 97.

ration. En voicy l'historique : « Au voyage que le mareschal de Biron fit à Bruxelles pour voir jurer la paix à l'archiduc, les chefs espagnols l'entourèrent, exaltèrent son crédit et sa puissance en France, le peu de cas que le roy faisoit de ses services[1], et lui firent dire par un nommé Picotté, qu'il étoit en sa puissance de s'eslever à une grande fortune avec les Espagnols qui admiroient ses mérites. Le mareschal respondit qu'il eût à venir en France, et qu'ils s'expliqueroient plus clairement. Au retour de M. de Biron en France, le roy le voulut marier ; il refusa, tandis que d'un autre costé on luy pro-

---

[1] Voici une lettre de Biron au maréchal de Montmorency, qui exprime tout son mécontentement. « Monsieur, s'en allant le sieur de Morlan, je l'accompagnerai de cet escrit, bien que je vous ai hier despêché Chaumelier ; maintenant on me reflatte pour m'obliger à demeurer en l'armée, cependant que le roi veut s'aller marier et me rendre gardien des conquêtes des huguenots, et m'oster ce qui justement m'estoit dû ; je choisirai plustôt un tombeau que cela ; et aussi je suis malade de la fièvre quarte, et particulièrement aujourd'hui je me trouve très-mal ; voilà ce que je vous dirai pour ce sujet, vous suppliant de croire que je suis vostre très-humble serviteur pour porter ma vie et mon bien à tout ce que vous commanderez ; car je ne fais nulle exception pour vous ; je suis en tout et du tout voué à vos commandemens, et vous baise bien humblement les mains. » Au camp de Belley, 5 septembre 1600, maréchal de BIRON. — Mss. de Béthune, vol. cot. 9080, fol. 1.

posoit l'alliance de la sœur bastarde du duc de
Savoye avec deux cent mille escus. La paix de
Vervins avoit déçu les espérances du mareschal; il voyoit les espées remises au fourreau;
il commença dès lors à se plaindre du peu de
récompense qu'il avoit eu des services faicts à
la couronne. Le mareschal de Biron trouva
pour complice le sieur de Lafin retiré en sa
maison, mécontent de Sa Majesté pour une
querelle qu'il avoit eue avec le sieur Lesdiguières. Lafin donc est confident du mareschal;
ils envoyent au duc de Savoye un curé et un
religieux de l'ordre de Cisteau à Milan, et Picotté
en Espagne, pour voir et proposer leurs intentions. Le voyage que le duc de Savoye fit à
Paris déracina le peu de fleurs de lys que le
mareschal avoit encore dans le cœur. On luy
proposa le mariage de la troisième fille du duc
de Savoye avec cinq cent mille escus, mariage
qui le rendoit cousin de l'empereur et neveu du
roy d'Espagne. La guerre déclarée en Savoye,
le mareschal de Biron prend plusieurs places
en Bresse, et envoye auprès de d'Albigny et du
duc de Savoye, pour leur dire en quel estat estoit
l'armée du roy. Quelque temps après, il envoye

Lafin à Turin vers le duc de Savoye et vers le comte de Fuentès à Milan. Le mariage proposé fut de nouveau remis en question, lorsque la paix fut conclue à Lyon.

« Le mareschal de Biron se trouva autant esbahi de la conclusion de ceste paix que le duc de Savoye et le comte de Fuentès en faisoient les marrys. Il est adverti que le roy a sçu quelque chose des pratiques de Lafin touchant ce mariage. Il s'advise d'aller trouver Sa Majesté qui se promenoit dans le cloistre des cordeliers à Lyon, et luy révéla une partie de ses menées. Le roy luy pardonna à la charge de n'y plus retourner. Le mareschal ne tint pas sa parole; estant arrivé à Vinaz pour retourner à Bourg, il despescha au sieur de Lafin un moine nommé Farges. Le duc de Savoye commençoit à se méfier de Lafin sur une certaine réponse qu'il luy fit, et se disposoit à le retenir prisonnier, lorsque ledict Lafin parvint à rentrer en France. Ceste conspiration ne fut pas pour cela discontinuée. Le baron de Luz prit la place de Lafin, et Roucas et Casal la continuèrent avec lui. Lafin, délaissé par le maréchal de Biron, fit éclater quelques mécontentemens; le roy en ayant eu vent, le manda auprès de luy. Toutefois Lafin en advertit le mareschal, lequel luy envoya dire qu'il tenoit sa vie et sa fortune entre ses mains, qu'il bruslast ses papiers ; il luy conseilla de n'aller en cour qu'à petit train ; il devoit se préparer à avoir de rudes paroles, mais qu'il les pouvoit adoucir en assurant au roy qu'il n'estoit allé en Italie que pour une desvotion à Nostre-Dame-de-Lorette ; qu'en passant à Milan on avoit bien voulu le charger du mariage de Biron avec une des filles de M. de Savoye, mais qu'il n'avoit voulu s'en charger, vu le soin que prenoit Sa Majesté de vouloir le marier.

« Lafin vint donc en cour et arriva à Fontainebleau au mois de mars[1]. Il montra à Sa Majesté en particulier, puis par son commandement à quelques uns de son conseil, tant de

---

[1] « Le samedi 13 arriva à Paris le seigneur de Lafin, fort bien accompagné, et qui marchoit ordinairement par les rues avec quinze ou vingt hommes à cheval, ayant tous les pistolles à l'arçon de la selle et l'espée en la main ; ce qui luy avoit été octroyé par Sa Majesté, pour les advis qu'il avoit eus que les parens et amis du mareschal de Biron le menaçoient, et que quelques uns d'entre eux avoient juré de le tuer là où ils le rencontreroient. » *Journal de Henri IV*, ann. 1602.

preuves et si véritables de tout le progrès de ceste conspiration qu'ils en furent émerveillés. Il raconta aussi ce qu'il avoit faict. Tous les papiers qu'il avoit touchant ceste conspiration furent mis entre les mains de M. le chancelier. Par ces révélations, Lafin obtint sa grace par lettres solennelles de rémission de Sa Majesté. Ainsy le roy fut certain de tous les desseins du mareschal. Lorsque Lafin arriva à Fontainebleau, le baron de Luz, qui estoit confident de M. de Biron, estoit alors en cour. Le roy luy dict qu'il estoit bien aise d'avoir parlé à Lafin, et que maintenant il recognoissoit que ce qu'on luy avoit dict des desseins du duc de Biron n'estoit que des faux bruits. Lafin eut ordre d'envoyer vers le mareschal pour l'assurer qu'il n'avoit rien dict au roy qui pust luy nuire. Le roy, en partant de Fontainebleau pour Blois, manda au mareschal de le venir trouver[1], lequel luy renvoya des excuses sous di-

1. « Mon ami, ayant entendu par d'Escures les faux rapports et discours qui vous ont esté faicts, desirant en estre esclairci, et vous faire cognoistre les calomnies de ceux qui ont avancé lesdicts discours, j'ai despeché le sieur Jeannin et ledict d'Escures pour vous aller trouver, et ai commandé audict sieur Jeannin, après qu'il aura appris de vous les rapports qui vous

vers prétextes : d'abord l'Espagnol vouloit faire entrer une armée; ensuite l'assemblée des Etats de Bourgogne où il devoit assister pour le service de Sa Majesté. Le roy luy envoya de nouveau le sieur d'Escures luy dire que s'il ne vouloit venir il iroit luy-mesme le chercher; en mesme temps il donnoit ordre au président Jeannin de se rendre à Dijon pour assurer le mareschal de la bonne volonté de Sa Majesté. Ce que voyant, M. de Biron se deslibéra venir à la cour, nonobstant les advis des siens qui luy conseilloient de ne pas aller se livrer. Il arriva à Fontainebleau le mercredy treizième

ont esté faicts, de mander ceux qui en auroient parlé et qui en sont auteurs, pour avérer et vous faire cognoistre au doigt et à l'œil leurs impostures, que vous devriez tenir pour telles, sachant comme je vous aime, et par combien de fois je vous ai faict paroistre ma bonne volonté, laquelle continuera toujours en vostre endroit; m'assurant que par la continuation de vos services, et par tous vos desportemens vous m'en donnerez toutes les occasions que je me suis toujours promis de vostre fidélité et affection à mondict service; de quoy lesdicts sieurs vous feront plus particulièrement entendre mes intentions, et combien j'aurai agréable de vous voir près de moi, et vous faire paroistre en toutes occasions les effets de ma bonne volonté. Sur lesquels m'en remettant et m'assurant que les croirez de ce qu'ils vous diront, je prierai Dieu qu'il vous ait, mon ami, en sa sainte et digne garde. » Ce 14ᵉ mai. HENRY. — Mss. Dupuy, vol. 590, pièce originale.

juin à six heures du matin. Ainsi qu'il arrivoit, le roy entroit dans le grand jardin et disoit à un de son conseil : « Non, il ne viendra point. » Mais à l'instant, le mareschal parut acompagné de sept ou huict des siens, et d'aussi loin qu'il vit Sa Majesté, il fit trois révérences; puis le roy s'avançant, l'embrassa, et luy dict : « Vous avec bien faict de venir, car autrement je vous allois quérir. » Le mareschal luy dict plusieurs excuses sur son retardement; puis le roy le prit par la main en se promenant, luy montrant le dessein de ses bastimens, et passèrent ainsi d'un jardin à l'autre ; là Sa Majesté luy parla des advis qu'il avoit eus de quelque mauvaise intention qu'il avoit contre son Estat, et qu'il lui dict la vérité. Le mareschal luy respondit quelques paroles assez hautaines : » Je ne suis venu pour me justifier, mais pour sçavoir quels sont mes accusateurs ; je n'ay pas besoin de pardon n'ayant faict aucune offense. » L'heure du disner approchant, le mareschal fut disner chez M. d'Espernon. Après son disner, il vint trouver le roy qui faisoit un tour dans la grande salle, lequel luy montrant sa statue en relief triomphant de ses ennemys, luy dict:

Hé bien, cousin, si le roy d'Espagne m'avoit vu comme cela, qu'en diroit-il? — Sire, il ne vous craindroit guère», respondict le mareschal avec légèreté. Ce qui fut bien noté par tous les seigneurs présens; et lors le roy le regarda d'une œillade rigoureuse dont il s'aperçut, et soudain se reprenant: « J'entends, Sire, en ceste statue que voilà, et non pas en personne. — Bien, M. le mareschal », répliqua le roy. Car quelquefois il le cousinoit, d'autres l'appeloit duc de Biron, et quelquefois encore M. le mareschal.

« Le roy incontinent entra en son cabinet et commanda à deux ou trois d'entrer; le mareschal fut plus d'une demi-heure au coin du lit, jusqu'à ce que M. de Rosny luy vint dire d'aller parler au roy. Il entre seul dans le cabinet; le roy le conjure de luy dire la vérité, luy seul auroit connoissance de ceste affaire. Mais le mareschal, confiant dans l'assurance que luy avoit donnée Lafin, nia obstinément ce dont on l'accusoit: « Qu'on me nomme mes accusateurs, Sire, qu'on me les nomme! » Le roy, voyant qu'on n'en pouvoit rien tirer, sortit pour jouer à la paume, et voulut que le mareschal avec le duc d'Espernon jouassent contre luy et le comte de Soissons.

« Le mareschal soupa ce jour à la table du grand-maistre où il mangea peu; il estoit tout pensif sans parler à personne. Après le souper, le roy pria le comte de Soissons d'aller exhorter le mareschal à dire toute la vérité au roy; le comte y va, et après quelques propos, luy dit: « M. le mareschal, quand on a offensé son roy, il faut craindre son indignation et chercher sa clémence. — Monsieur, respond le mareschal, on n'aura jamais autre response de moy que ce que j'ay dict à Sa Majesté; j'ay peut-estre occasion de me plaindre des doutes que le roy a sur ma fidélité, laquelle cependant est bien prouvée par les nombreux services rendus à sa couronne. » Ceste response fut rapportée le soir à Sa Majesté.

« Le lendemain, le roy se lève de bon matin et va se promener au petit jardin près de la volière. Il faict appeler M. de Biron et luy parla assez long-temps; on voyoit le mareschal teste nue, frappant sa poitrine en parlant au roy. Après le disner, le roy fut quatre heures en sa galerie. Là il prit la résolution de se rendre maistre du duc de Biron et du comte d'Auvergne, puisqu'ils ne vouloient rien desclarer de leur conspiration, de laquelle Sa Majesté avoit tant de preuves littérales. Henri voulut cependant luy parler encore une fois : « Je ne veux point perdre cet homme, s'escrioit-il ; c'est luy qui va à sa perte de bon gré ; ne le faictes pas arrester, messieurs, si vous n'estimez qu'il mérite la mort ; je veux encore luy dire que s'il se laisse mener par justice, il ne s'attende à grace quelconque de moy. » Le conseil respondict ouvertement que pareils attentats méritoient la mort. Le roy fit aussitost appeler MM. de Vitry et Praslin : « Tenez-vous prest à recevoir mes ordres », leur dit-il avec dureté.

« Le soir du jeudy, le mareschal soupoit chez le sieur de Montigny ; après le souper ils se rendirent chez le roy. Comme ils entroient, un quidam remit au mareschal une lettre sous le nom de la comtesse de Roussy sa sœur. Ayant ouvert ce billet, il trouva qu'on l'advertissoit de son arrestation dans quelques heures ; le mareschal le montra à un des siens qui luy dict : « Ah ! Dieu ! M. le mareschal, je voudrois vous savoir en Bourgogne. — Si j'y estois, respondict-il, le roy m'ayant mandé auprès de luy, j'y viendrois. » Cela dict, il entra chez Sa Majesté, et joua à la prime avec la royne.

« Quand il fut près de minuict, le roy rompit le jeu, et tirant à part le mareschal, il exigea de nouveau la révélation de ses projets. Le mareschal continua ses dénégations. « Bien, mareschal, dit brusquement Henri IV, je vois que je n'apprendray jamais rien de vous; je m'en vais trouver le comte d'Auvergne pour tascher de savoir quelque chose. » Le roy sort de sa chambre, entre en son cabinet, et ordonne aux sieurs de Vitry et de Praslin, capitaines des gardes, de se saisir l'un du comte d'Auvergne, l'autre du mareschal. Le sieur de Vitry, sur sa demande, obtint la permission d'arrester le mareschal. « Allez, leur dict le roy, et ne faillez pas; vous en respondez sur vos testes. » Et pendant ce temps les cours du château se remplissaient d'arquebusiers ayant tous l'arme au bras; vieux compagnons du maréchal, ils avaient la triste mission de prêter main-forte au coup d'État violent qui frappait Biron et le conduisait à l'échafaud.

« Le roy rentre encore dans son cabinet à pas précipités, il sort de nouveau ; et franchissant le seuil de la porte, il s'escria avec une émotion profonde : « Adieu, baron de Biron, vous sçavez ce que je vous ay dict. » Le mareschal quitte le cabinet ; à peine dans l'antichambre, Vitry s'approche de luy, et mettant la main sur l'espée du mareschal : « J'ay ordre de Sa Majesté, M. le mareschal, de rendre compte de vostre personne, baillez-moy vostre espée. — On te raille, respond le mareschal. — Monsieur, ajouta Vitry, le roy me l'a commandé. — Hé ! respliqua le mareschal, je te prie, que je parle au roy. — Non, Monsieur, le roy est retiré dans sa chambre. — Ha ! mon espée, s'escria le malheureux Biron, ceste espée qui a faict tant de bons services »; et, en finissant ces paroles, il la remit au sieur de Vitry.

« On raconte que le mareschal avoit fait préparer des chevaux pour s'esvader le soir mesme de son arrestation ; mais il n'eût jamais pu eschapper : car dès son départ de Dijon, il n'estoit plus en sa puissance de retourner. De disnée en soupée, cent cavaliers le suivoient de traite en traite sur ses pas. Le comte d'Auvergne fut arresté à peu près de la mesme manière. Le samedi 15, ils furent escroués à la Bastille. Trois jours après, les parens du mareschal présentèrent leur requeste au roy.

« Il y eut supplique du sieur de La Force, assisté des sieurs de Sainct-Blancard, comte de Roussy, de Chasteauneuf, de Temine, Salignac, Sainct-Angel, parens et alliés du sieur duc de Biron, suppliant le roy de luy sauver la vie; Sa Majesté estant à Sainct-Maur-les-Fossés, en une galerie du chasteau, accompagné des princes de Condé, connestable et autres seigneurs, le 17 juillet 1602. Tous lesdict parens s'estant jetés aux pieds de Sa Majesté, à genoux, et Sa Majesté leur ayant osté le chapeau, et dict : « Messieurs, levez-vous. » Le sieur de La Force parla ainsi : « Sire, j'ay tousjours cru que Vostre Majesté recevroit nostre requeste en bonne part; c'est pourquoy nous venons nous jetter à vos pieds, accompagnés des vœux de plus de cent mille hommes vos très-humbles et très-obéissans serviteurs, pour implorer vostre miséricorde, non pour vous demander justice pour le pauvre misérable. Dieu veut que nous pardonnions comme nous desirons qu'il nous pardonne ; les hommes ne vous ont point mis la couronne sur le chef, c'est Dieu seul qui vous l'a donnée (c'étoit là un désaveu de la prétention hautaine de Biron, et des têtes puissantes du parti royaliste). Sire, je ne me veux point jetter aux extrémités, sinon qu'en suppliant Vostre Majesté de luy sauver la vie, et mettre en tel lieu qu'il luy plaira. Une maudite ambition l'a poussé à cela, et une vanité de se montrer nécessaire à tout le monde. Vous avez pardonné à plusieurs qui vous avoient davantage offensés. Sire, ne veuillez point nous noter d'infamie tous, et nous mettre en proie à une honte perpétuelle qui nous durera à jamais. Je vous diray encore une fois que nos très-humbles requestes ne tendent qu'à vous demander pardon et non justice. Nous savons tous qu'il est coupable d'avoir entrepris sur vostre Estat; ayez égard aux services de son père et aux siens, que votre clémence ne manque point à son endroict qui n'a eu que la volonté de vous offenser, puisqu'elle a esté tousjours preste de pardonner à ceux qui avoient jà commis la faute. »

Comme le sieur de La Force achevait, Sa Majesté les fit tous relever, et répondit : « Messieurs, j'ay tousjours reçu les requestes des amys du sieur de Biron en bonne part, ne faisant pas, comme mes prédécesseurs, qui n'ont jamais voulu non seulement que les amys et parens des coupables parlassent pour eux ny mesme les père et mère, ny les frères. Jamais le roy François ne voulut que la femme de mon oncle le prince de Condé lui demandast pardon. Quant à la clémence dont vous desirez que j'use envers le sieur de Biron, ce ne seroit pas miséricorde, mais cruauté. S'il n'y alloit que de mon intérest particulier, je luy pardonnerois comme je luy pardonne de bon cœur; mais il y va de mon Estat auquel je dois beaucoup, et de celuy de mes enfans que j'ay mis au monde, car ils me pourroient reprocher que j'ay laissé en mon royaume un mal que je connoissois si je venois à desfaillir. Il y va de ma vie, de mes enfans et de la conservation de mon royaume. Je laisseray faire le cours de la justice, et vous verrez le jugement qui en sera donné; j'apporteray tout ce que je pourray à son innocence, je vous promets de faire ce que je pourray jusqu'à ce qu'ayez cognu qu'il soict criminel de lèze-majesté, car alors le père ne peut solliciter pour le fils, le fils pour le père, la femme pour le mari, le frère pour le frère. Ne vous rendez pas odieux à moy pour la grande amitié que luy avez portée; quant à la note d'infamie, il n'y en a que pour luy; le connétable de Saint-Paul de qui je viens, le duc de Nemours de qui j'ay hérité, m'ont-ils moins laissé d'honneur? le prince de Condé mon oncle n'eût-il pas eu la teste tranchée le lendemain si le roy François ne fût mort : voilà pourquoy vous autres, qui estes parens du sieur de Biron, n'en aurez aucune honte, pourvu que vous continuiez en vos fidélités comme je m'en assure. Et tant s'en faut que je vous veuille oster vos charges, et s'il en venoit de nouvelles je vous les donnerois; j'ay plus de regrets de sa faute que vous-mesmes; mais avoir entrepris contre moy qui estois son bienfaicteur, cela ne se peut supporter[1]. »

---

1 *Lettre de la vieille maréchale de Biron au roi.*

« Sire; Dieu a voulu que je sois la mère d'un fils qui est le sujet de ma lettre; autrefois ce fut ma gloire et le contentement de ma vieillesse; aujourd'hui c'est l'affliction et le désespoir de mes vieux ans. Je parle à Vostre Majesté, toute assurée qu'elle lui veut encore du bien. Tant d'honneurs dont Vostre Majesté l'a comblé, tant de réputation qu'elle lui a donnée

« Alors le sieur de La Force dit au roy : « Sire, nous avons pour le moins cet avantage qu'il ne se trouve point qu'il ait entrepris sur vostre personne. » Le roy respondict : « Faictes ce que vous pourrez pour son innocence, je feray de mesme. »

tant de louanges qui sont sorties de sa bouche pour l'honorer, estant peut-être précisément les motifs de sa perte, je me persuade que Vostre Majesté est touchée en elle-même du malheur de son mareschal. (Après avoir rappelé les services du duc de Biron, et l'espèce de fraternité d'armes qui l'unit long-temps au roi, elle ajoute :) Ne croyez pas toutefois, Sire, que la nature de mère me fasse oublier ce que je dois à mon roi. Les leçons que j'ai prises auprès de feu mon mari m'ont appris que le devoir doit être préféré à toute chose. Je vous demanderai donc la grace de mon fils, s'il est assez malheureux pour avoir mérité de la perdre; mais je la demande, Sire, à condition que jamais elle ne puisse vous nuire, et que sa punition soit un exemple mémorable; qu'il soit laissé dans une prison perpétuelle, où il puisse prier Dieu pour Vostre Majesté, et se repentir de ses fautes.

« Je me suis acheminée, Sire, le plus diligemment que mon âge et ma santé le peuvent permettre, pour jeter aux pieds de Vostre Majesté une mère la plus abattue de la fortune; et cela fait, Sire, j'ose entreprendre d'écrire à Vostre Majesté pour la supplier au nom de Dieu, au nom de sa tendresse pour ses propres enfans, au nom enfin de cette glorieuse clémence qui vous fait tant aimer et glorifier, d'avoir pitié de mon pauvre et malheureux fils, de ce chef jusqu'à ce jour si fidèle et si valeureux, de ce compagnon de vos fatigues, que vous avez élevé dans la poussière de vos armes, et fait reposer dans la douceur de vos bienfaits. » — Mss. de Béthune, vol. cot. 8476, pag. 101 (autographe).

« Aux premiers jours de sa prison, le mareschal mangeoit peu et ne pouvoit dormir; il ne sortoit de sa bouche que des paroles offensantes pour Dieu et pour le roy; sa colère luy faisoit dire des choses sans raison. Lorsqu'il apprit la réponse de Henry IV à la requeste de ses parens, il fut comme abattu, et on l'entendoit s'écrier : « Ah! je vois bien qu'on veut me faire aller en Gresve! » Il se décida dès lors à escrire à son compagnon de bataille, à implorer sa clémence. N'avoit-il pas quelque droict à l'indulgence royale? et ce Béarnais proscrit, déshérité, qui luy devoit en partie sa couronne, le livreroit-il à la rigueur inflexible de la justice? N'auroit-il aucun souvenir pour les services rendus, et son cœur seroit-il sourd aux prières du guerrier qui appeloit pardon et miséricorde? Le mareschal n'hésita pas, et il adressa à Henri une longue harangue : « Sire, entre les perfections qui accompagnent la grandeur de mon Dieu, sa miséricorde paroist par-dessus toutes; c'est elle qui a réconcilié les hommes avec luy et ouvert les portes du ciel au monde. Cette belle partie, qui fait le jour d'une vertu excellente vous ayant esté communiquée par

ce grand distributeur de dons et de grace
spéciale, sur tous les autres roys de la terre
comme fils aisné de son Eglise, et ayant jusqu'ici mesnagé le sang de vos ennemys, ceste
partie se trouvera réclamée en la fortune du mareschal de Biron, qui l'ose implorer sans vous
dire que ce soict blasme à un subject qui a offensé
son prince de recourir à sa douceur, puisque c'est
la gloire de la créature qui a offensé son Créateur de demander en soupirant la rémission
de son offense. Or, Sire, si jamais Vostre Majesté de qui la clémence a tousjours honoré les
victoires de son espée, desire de signaler et
rendre mémorable sa bonté par une seule
grace, c'est maintenant qu'elle peut paroistre
en donnant la vie et la liberté à son très-humble serviteur à qui la naissance de la fortune
avoit promis une mort plus honorable que
celle qui le menace. Ceste promesse de mon
destin, Sire, qui vouloit que mes jours fussent
sacrifiés à vostre service, s'en va estre honteusement violée, si vostre miséricorde ne s'y oppose et ne continue en ma faveur les miracles
qu'elle a faits en France, lesquels honoreront
à jamais vostre règne. Vous ferez en la vie tem-

porelle ce que Dieu a faict en la vie spirituelle,
et sauvant les hommes comme il sauve les
ames, vous vous rendrez d'autant plus digne
de l'amour du monde et des bénédictions du
ciel. Je suis vostre créature, Sire, eslevée et
nourrie avec honneur à la guerre par vostre
libéralité et par vostre sage valeur : car de mareschal-de-camp vous m'avez faict mareschal
de France, de baron, duc, et de simple soldat
vous m'avez rendu capitaine ; vos combats et
batailles ont esté mes écoles où, en vous obéis-
sant comme à mon roy, j'ay appris à commander les autres. Ne souffrez pas, Sire, que je
meure en une occasion si misérable, et laissez-
moy vivre pour mourir au milieu de vos armées, servant d'exemple d'homme de guerre
qui combat pour son prince, et non d'un gentilhomme malheureux que le supplice défaict au
milieu d'un peuple ardent à la curiosité des
spectacles et impatient en l'attente de la mort des
criminels. Que ma vie finisse, Sire, au mesme
lieu où j'ay accoutumé d'espandre mon sang
pour vostre service, et permettez que celuy
qui m'est resté de trente-deux playes que j'ay
reçues en vous suivant et imitant vostre cou-

rage, soict encore respandu pour la conservation et accroissement de vostre empire, et que je recognoisse la grace que vous m'avez faicte de me laisser la vie. Les plus conjurés de vostre royaume ont esprouvé la douceur de vostre clémence, et jamais, à l'exemple de Dieu, vous n'avez aimé la ruine de personne. A présent, Sire, le mareschal de Biron vous demande le mesme bénéfice, et conjure vostre pitié de se montrer en cela aussi puissant que mon malheur est grand, et vous desrober le souvenir de ma faute, afin qu'ayez mémoire de mes services et de ceux de feu mon père de qui les cendres vous adjurent de pardonner à son fils et de vous laisser esmouvoir à sa requeste. Si les ennemys de ma liberté gagnent la faveur de vos oreilles, vous donnant mauvaises impressions de ma fidélité et vous faisant penser que je serois suspect en vostre royaume, bannissez-moy de vostre cour, et me donnez pour exil la Hongrie, et me privez de l'honneur de pouvoir servir le particulier de vostre Estat, et puisse au moins faire quelque service au général de la chrestienté et rebastir une fortune estrangère sur les ruines de celle que j'avois en France, dont Vostre Majesté auroit la disposition souveraine aussi bien que de ma personne, car en quelque lieu qu'elle m'envoyast je serois et paroistrois François, et le repentir de mon offense me rendroit passionné au bien de ma patrie. Si vous me faictes ce bien, Sire, je béniray vostre pitié et ne maudiray point l'heure que vous m'avez despouillé de mes estats et de mes charges, car ayant, en la place de l'espée de mareschal de France, celle de soldat que j'apportay en arrivant à vos armées, je pourray estre utile au service de l'Eglise et pratiquer loin de la France ce que j'ay appris près de vous ; que si elle me desfend le maniement des armes, donnez-moy, Sire, ma maison pour prison, et ne me laissez que ma foy pour garde et ce qu'il faut de moyens à un simple gentilhomme pour vivre chez soy : je vous engage la part que je prétends au ciel que je n'en sortiray que lorsque Vostre Majesté me le commandera. Laissez-vous toucher, Sire, à mes soupirs, et destournez de vostre règne ce prodige de fortune qu'un mareschal de France serve de funeste spectacle aux François, et son roy qui le voyoit combattre dans les périls de la guerre ait permis durant la paix en son Estat qu'on luy ait ignominieusement ravi l'honneur et la vie; faictes-le, Sire, et ne regardez pas tant à la conséquence de ce pardon qu'à la gloire d'avoir pu et voulu pardonner un crime punissable, car il est impossible que cet accident pût arriver à d'autres, parce qu'il n'y a personne de vos subjects qui puisse estre séduict comme j'ay esté par les malheureux artifices de ceux qui aimoient plus ma ruine que ma grandeur, et qui se servant de mon ambition pour corrompre ma fidélité, m'ont conduit au danger où je me trouve. Voyez ceste lettre, Sire, de l'œil de pitié que Dieu a accoutumé de voir les larmes des pécheurs repentans, et surmontez vostre juste courroux pour réduire ceste victoire en la grace que je vous demande. BIRON. »

Cette supplication triste, cette prière agenouillée et tremblante ne produisit aucun effet; les lettres pour faire et parfaire le procès du maréchal furent expédiées au parlement. « Henry, par la grace de Dieu, roy de France et de Navarre, à nos amés et féaux conseillers les gens tenant nostre cour de parlement à Paris, salut. Ayant esté informé des entreprises faictes par le duc de Biron contre nostre personne et nostre Estat, pour obvier aux malheurs, ruines et désolations qui adviendroient à ce royaume, si telle félonie pouvoit estre mise à effet, avons ordonné qu'il soit gardé en nostre chasteau de la Bastille, où il est maintenant détenu; et d'autant que le devoir de la justice et nostre conscience nous commandent que la vérité d'un crime si énorme, et que la punition des coupables, de quelle qualité et condition qu'ils soient, s'en fasse selon qu'il est porté par les lois et ordonnances du royaume, vous avons renvoyé et renvoyons ledict duc pour luy estre faict et parfaict son procès criminel et extraordinaire, et par vous procédé à l'instruction et jugement d'iceluy, gardant et observant les formes qui doivent estre gardées en affaire de telle et si grande importance. 18 juin 1602[1]. » Par un autre mandement du même jour, le roi nomma pour l'instruction du procès et afin de le mettre en état d'être jugé, messires Achille de Harlay, premier président en la cour, et Nicolas Potier,

---

[1] Registres du parlement. 1602.

président et conseiller d'Etat; messires Estienne Fleury et Philibert de Turin, conseillers en la cour.

Le procès du maréchal fut instruit à la Bastille. On employa trois jours à la révision des pièces, et le samedi 27ᵉ juillet Biron fut conduit au Palais dans un bateau. On lit aux registres de l'Hôtel-de-Ville : « Le vendredy 26 juillet 1602, sur les cinq heures du soir, M. de Montigny, gouverneur de ceste ville, est venu au bureau de la ville advertir Messieurs que le lendemain, dès quatre heures du matin, l'on mèneroit M. le maréchal de Biron de la Bastille au Palais pour respondre devant MM. de la Cour; et qu'à ceste fin il estoit expédient qu'ils se rendissent à l'Hostel-de-Ville à ceste heure, assistés de quelques uns des meilleurs archers et arquebusiers de la ville; et aussitost fut expédié mandement au capitaine Marchant: « Capitaine Marchant, nous vous mandons vous trouver demain, quatre heures du matin précisément, avec quarante des plus lestes de vos nombres, garnis de leurs armes et hocquetons, à l'Hostel-de-Ville, pour faire ce qui vous sera par nous ordonné. Et n'y faictes faute. »

« Et d'autant que l'on conduisoit par eau ledict sieur de Biron, pour empescher que le monde ne passast à costé du bateau dans lequel estoit ledict sieur maréchal, et pour esviter à tous inconvéniens, défenses furent faictes à tous les maistres passeurs d'eau et autres mariniers de passer personne du monde, d'un bord à l'autre, sans exprès commandement de M. le gouverneur ou de MM. de la ville, et ce, à peine du fouet et de privation de leur estat. Dès les quatre heures du matin, Messieurs s'estant tous rendus à la Ville comme ils avoient arresté, M. de Montigny, qui avoit les pouvoirs du roy pour la garde du sieur de Biron, envoya avant cinq heures un capitaine suisse avec trente des siens, tous armés, pour recevoir le commandement de Messieurs, et se mettre le long du quay de la Grève, comme ils firent. Ledict sieur maréchal, peu avant cinq heures, estant dans un bateau couvert de tapisseries, dans lequel estoit aussi M. de Montigny pour l'assister, et M. Rappin et quelques exempts des gardes, fut mené au Palais : il y avoit deux autres bateaux pleins de soldats qui l'accompagnoient, dont l'un marchoit devant et l'autre derrière.

L'on mit aussi, pour garder les avenues, un corps de garde sur le Pont-Neuf, et un autre dans la cour du Palais, à costé du logis de M. le premier président. Ledict sieur de Biron ayant respondu devant MM. de la Cour, n'ayant pu estre jugé ceste matinée-là, sur les dix heures fut reconduit à la Bastille par le mesme chemin, et pendant que le bateau passoit le long du quay, deux cents Suisses, tous armés, faisoient escorte pour esviter à tous inconvéniens : fut ledict sieur de Biron reconduit à la Bastille sans aucun bruict ou esmotion ; il y avoit seulement grand nombre de peuple le long du quay à regarder remonter le bateau, car le peuple est fort curieux[1]. »

« Arrivé dans la salle du Palais, on le fit asseoir sur un escabeau, et se voyant trop esloigné pour entendre et estre entendu, se leva et apporta son siége plus près, en disant au chancelier : « Excusez-moy, monsieur, je ne vous puis entendre si vous ne parlez plus haut. » Le chancelier, dans sa harangue, signala cinq chefs d'accusation ; le premier d'avoir communiqué

[1] Registres de l'Hôtel-de-Ville, XV, fol. 160.

avec un nommé Picotté, de la ville d'Orléans, réfugié en Flandre pour prendre intelligences avec l'archiduc, et avoir donné cent cinquante escus audict Picotté pour deux voyages par luy faicts à ceste fin. Le second, d'avoir traité avec le duc de Savoie trois jours après son arrivée à Paris sans la permission du roy; de luy avoir offert toute assistance et service envers et contre tous, sous l'espérance du mariage avec la troisième fille de son Altesse. Le troisième chef d'accusation, d'avoir communiqué avec ledict duc de Savoie, tant pour la prise de Bourg que autres places; de luy avoir escrit et donné advis d'entreprendre sur l'armée du roy et sur sa personne; mesme de luy avoir escrit à ceste fin plusieurs choses importantes au bien de son service. Le quatrième, d'avoir voulu conduire le roy devant le fort Saincte-Catherine pour le faire tuer, et à ceste fin, avoir donné advis au capitaine qui estoit dedans du lieu et du signal pour recognoistre Sa Majesté. Le cinquième, d'avoir envoyé Lafin traiter avec le duc de Savoie et avec le comte de Fuentes contre le service du roy.

« Le maréchal nia de premier article; quant

au second, il dict qu'il estoit vrai qu'on luy avoit parlé du mariage avec la troisième fille du duc de Savoie, mais qu'il en avoit parlé à Sa Majesté, qui luy avoit faict respondre qu'elle ne le trouvoit pas bon. Depuis, il n'en avoit plus entendu parler, et qu'il n'a jamais eu intelligence avec ledict duc, et qu'on ne devoit mesme pas le soupçonner; qu'il avoit pris Bourg presque contre la volonté du roy; d'ailleurs les gouverneurs qui estoient au service du duc, et qui se trouvoient maintenant sous les ordres du roy, pourroient tesmoigner de la vérité. S'il avoit eu quelques mauvais desseins contre le roy et la France il n'eust pas rendu Bourg, qu'il avoit en son pouvoir, dans les mains de celuy que le roy avoit envoyé. Quant à l'accusation de vouloir faire tuer le roy par les gens du fort Saincte-Catherine, il supplioit Sa Majesté de se souvenir que luy seul l'empescha d'aller recognoistre ledict fort, lequel renfermoit d'extresmement bons canonniers.

« Le chancelier lui dict pourquoy, se sentant si assuré en sa conscience, il ne s'estoit pas ouvert davantage avec le roy, qui le recherchoit de grande affection à Fontainebleau pour sçavoir la vérité : « Je croyois, répondit vivement Biron, que le roy ne sçauroit rien de mes rapports avec Lafin, car cet homme m'avoit assuré, avec d'horribles imprécations, qu'il n'avoit rien dict pour me nuire. Mon malheur a ceste consolation que mes juges n'ignorent les services que j'ay faicts au roy et au royaume ; ils sçavent avec quelle fidélité je me suis porté aux plus grandes et importantes occasions pour rendre le roy en son royaume et le royaume à son roy, conserver les lois de l'Estat, vous remettre, messieurs, en ce lieu duquel les saturnales de la ligue vous avoient chassés : ce corps, duquel vous tenez la vie et la mort en la disposition de vostre justice, n'a pas une veine qui n'ait esté ouverte et que je n'ouvre librement pour vous ; ceste main qui a escrit les lettres que l'on produit maintenant contre elle, est la main qui a faict le contraire de ce qu'elle escrivoit : il est vray, j'ay escrit, j'ay dict, j'ay parlé plus que je ne devois, mais on ne montre pas pourtant que j'aye faict mal, et n'y a point de lois qui punisse de mort la légèreté d'un simple mot, ny le mouvement de la pensée ; mes paroles ont toujours esté femelles, et les

effets de mon courage masles; la colère et le
dépit m'ont rendu capable de tout dire, de
tout faire; mais ma raison a permis que je n'ay
rien faict qui ne se puisse non seulement dire,
mais loüer; non seulement faire, mais imiter.
J'ay eu de mauvais desseins, mais ils n'ont jamais passé ma pensée; le mesme temps qui les
a faict naistre les a étouffés; si j'eusse eu envie
de les exécuter, j'ay eu de grandes occasions;
je pouvois bien desservir le roy en Angleterre
et en Suisse; et vous savez, Messieurs, comme
je m'y suis comporté. Si l'on considère comme
je suis venu, en quel estat j'ay laissé les places
de Bourgogne, il sera impossible de prendre
mauvaise opinion de mes desseins; chacun me
conseilloit de ne venir à la Cour; je trouvay en
chemin un valet de pied qui m'apporta une
lettre d'un de mes plus singuliers amis; il me
conjuroit de ne passer outre; quand je fus arrivé, ma sœur de Roussy m'en envoya un autre;
une ame coupable et pressée par l'honneur de
sa conscience fust tombée en pièces; de peur et
de tremblement, elle eust pris un autre party;
l'assurance que j'avois de ma fidélité et l'innocence de mes desseins ne me pouvoient donner

aucune défiance; je disois toujours en moy-mesme : J'ay trop bien servi le roy pour qu'il ne m'estime son serviteur; le roy a trop vû de preuves de ma foy pour soupçonner ma fidélité; j'étois assuré que le roy m'avoit pardonné, et que je ne l'avois point offensé depuis le pardon; j'ay cru aussi ne devoir spécifier ce que j'avois honte d'avoir entrepris; je croyois que la considération du bien faict au service du roy emporteroit toujours le poids du mal que j'ay voulu faire. Si le roy ne m'a donné la vie que pour me faire mourir, il devoit considérer qu'il est plus louable à un prince de la donner que de l'oster à celuy à qui on l'a donnée. S'il ne plaist au roy de considérer mes services et les assurances qu'il m'a données de sa miséricorde, je me confesse digne de mort, et n'espère pas mon salut en sa justice, mais en la vostre, Messieurs; vous vous souviendrez mieux que luy les périls que j'ay courus toute ma vie pour son service. J'implore miséricorde, et quand je ne dirois mot, les playes dont je suis couvert la demandent pour moy, et je l'espère, car elle n'a esté refusée à ceux qui avoient faict pis que moy. J'ay voulu mal faire, mais ma volonté n'a point passé les termes d'une première pensée. Ce seroit chose bien dure que l'on commençast par moy l'exemple de la punition des pensées, non que je craigne la mort; elle est la fin de la nature : et que m'importeroit de finir ceste vie au milieu de la course, si c'estoit avec autant d'honneur que j'en ay eu au commencement! Ma faute est grande, Messieurs, mais elle n'a esté qu'en dessein, non en exécution; en desir, non en effet. Les grandes offenses veulent les grandes clémences : je suis seul en France qui éprouve les rigueurs de la justice, et ne puis espérer le mérite de la clémence. Quoy qu'il en advienne, Messieurs, je me confie plus en vous que je ne fais au roy; autrefois il m'a regardé des yeux de son amour; maintenant il ne me voit plus que de l'œil de sa colère; il tient à vertu de m'estre cruel; il vaudroit mieux pour moy qu'il ne m'eust pas pardonné la première fois que de m'avoir donné la vie pour me la faire perdre honteusement[1]. »

On éprouve je ne sais quel sentiment dou-

---

[1] Mss. de Cangé, 97; Biblioth. royale, cot. 9769/5.

loureux en lisant cette défense si noble, si éloquente; ce fier duc, cet homme des batailles qui avait placé le Béarnais sur le trône de France, implorait miséricorde au nom de ses immenses services! Aussi la harangue produisit-elle une impression profonde sur l'assemblée : « Si l'on juge de la faveur d'un discours par l'attention, il y avoit long-temps que personne n'avoit esté mieux écouté en ce lieu : il y en eut qui jetèrent des larmes et pleurèrent en leur maison par la commisération, non de son innocence, mais de sa fortune, si misérablement précipitée et abattue. Il avoit esmu quelques uns de ses juges ; plusieurs détestèrent son accusateur ; tous desiroient que le bien de l'Estat permist son absolution. » Ce discours fut si long qu'on ne put opiner. On reconduisit le maréchal à la Bastille ; son large front étoit calme, et il s'en retourna plus allègrement qu'il n'estoit venu : il ne cessa tout le samedy et le dimanche de raconter aux capitaines et archers ce qu'on luy avoit demandé, ce qu'il avoit respondu : on ajoute mesme qu'il contrefaisoit le chancelier. Il avoit l'air de penser, disoit Biron, à ma défense, et il sembloit dire :

« Voilà un mauvais homme, il est dangereux en un Estat; il s'en faut défaire, il mérite la mort. »

« Le lundy 29 juillet, M. le chancelier retourna au Palais pour faire opiner la Cour : l'on demeura aux opinions jusqu'à deux heures après midi; elles furent toutes unanimes : il falloit esteindre ces flammes ardentes d'ambition dans le sang du duc de Biron, si l'on ne vouloit voir le royaume en feu; que l'on ne dise plus que l'accusé n'a pas faict mal, il suffit qu'il l'ait voulu; les lois n'estoient pas faictes seulement pour les mauvais effets, mais encore pour les conseils et les résolutions; la volonté avoit commencé le crime, l'occasion l'eust achevé. Il ne falloit pas attendre que les bestes venimeuses aient mordu pour les tuer après; l'accusé avoit eu beaucoup de part à la restauration de l'Estat, mais depuis il en avoit voulu saper les fondemens : celuy qui s'estoit aidé à rebâtir une maison méritoit beaucoup du propriétaire, mais s'il y met le feu, la souvenance du bien s'esvanouit. Il avoit esté utile à l'Estat, à la vérité, mais n'avoit-il pas commis contre les lois de cet Estat? et qui veut détruire ce qu'il a conservé ne s'en déclare-t-il pas ennemi? Les actions étoient considérées par la fin : l'accusé a bien commencé, il finit mal. Qui avoit plus mérité de Rome que Manlius, le sauveur du Capitole? qui avoit rendu plus de services à Xercès que Pythus Bythynius? cependant l'un est précipité de la roche Tarpéienne, l'autre est coupé en deux pour avoir méconnu les lois : le pardon ne changeoit point la volonté d'un puissant malfaicteur; d'ailleurs il ne dépendoit pas du roy, lequel ne pouvoit estre libéral du sang de ses subjects; un coupable à qui l'on pardonne estoit tousjours en mesure de faire des trahisons contre l'Estat, et le prince n'a pas tousjours le pouvoir de pardonner : n'estoient-ce pas ces motifs qui avoient porté Alexandre à faire mourir Philotus?

« Telles furent les raisons de la Cour, longuement déduites par le procureur général et les conseillers. Le chancelier recueillit les opinions et prononça l'arrêt de mort. Le maréchal, recevant cette nouvelle, envoya prier M. de Rosny de le venir voir, ou s'il ne pouvoit venir, d'intercéder auprès du roy pour sa grace; lequel répondit « qu'il avoit un extresme regret de n'oser faire le premier et de ne pouvoir le second. » L'infortuné maréchal était abandonné par ses meilleurs amis ! Livré à lui-même dans un sombre appartement de la Bastille, ses moindres mouvemens étaient épiés, tandis qu'un échafaud s'élevait dans une des cours de la vieille prison ; car l'ingrat Béarnais avait froidement accordé, comme une grâce, à son ami, à son vieux compagnon d'Arques et d'Ivri, couvert de trente-deux coups d'arquebuses, de ne point mourir, ainsi qu'un malfaiteur, en place de Grève.

Ce fut le mercredi 31 juillet que l'on prononça l'arrêt au duc de Biron : d'aussi loin qu'il aperçut le chancelier, il s'écria : « Vous venez me prononcer mon arrest ; je suis condamné injustement ! qu'on dise à mes parens que je meurs innocent. Ah ! M. le chancelier, n'y a-t-il point de pardon ! point de miséricorde ! » Puis, reprenant ses forces abattues un instant : « Vous m'avez jugé, ajouta-t-il en frappant sur le bras du chancelier, mais Dieu m'absoudra, il fera cognoistre l'iniquité de ceux qui ont fermé les yeux pour ne voir mon innocence : vous, Monsieur, vous

respondez de ceste injustice ; je vais devant
Dieu par le jugement des hommes, mais ceux
qui sont cause de ma mort viendront après par
le jugement de Dieu. » Se tournant vers Roissy,
il lui demanda s'il avait été de ses juges : « Mon
père vous a tant aimé, qu'encore que vous fus-
siez de ceux qui m'ont condamné, je vous pardonnerois. Je ne suis pas le plus méchant ; je
suis le plus malheureux ; la clémence du roy est
faillie pour moy en France ! Est-il possible que
cet homme ne pense plus aux services que je luy
ay faicts ! il montre bien qu'il ne m'a jamais aimé
que tant qu'il a cru que je luy estoit nécessaire ; il esteint le flambeau en mon sang après
qu'il s'en est servi. Mon père a enduré la mort
pour luy mettre la couronne sur le chef ; j'ay
reçu trente-cinq playes sur mon corps pour la
luy maintenir, et pour récompense il m'abat la
teste des espaules : qu'il prenne garde que la
justice de Dieu ne tombe sur luy ; il cognoistra
quel profit luy apportera ma mort ; elle n'aug-
mentera pas la sureté de ses affaires et dimi-
nuera la réputation de sa justice : mon courage
m'a eslevé, et mon courage me ruine. » Il fit
ensuite son testament d'un esprit fort clair et

sans émotion ; il recognut ses serviteurs et amis, et n'oublia pas le baron de Luz, qu'il regrettoit sur tous ; il tira trois anneaux qu'il avoit aux doigts et les remit à Baranton pour les donner à sa sœur de Saint-Blancard. Il demanda à voir ses parens ; aucun n'estoit à Paris : « Tout le monde m'abandonne ! » s'écria-t-il.

« Il estoit près de cinq heures lorsqu'on luy dict qu'il falloit partir. Il se mit à genoux devant l'autel, fit sa prière avant de sortir de la chapelle ; à la porte, le bourreau se présenta ; le maréchal demanda qui il estoit. « C'est l'exécuteur de l'arrest, lui répondit-on. — Va, retire-toy, s'écria le duc, ne me touche point qu'il ne soit temps ! » Et comme il craignoit d'estre lié, il ajouta : « J'iray librement à la mort, je n'ay point de mains pour me défendre contre elle ; il ne sera jamais dict que je sois mort lié comme un voleur ou un esclave »; et se retournant vers le bourreau, il jura Dieu que s'il approchoit, il l'estrangleroit. Il dict aux soldats qui gardoient la porte : « Mes amis, je vous serois bien obligé de me donner une mousquetade : quelle pitié de mourir si misérablement et d'un coup si honteux. » A la lecture de l'arrest il protesta tousjours de son innocence. Les théologiens l'admonestèrent d'implorer les secours du ciel. Prenant son mouchoir, il se banda les yeux et dict qu'il vouloit mourir debout, selon l'avis de Vespasien; le bourreau luy respond qu'il falloit qu'il se mist à genoux : « Non, non, dict le duc de Biron, si tu ne peux en un coup, mets-en trente, je ne bougeray non plus qu'un hibou. » Il fut pressé de s'agenouiller, et finit par obéir. Le bourreau le pria de permettre qu'il luy coupast les cheveux; à ceste parole, le maréchal s'écria : « Je ne veux point qu'il me touche tant que je seray en vie; si on me met en colère, j'estrangleray la moitié de ce qui est icy et contraindray l'autre à me tuer. » Le bourreau demeura tout estonné, craignant plus la mort que celuy qu'il devoit tuer[1].

---

[1]. Voici ce qu'on lit dans les registres de l'Hôtel-de-Ville : « Le lundy le mareschal fut condamné à avoir la teste tranchée en place de Grève; son arrest ayant esté divulgué partout, fut cause que le mardy en suivant il y eut une infinité de monde sur la place de Grève : toutes les chambres furent louées chèrement jusques à huit et dix escus pour voir cette exécution, et furent pleines de monde tout le long du jour, mesme l'Hostel-de-Ville estoit si rempli que l'on ne savoit de quel costé se tourner. Et tous furent également trompés lorsqu'on sçut que

« Jusqu'à ces derniers momens, en face de la mort, le maréchal de Biron espèra à la clémence de Henry IV; trois fois il se débanda les yeux, le roi avoit accordé qu'il fust exécuté en la cour de la Bastille, où le mercredy 31e il eut la teste tranchée sur un eschafaud, qui n'estoit non plus paré que pour un simple gentilhomme. Monsieur le chancelier, sur les dix heures du matin, y fut pour le dégrader, lui demanda son collier de l'ordre, lequel il tenoit desjà en sa main et le lui bailla, disant qu'il n'en avoit jamais violé le serment; il lui demanda aussi sa couronne ducale, il fit responsse qu'il savoit bien qu'il ne l'avoit pas; il lui demanda aussi son manteau ducal, à quoi il respondit qu'il n'avoit autre manteau que celui qui estoit sur ses espaules, lequel il laissa tomber. Puis, on lui demanda son épée et son baston de mareschal, respondit qu'il ne l'avoit pas. Après le prononcé de son arrest, on lui bailla M. Garnier, docteur en théologie, prédicateur ordinaire du roi, et M. Magnan, aussi docteur et curé de Saint-Nicolas-des-Champs, pour le consoler et le confesser. Il pria qu'on ne le liast point, et de fait ne fut point lié. Et alla volontairement au supplice, conduit seulement par six huissiers de la cour et du greffier; et estant auprès de l'eschafaud, il se mit à genoux sur le premier degré où il fit sa prière, et puis monta sur l'eschafaud où aussitost il se despouilla son pourpoint lui-mesme, et fit cheoir son chapeau; puis se banda luy-mesme sans vouloir permettre que le bourreau le touchast; mesme retroussa ses cheveux par derrière, d'autant qu'il ne voulut que le bourreau les coupast. Et aussitost s'estant mis à genoux tout d'un coup eut la teste tranchée. MM. les prevot des marchands et eschevins, procureur et greffier avec quatre de MM. les conseillers de ville furent mandés par M. le chancelier pour se trouver à cette exécution, afin de la rendre publique par leur assistance. » — Registre de l'Hôtel-de-Ville, XV, fol. 860.

croyant voir arriver son pardon. Le bourreau, qui s'étoit aperçu qu'il s'estoit levé et débandé par trois fois, qu'en se tournant devers luy, il consideroit s'il avoit l'espée en mains, et que n'estant point lié il la luy pouvoit arracher, jugea qu'il ne le pouvoit faire mourir que par surprise : c'est pourquoy il luy dict qu'il falloit dire sa dernière prière pour recommander son ame à Dieu. Le bourreau disant cela, fait signe à son valet de tendre l'espée, de laquelle il luy trancha la teste; le coup passa si subtilement que peu de gens l'aperçurent; la teste sauta sur l'échafaud, et d'un bond en bas. Sur les neuf heures du soir on le porta en l'église Sainct-Paul, où il fut enterré au milieu de la nef au-devant de la chaire. Les Célestins refusèrent de luy donner la sépulture, car ils n'en avoient ny permission ny commandement [1]. »

Ainsi tombait la tête de Biron, le chef du parti qui avait si puissamment secondé l'avènement royal. Il ne faut point s'en étonner ; en politique

---

[1] « La conspiration, prison, jugement et mort du duc de Biron, exécuté à Paris dans la Bastille, le mercredi, dernier jour de juillet 1602. » — Biblioth. royale, manuscrit coté 9769/3 ; de Cangé, 97.

il n'y a pas plus de reconnaissance qu'il y a d'ingratitude ; le parti importun est toujours celui qui vous a fait, parce qu'il a souvenir de ses services et besoin de vous les rappeler ; il sait toutes les faiblesses de votre nature, toutes les infirmités de votre origine ; il est hardi à vous flétrir. Pour Biron, Henri IV n'était pas roi de France, mais le compagnon d'Arques et d'Ivri, le chef des gentilshommes ses égaux, qui avaient vu les misères royales, le haut-de-chausses percé, le vieux casque noirci. C'était toujours pour le maréchal, le Béarnais pauvre et suppliant à qui on pouvait imposer ses conditions ; si Biron avait réussi, la gentilhommerie catholique faisait son roi, comme les huguenots avaient fait le leur ; et pourquoi la Bourgogne n'aurait-elle pas vu renaître la vieille famille de ses ducs, si brillans dans leur capitale de Dijon ? Tout cela était possible et légitime à une époque de fortunes si merveilleuses et de révolutions si désordonnées.

Jamais acte du règne de Henri IV n'avait produit une si vive et si profonde impression. Mille vers populaires furent lancés contre ce déplorable événement : « En ce mois d'aoust, les devis ordinaires et entretiens des compagnies de Paris n'estoient que de la mort du maréchal de Biron : chacun en discourant selon sa passion; les uns en louant l'exécution, les autres la blasmant; plusieurs bons catholiques espagnols alloient tous les jours à Sainct-Paul luy donner de l'eau bénite et luy faisoient dire force messes. La comtesse de La Guiche donna dix escus à cet effet; le vicomte Sardin autant, lesquels tous deux furent tancés du roy, qui leur dict qu'il estoit défendu de ce faire à un traistre et criminel de lèze-majesté. Comme aussi le roy, souvent et tout haut, mesme en jouant à la paume, voulant affirmer une vérité, disoit, afin que tout le monde l'entendist : « Cela est aussi vray qu'il est vray que Biron estoit traistre [1]. » Le peuple n'imitait pas son roy; des sonnets, des vers racontaient la catastrophe « de ce grand duc de Biron, invincible aux alarmes, redouté pour son propre courage, périssant pour son excès d'honneur. Etoit-ce là le salaire de tant de combats ? France qui en cette espée avoit faict tant

---

[1] *Journal de Henri IV*, ann. 1602.

de miracles, devois-tu me faire périr? tu sais bien comme je t'avois servie tandis que tu étois soumise à d'implacables divisions [1]! Adieu, soldats, plaignez mes destinées. Je vais quérir au ciel une éternelle paix, puisque le monde ingrat me refuse la terre [2]. » Puis on lisoit sa

[1] Ce grand duc de Biron, invincible aux alarmes,
 Qui ne pouvoit périr par la force des armes,
 Est desfaict, redouté, par sa propre valeur :
 Ce luy fut un péril d'avoir trop de courage,
 Car l'objet de sa gloire enfantant son malheur,
 L'on voit que son honneur a produit son dommage.

 C'est icy, disoit-il (non par forme de plaincte,
 Car il vouloit mourir sans aucune contraincte),
 C'est icy le salaire de mes braves combats!
 Mourons, puisqu'il le faut, et à toute la terre
 Où mon nom a porté la gloire des combats,
 Plaignez que le destin m'ait sauvé de la guerre.

 La France où mon espée a tant faict de miracles
 Consulte des démons les perfides oracles,
 Et s'accorde à leur voix pour me faire mourir;
 Je luy donnay mon sang pour luy sauver la vie;
 Mais puisqu'elle le veut pour me faire périr,
 Je le luy donne tout pour plaire à son envie.

 O France, tu sais bien comme je t'ay servie
 Pendant que tes enfans te rendoient asservie
 Aux cruelles fureurs de leurs divisions;
 Je te servois en fils et tu m'aimois en mère!
 Maintenant tu me crains et sers tes passions;
 Ce que tu as aimé ta peur le vient desfaire.

[2] Adieu, soldats, adieu, plaignez mes destinées,
 Vous ne me verrez plus commander aux armées,

lamentable épitaphe. « Le vieux Biron, suivant son prince au milieu des gens d'armes, avoit eu le chef emporté d'un coup de pièce ; son fils, un second Mars, se voyoit décapité à la fleur de ses ans, exemple qui montroit la vanité des choses humaines[1]. »

Nostre malheur commun nous sépare à jamais ;
Portez encor mon nom aux exploits de la guerre,
Je vais querir au ciel une esternelle paix,
Puisque le monde ingrat me refuse la terre.

Ainsi disoit Biron d'une ardeur martiale,
Quand proche des assauts de son heure fatale,
Deschargeant ces malheurs en ce dernier combat :
Donne, donne, dit-il, je te livre ma teste ;
Et de ce mesme coup dont l'ennemy l'abat,
Il desfaict son malheur en sa propre desfaicte.

ÉPITAPHE.

Biron, suivant son prince au milieu des gendarmes,
Vieillard, d'un coup de pièce eut le chef emporté ;
Son fils, un second Mars, voulant tourner ses armes,
En la fleur de ses ans se voit décapité :
L'un est digne d'honneur, l'autre est digne de larmes,
Et tous deux des grandeurs montrent la vanité.

[1] QUATRAINS SUR LA MORT DU MARÉCHAL DE BIRON.

L'an mil six cent deux, en juillet,
L'on fit ce grand Biron desfaire,
Tant pour le mal qu'il avoit faict
Que pour celuy qu'il vouloit faire.

Passant qu'il ne te prenne envie
De sçavoir si Biron est mort,
Car ceux qui auront vu sa vie
Ne pourront pas croire à sa mort.

AUTRE SONNET.

Qu'un canon (disoit-il), imitant les esclats du tonnerre,
Ne m'ait fait héritier du destin glorieux ;

Dans cette grave circonstance d'une conspiration liée tout entière aux intérêts de la Savoie, les dépêches de l'ambassadeur espagnol devraient avoir de la curiosité; celles de Taxis, trouvées à Simancas, sont presque indiffé-

> Qui porta tout d'un coup, et mon père par terre
> Et sa gloire innocente entre les demi-dieux.
>
> L'héritage de sa valeur que j'ai reçu sans tache,
> Je l'eus encore accrue, laissée à mes neveux;
> Et ma fin, qui du chef tous mes lauriers m'arrache,
> Ne leur laisse sinon que des larmes et des vœux.
>
> Mort que j'ai tant bravée au milieu des alarmes,
> C'est donc pour te venger que tes sanglantes mains
> M'ont réservé au coup de tes plus viles armes,
> Puisqu'ainsi tu punis mes valeureux destins.

DIALOGUE ENTRE BIRON ET LAFIN.

BIRON.

> Ni le ciel ni mon sang ne pardonneront pas
> La rigueur qui me fit endurer le trépas;
> La justice promet de venger l'innocence,
> Les Dieux ne peuvent point avoir pitié de toi;
> Ils refusent toujours de montrer leur clémence
> A ceux qui ne leur ont jamais gardé leur foi.

LAFIN.

> Va donc, esprit malin, semence de l'enfer,
> Sans crainte du péril ni des eaux ni du fer;
> Leurs cours sont impuissans pour te ravir ta vie,
> Car il faut que le fer purge tous tes mesfaits;
> Alors estant ton crime de la peine suivie,
> On connoistra mon ame en tes propres mesfaits.

rentes. « J'ay informé Vostre Majesté, dans mes lettres précédentes, de l'arrestation du mareschal de Biron et du comte d'Auvergne : l'un et l'autre ont esté mis à la Bastille avec une nombreuse garde. Les secrets de ces conspirateurs ont été dévoilés par un sieur de Lafin, secrétaire du mareschal de Biron ; ils consistoient en des intelligences avec le duc de Savoye et le duc de Fuentès, dont Lafin a gardé les originaux qu'il a remis au roy. Ce fut le 27 du mois passé que le mareschal de Biron fut conduit par-devant le parlement, et reconduit après à la Bastille. Il a esté condamné à avoir la teste tranchée[1] en la place de Gresve ; mais le chancelier, premier président du parlement et quelques officiers royaux s'étant transportés auprès du mareschal, et après en avoir reçu son collier de l'ordre du Sainct-Esprit, luy ont faict la grace d'estre exécuté dans la Bastille, de ne point avoir les mains ni le corps liés à la potence. En conséquence, il fut exécuté à cinq heures du soir, et son corps enterré à Sainct-Paul. Les pairs n'étoient point présens

---

1 *A cortar la cabeza.*

à ceste sentence, et se sont excusés pour des raisons particulières.

« Je n'ay pu encore me procurer un exemplaire de la sentence, ny savoir précisément quelles ont esté les charges sur lesquelles a esté fondée l'accusation; mais le bruit qui court c'est que Biron a attenté sur la personne du roy et contre la sureté de l'Estat [1]. Le mareschal a vivement protesté lorsqu'on luy a lu ce passage de sa sentence : « C'est faux, c'est faux, s'est-il escrié; tout ce que j'ay confessé a précédé de vingt-deux mois la paix de Savoye, et le roy m'a pardonné. » Ensuite dans sa défense, qu'il a présentée lui-même au parlement, on l'a entendu dire : « Que l'on précise mes accusations; quel est l'homme dont on a recueilli les tesmoignages? un scélérat chargé de crimes qui tous méritent la mort [2], et par cela mesme qui est indigne de croyance. Mon exécution ne fera qu'affoiblir l'auctorité et ruinera la popularité du roy, car ne croyez pas que les catholiques

---

[1] Por aver querido intentar contra la persona del rey y del reyno.

[2] Nu hombre mas perverso que tiene la tierra cargado de muchos crimes mui dignos de muerte.

la voyent tranquillement..... Mais fussé-je coupable, tous mes services ne peuvent-ils rien racheter? Voyez ceste poictrine, voyez ces trente blessures¹, songez à tout mon sang répandu pour la patrie..... »

« Ses paroles ont esté enfin si pressantes, que plus d'un de ses juges est demeuré incertain et confus². Depuis l'exécution du mareschal, tout est demeuré tranquille³ cependant; seulement on a arresté un secrétaire du mareschal. Ce malheureux a esté appliqué à la question; et comme il n'a rien avoué, on s'est contenté de le jeter dans une prison pour neuf ans. Il résulte de tout cela que les accusations n'ont porté que sur des faicts survenus il y a vingt-deux mois; autrement on n'auroit pas manqué de le desclarer pour donner plus de poids à la culpabilité.

« Ceste ignorance de leur part n'a pas esté un médiocre subject de mécontentement pour moy⁴; et je ne sçaurois assez m'estonner de

---

1 *Mas de treinta heridas.*
2 *Y defendio con tantas razones su causa que dexo algunos de los juzes confusos y inciertissimas.*
3 *Ni despues ningun genero de alboroto.*
4 *Cosa de que todavia me he holgado mucho.*

ceste exécution capitale, quand je me rappelle que chaque fois que le roy me parloit de ceste affaire il paslissoit et sembloit estre luy-mesme le condamné. 4 août 1602. J. B. TAXIS. »

Un grand conseil à Aranjuez suivit la réception de la dépêche de Taxis. — Les conseillers de Philippe III y déduisent fort longuement les raisons qui devaient faire déplorer la mort du maréchal de Biron, et en même temps ce qu'il pouvait en résulter d'avantageux à l'Espagne. Entre autres articles il en est un curieux, parce qu'il révèle toute la pensée intime du cabinet de San-Lorenzo. « Sans doute on doit sentir vivement la mort du duc de Biron pour ce qu'il estoit fort attaché au service de Vostre Majesté [1]; mais d'un autre costé il est bon [2] que le roy de France ait perdu son meilleur guerrier [3], et que les catholiques ayent senti ceste perte de manière qu'au lieu d'affermir son auctorité, le roy de France l'ait esbranlée. Il est bon encore que ce

---

1 *Por ser tanto affectionado al servi⁰ de V. M^{ad}.* — Archives de Simancas, cot. B 879.

2 *Es bueno.*

3 *Aya perdido en el mejor soldado que tenia.*

prince ait esté destrompé sur les soupçons qu'il conservoit contre le duc de Fuentès; et que ce dernier ait esté mis hors de la conspiration contre la personne du roy, par le secours du pape, de qui il avoit reçu des instructions en ceste affaire [2]. »

Les documens déposés aux archives de Simancas n'avouent pas ainsi la participation directe de l'Espagne à la conjuration de Biron, exclusivement concertée avec la Savoie; et encore n'y avait-il aucun traité positif, aucune de ces conventions qui restent comme pièce authentique d'un grand délit; il n'y avait

---

1. *Libre dela conspiracion.*

2 M. de Beaumont, ambassadeur en Angleterre écrivait (à un de ses amis sans doute), le 26 juin 1602 : « Ce postillon vous dira des nouvelles de ce royaume et de la vie que j'y fais, et particulièrement de ce qui s'y dit des prisonniers de la Bastille, vous assurant que leur insolence n'y est pas moins detestée que admirée. Si Sa Majesté croit le conseil de la reine, elle ne laschera pas aisément. C'est un oracle en matière de conspirations et de rébellions, en ayant tant excitées en sa vie qu'elle y sçait tous les remèdes. Si ce malheur nous attiroit à la guerre, ce que je ne puis croire, vu le bon ordre que le roy y a mis et le peu de sureté que les conspirateurs doivent avoir, je supplierois Sa Majesté de me tirer d'ici; vous m'obligerez de le lui dire, et me croirez s'il vous plaist, Monsieur, votre plus humble et affectionné serviteur : BEAUMONT. Londres, le 26 juin. — Mss. de Béthune, vol. cot. 9129, fol. 56.

pas non plus de commencement d'exécution nécessaire à un crime d'Etat; tout était resté en projet. L'arrêt du parlement fut sévère; j'ai fait plusieurs fois remarquer que ce corps de judicature voulait racheter sa conduite passée; et d'ailleurs il y avait rivalité des hommes de robes contre cette chevalerie dont Biron s'était posé le chef dans les armées de Henri IV : faire tomber la tête d'un haut baron était une victoire dont les parlementaires s'étaient toujours applaudis; ces arrêts politiques agrandissaient la juridiction des Cours et leurs prérogatives. Henri IV se montra implacable, quoiqu'il sût bien que le complot n'était que d'avenir. J'en ai dit les motifs; il en était d'autres encore : le roi avait voulu marier Biron avec une femme de son choix. Biron l'avait refusée pour une fille de Savoie, et ce mariage pouvait reconstituer le grand duché de Bourgogne sur la tête d'un vassal puissant, autour duquel se serait groupée toute la gentilhommerie. A mesure que le roi se faisait bourgeois de Paris, qu'il prenait des habitudes paisibles et vieillissait sous les plaisirs, les gentilhommes songeaient à leur indépendance, en se créant un chef de guerre. Henri IV voulut alors l'atteindre et le frapper ; ce ne fut point un arrêt de justice, mais un acte de politique à froid, un de ces coups que les pouvoirs lancent contre les opinions hautaines qui les menacent[1].

[1] La conduite du roi à l'égard de Biron est justifiée dans un petit pamphlet que je possède :
« *Apologie royale sur la mort du maréchal Biron*, 1604, in-8°. Voyez aussi *Chansons sur la mort et exécution du maréchal Biron*. Paris, 1602. »

CHAPITRE CXVIII.

ÉTAT DE L'OPINION. — CONCESSIONS AUX CATHOLIQUES. — PRISE D'ARMES DU DUC DE BOUILLON.

Aspect de Paris. — Mécontentemens contre le roi. — Tristesse des populations. — Lutte avec l'Hôtel-de-Ville. — Mesures catholiques. — Retour des Jésuites. — Pouvoirs des Jacobins. — Conjuration du duc de Bouillon. — Correspondance avec Henri IV. — Prise de Sedan. — Arrangement avec le parti huguenot.

1604.

Le procès du maréchal de Biron, cette mort odieuse, avaient profondément retenti parmi les masses : c'était un chef puissant du parti royaliste qui était atteint par l'arrêt du parle-

ment, et les douleurs de la capitale trouvaient
de l'écho. Paris offrait alors un aspect de tristesse et de désolation; tous les fléaux y pul-
lulaient : la peste[1], des morts étranges et su-
bites, des calamités inconnues, et jusqu'à des
bandes de chiens enragés qui poursuivaient les
hommes dans les rues étroites et malsaines de
la Cité[2]. Quand on parcourt le *Journal de*

[1] Henri IV écrivait de Fontainebleau, le 15 septembre 1606 au connétable de Montmorency : « Mon cousin ; vous saurez comme nous solemnisâmes hier les baptêmes de mes enfans très-heureusement, et à mon contentement. Nous avons donné le nom de Louis à mon fils le dauphin, pour renouveler la mémoire du roi sainct Louis, duquel nostre maison est issue : ma fille a reçu le nom d'Elisabeth, qui est celui de sa marraine, et la petite, celui de Christine, que mon frère le duc de Lorraine et sa fille lui ont donné; et tous sont, graces à Dieu, en bonne santé; mais la peste a commencé à nous assaillir ici, car les garçons de mon apothicaire s'en trouvent saisis, tellement que j'ai délibéré séparer la compagnie dans deux jours que la duchesse de Mantoue partira pour s'en retourner en Italie, prenant le chemin de Lyon et de Marseille, où mes galères la doivent servir; et j'enverrai mes enfans à Saint-Germain; puis je changerai souvent de place, afin de mieux esviter ce péril pour moi et pour ma suite, dont je prie Dieu nous préserver en vous conservant mon cousin. » — Mss. de Béthune, vol. cot. 9090, fol 42.

[2] Voici ce qu'on lit dans les registres de l'Hôtel-de-Ville : « Le 16e octobre 1606 est comparu au bureau de la ville Rolland-Denis, imprimeur, demeurant en cette ville, près Sainct-

Henri IV, on dirait qu'il ne s'agit plus que
d'un nécrologe dans une ville de sépulcres et
de tombeaux. Le naïf parlementaire qui nous a
laissé le tableau de ses pénibles émotions, raconte chaque jour le nombre des parens qu'il
a perdus et des vieux amis qu'il pleure [1]. Comment s'étonner encore qu'au milieu de ces peuples décimés, les jeux et mascarades prissent
une teinte sombre et qu'on jouât avec la mort
comme avec un spectacle habituel ? De là ces
danses macabres où la *malle-mort* apparaît sous
tous les costumes, dans toutes les conditions,
coupant, à coups de faux redoublés, l'exis-

Hylaire, lequel a raconté que le jour d'hier environ, sur les sept à huit heures du soir estant en la rue de la Harpe, au dessous de l'église Sainct-Cosme, vit un loup qui couroit après un petit enfant pour le desvorer. Ce que voyant, court à l'instant après ledict loup, et lui met la main dans la gueule pour empescher la prise dudict petit enfant, lequel loup résista et fit plusieurs efforts contre lui; mais il fut secouru par quelques voisins; l'un desquels lui bailla une petite barre de fer avec laquelle il bailla un coup sur la teste dudict loup, et à l'instant l'un desdicts voisins lui bailla un autre coup sur la teste encore; et lors fut assommé. Et ne put ledict Denis si bien faire qu'il n'ait esté blessé et offensé par ledict loup; surquoi ordonnons qu'il lui sera donné 2 escus pour se faire panser. — Registre de l'Hôtel-de-Ville, XV, fol. 415.

1 *Journal de Henri IV*, 1602-1610.

tence incertaine des rois, des prélats et des grands du monde. Puis, des plaisirs bruyans, une vie courte et libertine, une licence de mœurs corrompues. L'Étoile raconte dans son naïf langage des scènes étranges de ce libertinage effréné ; on dirait qu'ainsi que Pasquier, il se complaît à narrer « comment les pucelettes perdent leurs fleurs, comment les maris sont serfs du cocuage, tant qu'ils se faschoient de sortir d'une si honorable compagnie ; comment un conseiller du parlement, de fort amoureuse manière, pour se faire aimer des dames, tenoit une procédure bien vilaine et bien orde, leur faisant ordinairement montre de ses pièces principales pour les mettre en rut et en appétit. » Henri IV donnait l'exemple des adultères publics et avoués ; dans les palais de la reine, en face même de sa nouvelle épousée, il entretenait des maîtresses à titre ; après la jeune d'Antragues, Mlle de Bueil, et par un outrage plus flétrissant encore, il donnait ses femmes ainsi souillées à des gentilshommes complaisans, qui couvraient de leur honteuse for-

---

1 *Journal de Henri IV*. Juin 1605.

tune les tristes débauches d'un roi vieilli. « Le mardy 5 de ce mois d'octobre, à six heures du matin, Mlle de Bueil, nouvelle maistresse du roy, espousa à Sainct-Maur-des-Fossés le jeune Chauvalon, gentilhomme, bon musicien et joueur de luth, piètre, selon le dire de tout le reste, mesme des biens de ce monde. Il eut l'honneur de coucher le premier avec la mariée, mais éclairé, ainsi qu'on disoit, tant qu'il y demeura, des flambeaux et veillé de gentilshommes par commandement du roy, qui le lendemain coucha avec elle à Paris au logis de Montauban, où il fut au lit jusqu'à deux heures après midy. On disoit que son mari estoit couché en un petit galetas au-dessus de la chambre du roy, et ainsi estoit dessus sa femme, mais il y avoit un plancher entre deux[1]. »

Le système de politique intérieure et d'administration, adopté et suivi avec persévérance par Henri IV, n'était pas aussi de nature à lui assurer une grande popularité. Il avait frappé alternativement tous les partis; les catholiques ardens l'accusaient d'un secret entraînement

---

[1] *Journal de Henri IV*, octobre 1604.

pour le prêche; n'avait-on pas entendu Henri, chez sa sœur Catherine, au Louvre, entonner de sa voix rauque les psaumes de Marot en français? Les prédicateurs de paroisses continuaient à exciter le peuple; les bruits les plus incroyables trouvaient créance parmi les halles; on accusait Henri de Béarn de magie, d'impiété et des plus abominables absurdités; il était forcé d'écrire au gouverneur de Paris : « Mon cousin; depuis peu de jours je suis adverti que l'on a faict courir un bruit aussi peu véritable qu'il est esloigné de toute humanité, aucun supposant que par mon commandement l'on faisoit surprendre et tuer quelque quantité d'enfans pour en tirer du sang et faire servir à quelque indisposition que l'on présuppose estre en mon neveu le prince de Condé. Aussitôt que j'en ay eu la nouvelle, desireux d'en prouver la fausseté et réprouver un si cruel dessein, j'ay mandé à mon procureur général, comme aussi au prevost des marchands de ma ville de Paris, que chacun d'eux fist tout devoir possible de recognoistre les auteurs de tels bruits pour les faire chastier selon leur démérite; mais ils l'ont trouvé aussitôt esteint et étouffé, comme sinistrement il estoit né, ne s'estant trouvé personne quelconque plaintive de la perte d'aucun enfant, non seulement en ville et fauxbourgs, mais aussi ez villages circonvoisins. Tout ce que l'on a pu tirer de lumière est qu'un certain Grec, distillateur, fréquentant la maison du marquis de Pisany, qui a la conduite de mon neveu, a recherché quelquefois des barbiers et chirurgiens de Paris pour luy faire recouvrer du sang humain, pour s'en servir, comme il dict, à quelque distillation, esquelles il est expert. Ce qu'estant entendu d'aucuns ignorans ou autrement mal affectionnés, ont inventé et mis en advant le bruit susdict. Je fais continuer l'information et poursuivre la recherche de personnes si ignorantes ou malicieuses, afin que leur punition fasse cognoistre la vérité de ceste imposture, laquelle je me doute pourra parvenir jusques à vostre gouvernement et donner, si elle estoit négligée, quelque mauvaise impression à mes subjects. C'est ce qui me faict escrire la présente, afin que soigneusement et exactement vous fassiez prendre garde que ceste mauvaise nouvelle ne prenne cours, faisant entendre, si besoin est, ce que vous apprenez par la présente, et incontinent punir et chastier ceux que vous saurez la mettre en avant, sans exception ni acception de personnes[1]. »

Le caractère impérieux de Henri, son goût de dépenses le mettait presque toujours en opposition avec les intérêts économes des villes. Roi des gentilhommes surtout, il lui répugnait d'écouter ces plaintes de la judicature et de la bourgeoisie ; et comme la classe parlementaire était nombreuse, comme elle se liait à tout, il y avait à Paris bien des murmures : aussi le roi était forcé d'élever des remparts, de multiplier les bastilles contre les priviléges municipaux. « Sur ce que quelques bourgeois de la ville et mesme le capitaine Pouldrac, logé en sa maison du boulevard des Célestins, estant venu trouver en l'hôtel de la ville MM. le prevost des marchands et eschevins, leur auroient faict entendre, comme quelques jours précédens, l'on auroit pris certains alignemens pour faire une muraille depuis l'Arsenal jusque sur la rivière, pourquoy

[1] Mss. Dupuy, vol. 590. (Pièce originale.)

faire il y auroit trente ou quarante ouvriers qui auroient commencé la tranchée pour les fondations. Le prevost, dès le 5 dudict mois, auroit esté trouver Sa Majesté à son retour de Sainct-Germain, pour luy faire entendre la conséquence de ceste affaire, luy disant, comme il estoit de son devoir et de la charge à laquelle il auroit plu à Sa Majesté de l'appeler, de luy donner advis de tout ce qui se faisoit en la ville, et remontra comme par le moyen de ce que l'on enfermoit dans l'Arsenal et boulevard, l'on ôtoit aux habitans les moyens de la desfense de leur ville, de s'en pouvoir servir en temps et nécessités de guerre; que l'on comprenoit deux casemates dans l'une desquelles estoit la chaisne qu'on avoit de coutume, en cas de troubles, de tendre au travers de la rivière, ce boulevard estant la seule forteresse de la ville, et le premier lieu où l'on mettoit les gardes et sentinelles qui pouvoient descouvrir ce qui se passoit au dehors de la ville, au-dessus et à l'avallement de la rivière. Et puis, ce qui faisoit le plus d'estonnement, c'étoit que la muraille étoit de dix pieds de fondement et d'épaisseur, ce qui sembloit une forteresse et vraie menace contre les habitans. »

« Je ne puis estre bien content, respondit le roy, de l'ombrage que mes subjects ont pris de ceste entreprise, qui n'est certes pas à mauvaise intention ni volonté contre eux. Quelle inquiétude peut donner l'Arsenal dont les murailles sont de tous côtés basses et ouvertes sans flancs? Depuis deux ans, j'ay faict remplir les fossés et bastions qui estoient du côté du pavillon pour en faire un grand jardin. Je n'y veux point comprendre le lieu où l'on a coutume d'asseoir les sentinelles, ny gesner le passage du casematier; mais j'entends bastir un petit pavillon de plaisir pour me venir rafraischir au sortir de la rivière quand je m'y baigneray, et puis il y aura là un petit bateau pour retourner au Louvre par eau. Eh! monsieur le prevost, dictes-leur que tel est mon plaisir! J'ay assez faict pour mes subjects, assez consumé de pertes, labeurs et travaux pour qu'on me laisse maintenant jouir des aises et esbats du repos public, et je regarderay comme ennemys ceux qui voudront si mal interpréter mes actions qui ne tendent qu'au bien public; et j'entends, M. le prevost, que fassiez connoistre ceste mienne intention aux habitans de ma bonne ville. Allez, Dieu vous conduise[1]. »

Cette volonté brusque, les bourgeois n'étaient pas habitués à l'entendre, eux qui naguère se gouvernaient de leur propre chef et par leurs magistrats élus. Qu'étaient devenus ces temps où le prévôt tendait les chaînes, fermait les portes à volonté! Maintenant il fallait baisser la tête et obéir à un seul ordre du roi; il n'y avait plus de remontrances possibles, même pour les attentats contre la liberté de la ville! Il fallait dire adieu à cette antique franchise de Paris, si bien manifestée au jour des barricades de 1588!

Henri IV avait comprimé la liberté des pamphlets et de la prédication. Cependant une multitude de brochures clandestines, de sonnets ou pasquils attaquèrent et sa personne et son gouvernement de soucis et de sueurs. On n'épargnait ni la mémoire de sa mère, la religieuse Jeanne d'Albret, que l'avocat d'Orléans appelait *putain* et *louve*[2], ni Marguerite de Valois,

[1] Biblioth. du Roi, mss. Colbert, vol. CCLII, pag. 495.
[2] *Journal de Henri IV*, ann. 1604.

son ancienne femme, qu'un pasquil qualifie plus odieusement encore, ni Henry lui-même, qui était traîné dans la boue par les vieux ligueurs aussi bien que par les huguenots; et lui, gasconnant toujours, disait qu'il y avait trois choses auxquelles on n'avait jamais voulu croire, savoir : « Que la royne Elisabeth estoit morte pucelle, que l'archiduc estoit un grand capitaine, et le roy de France un bon catholique. »

Un pamphlet sous le titre *des Comédiens de la Cour*, passe en revue cette tourbe de complaisans qui favorisaient les dissolutions royales : « Le marquis de Sigongne sçavoit faire aux amans un doux maquerellage; voulez-vous un courtisan imbécille? prenez Montbazon; voulez-vous un pédant? choisissez Maintenon; une beauté qui aime les escarcelles bien garnies? vous avez Mme de Cimiers. Sa sœur, excellente maquerelle, sert et guide les amours; et si on estoit bien empesché de trouver une troisième dame pour compléter la bande, prenez le comte de Lude, il ne sera point mauvais pour vous servir de femme [1]. »

---

[1] Qui sait faire aux amans un doux maquerellage,
Et qui a de nature un aspect de faquin,

Sully subissait aussi ces sanglantes épigrammes : « On faisoit bien mourir Biron, homme de courage, mais on sauvoit Rosny; l'orage tomberoit plus tard sur ce larron qui serviroit de prélat à Montfaucon; au tombeau de Biron viendroient des gens honorables, tandis que des corbeaux planeraient sur celuy de Sully; sa charogne seroit mangée pour rappeler son insolence aux siècles à venir [1]. »

Ce n'était point une époque de clémence et

> Ce cocu de Sigongne est fort bon personnage.
> Rosny, tu ne dis pas qu'il te faut un janon
> Qui ne sache rien faire et qui soit imbécille.
> O le voici! ce sot de Montbazon;
> Il faut un gratian qui fasse le pédan,
> Le seigneur Maintenon fait fort le suffisant :
> Donnons-lui cette charge, il en a bien la mine.
> Je sais une beauté qui saura bien lier
> Le cœur de deux amans qui ont bonne escarcelle.
> Vous la connoissez bien, madame de Cimiers;
> Sa sœur a le visage, et tous les meilleurs tours
> Pour être maquerelle. . . . .
> J'étois bien empêché de retrouver ici,
> Pour achever la bande, une troisième dame ;
> Mais le comte de Lude en amoureux souci
> Ne sera point mauvais pour leur servir de femme.

Brochure, Paris 1603. J'ai ce pamphlet dans ma collection.

[1] Si pour avoir trop de courage
On a bien fait mourir Biron,
Rosny crois que le même orage
Peut bien tomber sur un larron;
Car déjà le peuple en babille,
Et vous appelle ce dit-on,
Lui, cardinal de la Bastille,
Et toi, prélat de Montfaucon.

de douceur que celle où l'on voyait chaque jour à la Grève des supplices, application horrible d'un code barbare. Le parlement frappait des arrêts de mort pour les moindres crimes, et l'on sait, dans ces temps, l'impitoyable cruauté des parlementaires, leurs tortures atroces, leurs tenailles de fer, ce plomb fondu jeté sur les mamelles arrachées. Je n'ai trouvé d'autres actes d'oubli, émané de Henri IV, que la grace du comte d'Antragues; là se mêlait une question de chair et de sens, un souvenir de libertinage pour la malheureuse Henriette qui avait donné trois enfans au roi. Le peuple aimait ces spectacles de bourreaux, qui entraient dans ses mœurs et dans ses divertissemens; on le servait à souhait par les potences de Montfaucon et de la Grève. Toutefois qu'on cesse de qualifier de clémence, un système de politique vaste, habile, mais qui eut son principe dans la tête et non dans le cœur.

En s'éloignant de ses compagnons de ba-

Mais que troupes bien dissemblables
Iront visiter vos tombeaux !
Car il est des gens honorables,
Et tu n'auras que des corbeaux,
Pamphlet, Paris 1602.

Desquels la charogne mangée
Sera marque aux âges suivans
De ton insolence enragée
Sur les morts et sur les vivans.

tailles, Henri IV était obligé de chercher des appuis dans le parti catholique-ligueur : pouvait-il échapper à la nécessité pour toute couronne, de s'appuyer sur une force d'opinion ou de parti ? Les réactions premières que les vainqueurs avaient exercées, les exils, les persécutions contre les ligueurs avaient leur terme; tous pouvaient rentrer à Paris ou dans les villes de leur origine, pourvu qu'ils déclarassent leur obéissance à l'autorité royale. Le roi se montrait dévoué aux institutions du catholicisme; il assistait aux longues processions, entendait la messe chaque jour, communiait dévotement, et s'efforçait en public à dépouiller le vieil homme calviniste.

Dans la nouvelle situation où il s'était placé, Henri IV devait multiplier les concessions : il avait, naguère expulsé les Jésuites, frappé les frères Jacobins, ces deux ardentes expressions du catholicisme; l'exil devait-il se perpétuer? de tout côté de pieuses requêtes arrivaient. Aux chaires de Paris on se demandait si les saintes congrégations prolongeraient leur veuvage avec la bonne ville. Le pape pressait, écrivait pour obtenir ce témoignage d'une grande et parfaite réconciliation. Le père Cotton, homme d'intelligence et d'activité, confesseur de Henri IV, puissance nouvelle et si influente, ajoutait ses prières et ses ordres de pénitence : enfin, dans le mois de septembre 1603, un édit porta : « Desirant satisfaire à la prière qui nous en a esté faicte par nostre sainct-père le pape pour le restablissement des Jésuites en cestuy nostre royaume, nous accordons à toute la Société et Compagnie des Jésuites qu'ils puissent et leur soit loisible de demeurer et résider ès lieux où ils se trouvent establis, à sçavoir : ès villes de Toulouse, Auch, Agen, Rhodez, Bordeaux, Périgueux, Limoges, Tournon-le-Puy, Aubenas et Beziers ; et outre lesdicts lieux, nous leur avons en faveur de Sa Saincteté, pour la singulière affection que nous luy portons, encore accordé et permis de se remettre et establir en nos villes de Lyon et Dijon, et particulièrement de se loger en nostre maison de La Flèche en Anjou, pour y continuer et establir leur résidence, toutefois à la charge qu'ils ne pourront establir colleges ou résidence en autres villes et endroicts de nostre royaume, sans nostre expresse permission; tous ceux de la Société devront estre naturels françois, et s'il y a aucun estranger, seront tenus se retirer en leurs pays dans trois mois; tous ceux de ladicte Société feront serment par-devant nos officiers de rien faire ni entreprendre contre nostre service, la paix publique et repos de nostre royaume; ils seront tous subjects aux loix dudict royaume et justiciables de nos officiers. Ne pourront aussi entreprendre ni faire aucune chose tant au spirituel que au temporel, au préjudice des évesques, chapistres, curés et universités de nostre royaume; ne pourront pareillement prescher, administrer les saints sacremens, ni mesme celuy de la confession à autres personnes qu'à ceux qui seront de leur Société, si ce n'est par la permission des évesques diocésains et des parlemens auxquels ils sont establis par iceluy esdict[1]. » En 1606, une nouvelle déclaration au-

---

[1] Registre du parlement, vol. XX, fol. 116. — « Remontrances faictes au roy Henry-le-Grand par MM. de la cour du parlement de Paris, pour le dissuader de l'esdict par lequel les Jésuites ont été depuis rappelés en France. » Biblioth. du roi, liasse (pour former un recueil de pièces in-12, de la biblioth. de Cangé), cotée L $^{1558}/_9$, pièce 35. — Ces remontrances rappellent à Henri IV les attentats sur sa personne, de Barrière et de

torisa les Jésuites à résider à Paris et à exercer leur fonctions dans leur maison professe de Saint-Louis et dans leur collége appelé de Clermont[1]. Les Jacobins rentrèrent également dans la jouissance de tous leurs biens ecclésiastiques, dont ils avaient été privés provisoirement. La plupart des chefs de la ligue se réunirent dès lors franchement à Henri IV; ils prêtèrent leur appui en toutes les provinces dont ils avaient le gouvernement. Comme ils recevaient des gages, ils les rendaient en obéissance et en services.

Par contraire, le parti huguenot s'arma de nouveau, à l'aspect de ce roi sorti de ses rangs, et qui n'avait presse que de satisfaire les exigences de ses vieux ennemis les catholiques. Le calvinisme avait bien pour lui l'édit de Nantes; mais, ce qui contente le moins un parti, ce sont les concessions ab-

---

Châtel; elles lui représentent que Barrière avait été instruit par le père Varade, qui ne l'avait absous et communié que sous le serment de l'assassiner, et qu'en même temps que le procès de Chastel s'instruisait, le père Guignard avait fait des livres qui soutenaient que le parricide du feu roi Henri III avait été justement commis, et qui confirmaient la proposition condamnée au concile de Constance.

1 Registre du parlement, vol. XX, fol. 364.

straites et générales ; ce qu'il veut, ce sont les positions politiques et lucratives, le pouvoir, en un mot ; et les huguenots ne l'avaient pas avec le roi qu'ils avaient choisi. Ces mécontentemens se personnifiaient dans le duc de Bouillon et le prince de Condé, grandes races qui depuis le seizième siècle avaient adopté la cause calviniste. Il n'est pas douteux que dès la conjuration de Biron, le parti réformé n'eût offert des forces à la noblesse mécontente pour partager ses périls aux champs de guerre. Bouillon était, ainsi que le chef de la famille des Gontaut, le compagnon d'armes de Henri IV ; il murmurait comme Biron, et se prononçait haut contre le roi. Henri engagea directement avec le duc de Bouillon une correspondance intime ; son but était de le sauver peut-être, mais toujours de le compromettre avec son parti, par des aveux, ce qu'il avait désiré pour Biron. Le duc de Bouillon avait devant ses yeux un triste et sanglant procès ; il savait comment Henri tenait sa parole et quel cas il fallait faire de ces lettres amicales, par lesquelles il avait alléché le malheureux Biron. Le duc de Bouillon refusa donc de se rendre à l'*invitation de son bon maître et ami*. Dans sa réponse on remarque une résolution fermement prise de ne point aller à la cour de Henri : « Sire, je crains vostre visage irrité d'après les personnes que vous avez reçues à m'accuser, et aussi d'après la justification que vous m'en demandez. Je suis innocent, Sire, dites-vous ; et pourquoy donc me justifier de ce dont je suis incapable ? Telles sont les raisons qui me retiennent, et non ma conscience, qui ne me pique d'aucun souvenir de faute. Et d'ailleurs je supplieray Vostre Majesté me renvoyer mes accusateurs et accusations ; de loin comme de près je seray recognu innocent ou coupable, suivant la passion des juges. Le temps que j'eus mis à aller trouver Vostre Majesté n'eust faict que prolonger la grande affliction de mon ame, demeurant accusé, puisqu'il eust fallu me renvoyer aux chambres où sont les juges que nostre esdict me donne [1]. »

Le maréchal refusait de venir auprès du roi ; mais toutes ses actions étaient surveillées avec une attention inquiète : « Mon compère, écrivait Henri au connétable, on me donne advis

[1] Mss. de Béthune, vol. cot. 8939 ; fol. 1 et suiv.

que M. de Bouillon a pris, ce que je ne puis croire, le pire conseil et résolution en allant en Languedoc dans de mauvais desseins. Je vous en advertis, afin que son allée n'apporte aucune altération au bien de mes affaires; et pour ce, j'ay dépesché M. de La Force en Guyenne vers le maréchal d'Ornano, Picheron en Languedoc vers M. de Ventadour, et Materet en Foix, pour donner advis à tous mes serviteurs de ce qui s'est passé jusqu'icy, et les advertir de se tenir sur leurs gardes et leurs commandemens (si tant est que le duc de Bouillon ose s'y présenter). Vous me ferez service tres-agréable d'escrire en mesme temps au sieur de Ventadour et aux villes de vostre gouvernement, dans le mesme but. J'achève aujourd'huy une diète que j'ay faicte, pour ce que je me trouvois tout mal, et j'en sens déjà du soulagement; de sorte que mes ressentimens contre les médecins qui tousjours me font recommencer ces diètes et médecines, cessent quand je me trouve bien mieux, Dieu aidant[1]. »

[1] Bibliothèque du Roi, mss. de Béthune, vol. cot. 9688, pag. 3.

Le duc de Bouillon n'était pas seulement le chef d'un parti à l'intérieur ; son crédit en France reposait spécialement sur le calvinisme, dont il était le plus ferme soutien, et cette religion était alors le lien d'un système européen. Aussi, dès que Bouillon fut poursuivi, les réclamations arrivèrent de toutes parts ; Elisabeth n'était point morte encore lors de la première accusation du roi contre le maréchal : elle écrivait à son ambassadeur pour prendre en main cette cause de la réforme, dont la reine était protectrice.

Les princes d'Allemagne envoyèrent de leur côté une ambassade solennelle à Henri IV en faveur du duc de Bouillon. « Le roy respondict par sa parole accoutumée sur ce subject, remettant le maréchal à avoir recours à sa grace, s'il croit l'avoir offensé, ou à se justifier, s'il se croit innocent. Quelques jours après, les ambassadeurs s'estant représentés à Sa Majesté, luy remontrèrent le grand mescontentement qu'il donnoit à leurs maîtres par sa response, par laquelle il se faisoit cognoistre inflexible à leurs supplications ; ils luy avoient tousjours porté assistance lorsqu'il en avoit eu besoin ;

les tesmoignages qu'ils luy avoient rendus de leur affection leur avoient faict espérer qu'il leur accorderoit les supplications qu'ils faisoient pour M. de Bouillon; que puisque il ne paroissoit aucun crime contre ledict M. de Bouillon, duquel les actions et la vie estoient assez cognues de leurs maîtres, il estoit indubitable qu'en toute l'Allemagne ils seroient confirmés en l'opinion qu'ils avoient desjà conçue que M. de Bouillon, estoit persécuté pour la religion dont il faict profession, et non pour autres fautes. » Henri IV répliqua fort en colère : « Je vous l'ay desjà dict, ce n'est pas la religion que je hais en luy, c'est la trahison. D'ailleurs le duc de Bouillon est mon subject, et je ne dois compte de mes actions qu'à Dieu seul. » Les ambassadeurs ajoutèrent que ce qu'ils demandoient pour M. de Bouillon était une grâce, que leurs maîtres portaient grande affection à Sa Majesté. « S'ils me portoient de l'affection, répliqua brusquement Henri IV, ils devroient croire et ajouter foy à ce que je leur ay dict, sinon je le prendray en mauvaise part et m'en tiendray offensé; je sçais, messieurs, que ces conseils vous sont suggérés par des séditieux et mutins¹. »

Cette procédure prenait l'aspect d'une haute affaire diplomatique. L'électeur palatin écrivait également au roi en faveur du duc de Bouillon²; et les cantons de Zurich, Berne, Bâle et Schaffhouse députèrent aussi auprès d'Henri IV pour tenter sa réconciliation avec son vassal; Henri répondait à ces ambassadeurs : « Le duc de Bouillon, mesme depuis sa prévention, m'a donné, par ses déportemens dedans et dehors le royaume, le subject de douter et me mesfier davantage de sa fidélité; quoy estant, je ne puis exaucer la prière de vos villes comme j'aurois ardemment désiré de le faire pour toute bonne considération. Toutefois, messieurs, lorsque ledict duc recherchera comme il doit les effets de la justice ou de ma clémence, il en sera consolé et secouru comme ont esté tous ceux qui se sont adressés à l'une et à l'autre³. »

Un arrêt du conseil d'Etat ordonna la comparution personnelle et immédiate du duc de

1. Mss. de Colbert, vol. XXXII, reg. en parchem.
2. Mss. de Béthune, vol. cot. 8959, fol. 22, 4 mars 1603.
3. Mss. de Colbert, vol. XXXII, reg. en parchem. 26 avril 1603.

Bouillon : « Messire Henry de Latour, mareschal de France et premier gentilhomme de nostre chambre, s'estant trouvé nommé et compris en aucuns points des despositions faites sur le procès du feu duc de Biron, nous, pour la singulière affection que nous luy portons, luy avons faict savoir, par le moyen de ses amis particuliers, qu'il luy importoit de se rendre en diligence près de nous pour nous éclaircir sur le faict des dépositions et faire cesser le bruit qui couroit à son préjudice. Il auroit respondu d'abord que telle avoit tousjours esté son intention, toutefois il en seroit advenu tout autrement, et nous auroit mesme escrit qu'il se rendroit à Castres seulement pour y estre jugé par la chambre mi-partie establie là, et qu'il prétendoit l'estre d'après les articles de nostre esdit de Nantes, accordé à ceux de de la religion prétendue réformée. — Sur quoy en premier lieu il a commis une désobéissance manifeste au commandement qu'il avoit reçu de nous, et puis le prétexte dont il s'est voulu couvrir est sans aucun fondement, parce que n'estant point question de le mettre en justice, il eust esté temps, et non plus tost, de rejeter ceux qu'on luy vouloit donner. Nous, continuait Henri IV, de l'advis de nostre conseil, avons ordonné que itératif commandement seroit faict au duc de Bouillon par le premier huissier ou sergent sur ce requis, à comparoistre en personne au temps qui luy sera limité. Et en attendant, comme l'accusation qui le concerne luy est toute particulière, sans qu'aucun autre y soict intéressé, ny mesme qu'il soict question en général ny en particulier de ceux de la religion prétendue réformée, nous avons en outre desclaré, de l'advis de nostre conseil, et desclarons que le duc de Bouillon ne pourra aucunement user de l'auctorité et charges qu'il a de nous, ny rien ordonner jusqu'à ce qu'il ait satisfait à sa comparution personnelle, et desfendons très-expressément à tous capitaines et gens de guerre, gouverneurs, prevost de nos marchands, conseils, manans et habitans de nos villes, de luy obéir ny recognoistre ses mandemens et ordonnances. Mesme défense est faicte au parlement de Toulouse, à la chambre de l'esdict à Castres, et à toutes nos autres villes et consuls[1]. »

[1] Biblioth. du Roi, mss. de Béthune, n° 8939, fol. 2, vers.

Henri IV cherchait à réduire aux proportions d'une question toute personnelle une affaire des plus graves, que les Eglises réformées à l'extérieur et à l'intérieur prenaient pour un attentat à leurs priviléges. Le parti politique s'était vu frappé dans le duc de Biron ; l'opinion réformée aurait été atteinte dans le maréchal de Bouillon ; elle était trop forte pour le souffrir. Le maréchal écrivait aux Eglises réformées[1] : « Dieu nous faict beaucoup d'honneur de nous commettre la charge et soin de sa maison. Vous estes de ce nombre, estant agens et desputés du colloque de basse Guyenne, eslus du commun consentement de toutes les Eglises y contenues ; je sais la grande affection et fidélité qu'avez à l'avancement de la gloire de Dieu et du bien de ses Eglises, comme aussi à la desfense de la vérité et à la conservation du saint ministère. La nature, et nostre propre intérest nous y obligent. » Continuant dans un langage mystique, Bouillon ajoutait : « Nous voyons tous les jours que Satan et ses instrumens ne dorment pas pour ensevelir la vérité, bannir

---

[1] Mss. de Béthune, vol. cot. 8681, fol. 50.

le service de la chrestienté, renverser le sainct mystère, perdre nos Eglises et précipiter en ruine nostre propre salut. Beaucoup de gens de bien le voyent et le sentent avec gémissemens, mais peu se portent tout entiers pour s'opposer prudemment et courageusement par les voies légitimes aux pernicieux desseins de Satan, de l'antechrist et du clergé romain. Voilà pourquoy il faut à bon escient prendre à cœur ceste affaire et la pousser vivement par toutes voyes dues et légitimes; et comme tous y sont intéressés, que tous aussi recognoissent le danger, qu'ils courent au remède en les faisant entendre au roy, appuyés sur la liberté portée par ses esdicts, et que tous les ministres et Eglises tout entières, sans aucune exception ny distinction, prennent la défense de ceste cause tant juste et importante. J'en écris en divers endroits en ce royaume, à ceux qui peuvent et doivent y apporter leurs efforts et leurs prières. Et m'assurant que vous vous y porterez tout entiers, je prieray Dieu, Messieurs, bénir vos labeurs, vous donner bon conseil et courage, et vous prieray de croire à mon amitié et fidélité. »

C'était un véritable appel aux armes adressé par le duc de Bouillon aux calvinistes de France; la vieille guerre civile entre les deux croyances allait se réveiller comme aux tristes jours de Charles IX et de Henri III. Le roi se prononça contre ce mouvement. La conquête militaire fut facile; le duc s'enfuit à l'étranger. Il s'agissait moins d'une question personnelle que du calvinisme menacé; Henri pouvait-il heurter encore une fois la croyance religieuse défendue par la gentilhommerie de France, comme une loi de féodalité? Le roi semble tout préoccupé de cette pacification. « Mon compère, écrit-il au connétable de Montmorency, vous saurez comme M. de Bouillon a commencé aujourd'huy à faire semblant de vouloir traiter et me contenter, et que MM. de Villeroy et d'Inteville ont parlé à luy plus de trois heures; mais je ne croiray jamais qu'il le fasse que je ne le voye par effet, de quoy je vous advertiray aussitost. Bonsoir, mon compère [1]. »

Enfin, après des pourparlers nombreux, le

---

[1] Mss. de Béthune, vol. col. 9090, fol. 1.

roi accorda des lettres d'abolition au duc de Bouillon, acte de politique envers le calvinisme tout entier, qu'il fallait satisfaire dans ses exigances armées : « Sçavoir faisons que, de nostre grace spéciale, pleine puissance et auctorité royale, nous avons esteint, supprimé et aboli, esteignons, supprimons et abolissons par ces présentes, signées de nostre main, toutes les choses généralement quelconques faictes, sçues ou dites par nostre très-cher et amé cousin Henry de La Tour, duc de Bouillon, vicomte de Turenne, maréchal de France et premier gentilhomme de nostre chambre, contre nostre service, et desquelles il a esté accusé ou le pourroit estre pour les choses passées jusqu'à présent, en quel temps et lieux qu'elles puissent avoir esté faictes ou dictes, dont nous avons relevé nostredict cousin, sans que aucune recherche en puisse estre faictes à l'encontre de luy, ny pour l'advenir, imposant sur le tout silence perpétuel à nos procureurs-généraux présens et advenir; et d'abondant confirmons à nostredict cousin les mesmes Estats, titres, dignités et qualités qu'il a tenus et tient encore dans nostredict royaume, sans aucune altération ny diminution pour raison desdictes choses passées[1]. »

Ainsi se terminait la prise d'armes des calvinistes. Si le duc de Bouillon avait été saisi et jugé, les huguenots auraient vu dans cet acte de violence une attaque directe contre leurs priviléges et les clauses surtout de l'édit de Nantes. Biron était chef d'un parti; mais ce parti se trouvait dispersé et n'avait pas de loi commune sous l'empire de laquelle il se serait levé; et voilà pourquoi le roi put l'atteindre sans danger actuel et imminent; mais les calvinistes avaient des places de sûretés, une organisation militaire, une armée prête à se mouvoir; des alliances positives à Genève, en Allemagne, en Suède, en Danemarck, en Angleterre, en Hollande: frapper le chef que les Eglises réformées avaient élu, c'était donc s'exposer à une brusque rupture: Henri IV ne l'osa point.

---

[1] Mss. de Béthune, vol. cot. 9097, fol. 137; et Colbert, vol. XII.

CHAPITRE CXIX.

PRÉPARATIFS DE GUERRE. — IDÉES DE HENRI IV SUR UN REMANIEMENT DE L'EUROPE.

Accroissement des griefs. — Besoin de guerre. — Projet européen de Henri IV. — Fuite du prince de Condé. — Menées de l'Espagne. — Pamphlets pour la guerre. — Dépêches des ambassadeurs espagnols. — Plan de campagne.

1608 — 1610.

La situation si compliquée de la couronne affligeait profondément Henri IV; il était obligé de frapper ses vieux compagnons de batailles, de combattre le parti qui l'avait élevé au trône. Et les concessions qu'il faisait aux catholiques satisfaisaient-elles au moins leurs impérieuses exigences ? Il n'en était rien. Quand on n'est pas né dans une opinion, quand on a passé une partie de sa vie dans un camp opposé, il est difficile d'inspirer confiance à la nouvelle opinion qu'on adopte; qu'importe les concessions? elle les reçoit comme une dette qu'on acquitte; elle ne donne en retour aucune reconnaissance. Les catholiques voyaient ce qui leur manquait encore, et non ce qu'ils avaient reçu. On parlait en chaire contre le roi, qui pactisait avec les huguenots; les haines contre le prêche existaient comme aux beaux jours de la ligue; et ce même prêche ne se montrait-il pas partout, hormis dans quelques localités, telles que Paris et sa banlieue ? Cette tolérance était un sujet de plaintes vives et cruelles; le roi paraissait profondément affecté; placé au milieu de deux opinions, en butte à des attaques persévérantes, il était dévoré d'une tristesse silencieuse qui éclatait par de douloureux soupirs échappés de sa poitrine contre l'ingratitude. A chaque instant des tentatives étaient faites contre sa personne; le poignard le menaçait au sein même de son palais, dans les rues de Paris. Aux dernières années de sa vie, les registres du parlement constatent huit attentats contre sa personne royale [1].

A cette situation politique déjà si triste, venaient se joindre des chagrins domestiques,

[1] Discours sur l'attentat à la personne du roi, par Nicole Mignon, dédié à Sa Majesté par le sieur Dusouhait. A Paris, chez Antoine Dubreuil et Gilles Robineau. — Bibliot. du roi, rec. de pièces in-12 de la bibliot. de Cangé, vol. cot: L 1556/12, pièce 3. — La conspiration de Nicole Mignon fut découverte par le comte de Soissons. Il avait entrepris d'empoisonner Henri IV, ou de le faire mourir par sortilége, en jetant sur son lit une eau qui le mettrait dans une langueur dont il périrait à la fin. *Voy.* inf. ad an. 1614, une pièce intitulée l'*Assassinat d'un roy*, ou *Maximes du vieux de la Montagne*, tom. IV, pag. 27. — La trahison de Nicolas Loste, pour laquelle il fut tiré à quatre chevaux après sa mort. Biblioth. du roi. Liasse pour former un recueil de pièces. In-8° cot. L. 1501, p. 1. Loste était un commis de M. de Villeroy, corrompu par l'Espagne ; il prit la fuite et se noya. Le parlement fit le procès au cadavre. — Vers 1605, conspiration de Meyrargue, gentilhomme provençal, qui est dénoncé par un galérien son confident. Ce seigneur avait le commandement de deux galères pour tenir le port de Marseille en sûreté au nom de Henri IV. Séduit par l'or de l'Espagne, il devait livrer cette ville à Philippe III. Appelé à la cour sous un prétexte spécieux, il est arrêté, convaincu et exécuté en place de Grève. Selon la coutume, son corps est mis en quatre quartiers et exposé publiquement aux quatre principales portes de Paris. Sa tête, portée à Marseille, fut mise sur une lance au-dessus de la principale porte de cette ville.

des querelles avec la reine Marie de Médicis sur sa conduite dissolue en pleine cour, et jusque dans le lit nuptial. Le peuple de Paris n'avait aucun attachement pour Henri; vainement le roi embellissait ses palais, bâtissait ponts neufs et fontaines jaillissantes, le besoin qu'il avait de comprimer la liberté municipale favorisait les inquiétudes populaires qui éclataient par des pasquils et par de nouveaux attentats. Dans ces circonstances difficiles, Henri songea aux moyens de fixer l'attention par la guerre, et de conduire aux batailles lointaines sa bonne chevalerie. A toutes les époques de fermentation politique, une guerre domine les esprits, préoccupe les mécontentemens. Il y avait long-temps déjà que la gentilhommerie vivait en repos dans ses châteaux ruinés : quelle ressource lui restait-il après le désordre bruyant des dissensions civiles? Est-ce qu'il fallait pendre au vieux ratelier du manoir la lance, l'épée des combats, l'arquebuse et la pertuisane? La prédication des croisades contre les musulmans ouvrait sans doute la lice aventureuse; mais les conquêtes de fiefs, les acquisitions matérielles de territoire, susceptibles de réparer les misères des castels, n'étaient point les profits d'une expédition contre les infidèles.

On voit poindre et se développer cette opinion belliqueuse, cet entraînement vers la conquête dans les pamphlets qui furent publiés sous les titres divers de : *le Polemandis*, ou Discours d'Estat sur la nécessité de faire la guerre à l'Espagne, car le temps étoit venu de la chastier; *le Soldat françois*, où Pierre de l'Hostel-Dieu de Roquebrune, Béarnais, invitait Henri, son roi, à reconquérir la Navarre espagnole; puis, *la Response du Soldat françois; le Cavalier; la Victoire du Soudard*, et mille autres pièces fanfaronnes. Les parlementaires répondaient tant qu'ils pouvaient aux gentilshommes; ils cherchaient à faire ressortir les bienfaits de la paix, à exalter le repos des villes et des campagnes; ils firent des publications fréquentes et curieuses : « *le Pacifique*, ou *l'Anti-Soldat françois; Response du Roy au soldat françois et au soldat espagnol, qu'il ne fera ny la paix ny la guerre; la Response de maistre Guillaume au soldat françois.* » Il y eut un recueil publié par Floride de Laforest, sous le titre de *Romances d'Olivier aux pseudes soldats hellènes et de l'active milice, avec une invective*; enfin, *Un appointement de maquerelle, faict par Mathurine, entre un soldat françois et maistre Guillaume*[1]. » Le pamphlet qui fit la plus vive impression fut celui qui, signé des initiales D. B. N. L., invitait le roi à reconquérir le royaume de Navarre, pour passer ensuite dans cet ancien royaume d'Asie « que la Grèce, conjurée par le rapt de son Hélène, osta jadis au vieil Priam de Troyes, ayeul de nos François[2]. »

Depuis l'année 1609, on voit Henri IV dominé par de grandes idées de politique extérieure, par le désir de remanier l'Europe sur de nouvelles bases. Son projet, conception singulière et qu'il écrivit de sa main, faisait reposer toute la chrétienté sur un seul et même corps, qui se fût appelé la *République chrétienne*. Pour cet effet, il avait déterminé : « de la partager en quinze dominations ou Etats, qui fussent, le plus qu'il se pourrait, d'égale force et

---

[1] Paris, 1605.
[2] J'ai ce pamphlet sous ce titre : *Le Politique françois pour resprimer la fureur des pseudo-pacifiques*. Paris, 1605, in-8º.

puissance, et dont les limites fussent si bien spécifiées par le consentement universel de toutes les quinze, qu'aucune ne les pût outrepasser. Ces quinze dominations étaient le pontificat ou papauté, l'empire d'Allemagne, la France, l'Espagne, la Grande-Bretagne, la Hongrie, la Bohême, la Pologne, le Danemarck, la Suède, la Savoie ou royaume de Lombardie, la seigneurie de Venise, la république italique ou des petits potentats et villes d'Italie, les Belges ou Pays-Bas, et les Suisses. De ces Etats il y en aurait cinq successifs, France, Espagne, Grande-Bretagne, Suède, et Lombardie; six électifs, papauté, Empire, Hongrie, Bohême, Pologne et Danemarck; quatre républiques, deux desquelles eussent été démocratiques : les Belges et les Suisses, et deux aristocratiques ou seigneuries, celles de Venise et des petits princes ou villes d'Italie. Le pape, outre les terres qu'il posséderait, devait avoir le royaume de Naples et les hommages, tant de la république italique que de l'île de Sicile. La seigneurie de Venise aurait la Sicile en foi et hommage du saint-siége, lequel consisterait en un simple baisement de pieds, et un crucifix d'or de vingt ans en vingt ans. La république italique eût été composée des États de Florence, Gênes, Lucques, Mantoue, Parme, Modène, Monaco et autres petits princes et seigneurs, et eût aussi relevé du saint-siége, lui payant seulement pour toute redevance un crucifix d'or de la valeur de dix mille livres. Le duc de Savoie, outre les terres qu'il possédait, aurait encore eu le Milanais, le tout érigé en royaume par le pape, sous le titre de royaume de Lombardie, duquel on eût distrait le Crémonais en échange du Montferrat, qu'on y eût joint. On incorporerait avec la république helvétienne ou des Suisses, la Franche-Comté, l'Alsace, le Tyrol, le pays de Trente et leurs dépendances, et elle eût fait un hommage simple à l'empire d'Allemagne de vingt cinq en vingt-cinq ans. On aurait établi toutes les dix-sept provinces des Pays-Bas, tant les catholiques que les protestans, en une république libre et souveraine, sauf un pareil hommage à l'Empire; et on eût grossi cette domination des duchés de Clèves, de Juliers, de Berghes, de la Mark, de Ravenstein, et autres petites seigneuries voisines. On eût joint au royaume de Hongrie les Etats de Transylvanie, de Moldavie et de Valachie. L'empereur renoncerait à s'agrandir jamais, lui ni les siens, par aucune confiscation ou reversion de fiefs masculins, mais il eût disposé des fiefs vacans en faveur de personnes hors de sa parenté, par l'avis et consentement des électeurs et princes de l'Empire: on fût aussi demeuré d'accord que l'Empire désormais n'eût pu, pour quelque occasion que ce fût, être tenu consécutivement par deux princes d'une même maison, de peur qu'il ne s'y perpétuât, comme il faisait depuis long-temps en celle d'Autriche. Les royaumes de Hongrie et de Bohême eussent été pareillement électifs par les voix de sept électeurs : savoir, celle des nobles, clergé et villes de ces pays-là; du pape, de l'empereur, du roi de France, du roi d'Espagne, du roi d'Angleterre; des rois de Suède, de Danemarck et de Pologne, qui tous trois n'eussent fait qu'une voix. Outre cela, pour régler tous les différens qui seraient nés entre les confédérés et les vider sans voie de fait, on eût établi un ordre et forme de procéder par un conseil général composé de soixante personnes, quatre de la part de chaque domination; lequel on aurait placé dans quelque ville au milieu de l'Europe, comme Metz, Nancy, Cologne ou autres. On en eût encore fait trois autres en trois différens endroits, chacun de vingt hommes, lesquels tous trois eussent eu rapport au conseil général. De plus, par l'avis de ce conseil général, qu'on appellerait le sénat de la république chrétienne, on eût établi un ordre et un règlement entre les souverains et les sujets pour empêcher, d'un côté l'oppression et la tyrannie des princes, et de l'autre les plaintes et rébellions des sujets. On aurait encore réglé et assuré un fonds d'argent et d'hommes, auquel chaque domination eût contribué selon la cotisation faite par le conseil, pour aider les dominations voisines des infidèles contre leurs attaques; savoir, Hongrie et Pologne contre celles du Turc, et Suède et Pologne contre les Moscovites et les Tartares. Puis, quand toutes ces quinze dominations eussent été bien établies avec leurs droits, leur gouvernement et leurs limites (ce qu'il espérait pouvoir faire en moins de trois ans), elles eussent ensemble, d'un commun accord, choisi trois capitaines généraux, deux par terre et un par mer, qui eussent attaqué tous à la fois la maison ottomane; à quoi chacune d'elle eût contribué par certaine quantité d'hommes, de vaisseaux, d'artillerie et d'argent, selon la taxe qui en était faite. La somme en gros de ce qu'elles devaient fournir montait à deux cent soixante-cinq mille hommes d'infanterie, cinquante mille chevaux, un attirail de deux cent dix-sept pièces de canon, avec les charrois, officiers, munitions, provisions, et cent dix-sept grands vaisseaux ou galères, sans compter les vaisseaux de moyenne grandeur, les brûlots et les navires de charges. »

L'Autriche aurait souffert de ce gigantesque remaniement, car elle était dépouillée pour accommoder les autres. Mais on avait fait le projet de la porter à y consentir de gré ou de force en cette manière. « Premièrement, il faut supposer que du côté d'Italie, le pape, les Vénitiens et le duc de Savoie étaient bien informés du dessein du roi, et qu'ils l'y devaient assister de toutes leurs forces; le Savoyard surtout y était extrêmement animé, parce que le roi lui donnait sa fille aînée en mariage pour son fils Victor-Amédée; du côté d'Allemagne, quatre électeurs, Palatin, Brandebourg, Cologne et Mayence, le savaient aussi, et qu'ils le devaient favoriser; le duc de Bavière avait leur parole et celle du roi qu'on l'élèverait à l'Empire, et plusieurs des villes impériales s'étaient déjà adressées à Henri pour le supplier de les honorer de sa protection, et les maintenir dans leurs priviléges, qui avaient été abolis par la maison d'Autriche; enfin, du côté de Bohême et de Hongrie, le roi avait des intelligences avec les seigneurs et la noblesse; les peuples y étaient désespérés de la pesanteur du joug; tous étaient prêts à le secouer et à se donner au premier qui leur tendrait les bras[1]. »

Ce projet immense avait été inspiré par le pape, et s'accordait avec les besoins généraux et actuels de l'Europe menacée par les Turcs et les Moscovites. Un plan de cette nature nécessitait l'exécution armée, et Henri IV multipliait ses levées d'hommes, préparait l'argent dans son trésor, lorsqu'un événement en précipita la manifestation. Le prince de Condé quitta subitement la cour et se retira dans les Pays-Bas; quelques uns disent que Henri IV avait insulté

[1] Collection Fontanieu, ann. 1608. Ce projet a été analysé par Péréfixe.

la princesse par cet amour adultère qui ne respectait rien, ni la fidélité de race, ni les liens de famille, ni les intérêts politiques; d'autres monumens attribuent à une cause générale, à un retour vers l'indépendance féodale cette levée de boucliers. Dès que le prince de Condé eut quitté la France, tous les agens espagnols reçurent l'ordre de se le rattacher pour seconder les intérêts de Philippe III. Il y avait long-temps que ces ambassadeurs agissaient d'une manière hostile au système de Henri IV; ils s'étaient mis en rapport, non seulement avec le comte d'Antragues et sa fille Henriette, maîtresse délaissée par le roi, mais le marquis de Meyrargue, gentilhomme provençal, au su et vu de tous, avait traité avec les ambassadeurs pour livrer Marseille à Philippe, moyennant une somme d'argent[1].

L'Espagne avait des espions même dans le conseil du roi. Le gouvernement de San-Lorenzo n'avait pas cessé un moment de surveiller les actes, les faiblesses de Henri IV, de pénétrer dans les secrets de ses desseins, de profiter

[1] Collection Fontanieu, ann. 1605.

de tous les mécontentemens, et Philippe III écrivait à son ambassadeur : « M. de Saint-Fèle est un gentilhomme françois attaché [1] au service et dans la confidence intime de M. de Fresne, secrétaire d'Etat du roy de France. Il a vu en Catalogne le duc de Montéléon, et luy a offert de luy faire savoir tout ce qui pourroit intéresser nos affaires. Ceci luy est d'autant plus facile et d'autant plus important pour nous, que M. de Fresne luy confie toutes ses despesches et les deschiffre devant luy [2]. Faictes-luy donc sçavoir que s'il remplit ses promesses, je luy enverray une récompense proportionnée au mérite de son service [3]. Ce gentilhomme est natif d'Avignon, et est cognu d'un certain Mathias Morillo, Catalan, qui part aujourd'hui pour la France. C'est par ce dernier que vous ferez savoir au duc de Montéléon tout ce que vous apprendrez. Je recommande donc ceste affaire à vostre sagacité et à vostre zèle.

« Vous m'assurez dans vos lettres du 12 du

---

[1] Archiv. de Simancas, cot. A 59⁴³. A Diégo de Irarraga (20 janvier 1608). Lettre chiffrée.

[2] *Delo que huviere mucho consideracion por que el d'ho M. de Fresne confia del sus papeles y descifra en su compania.*

[3] *Yo mandaro gratificacion de selo conforme lo mereciere.*

mois passé tout le fruit que l'on peut tirer des offres et des confidences que vous a faictes M. Sautelet, officier employé auprès de M. de Fresne. Comme vous le dites, il faut agir prudemment avant de se fier à luy; mais une fois certain de sa discrétion, vous le savez, ne négligez rien, et assurez-le de ma munificence qui sera proportionnée au service qu'il aura rendu [1].

« J'ai pris connoissance du papier que vous a remis le capitaine Rustici, lequel proposoit de surprendre Marseille [2], et développoit les moyens d'exécution. On peut craindre que tout cela n'ait esté machiné que pour voir comment nous accepterions ses offres [3]. Il seroit donc très-prudent de luy dire que je ne procède jamais que loyalement avec mes amis [4], et qu'estant celuy du roy très-chrestien et en paix avec

---

[1] *Asegurando le de nuestra munificencia conforme al serv° que hiziere.* — Archiv. de Simancas, cot. A 59⁵⁹. Lettre chiffrée.

[2] *Sobre surprender a Marsella.*

[3] *Se puede mucho temer que no sea hecha dizo para provar como se reciber su propuesta.*

[4] *Que yo procedo muy sinceramente con mis amigos.* — Archives de Simancas, cot. A 59⁵⁰. A Don Diego de Irarraga de Lerme (7 juin 1608).

luy, il seroit fort mal de traiter d'une affaire qui devroit l'offenser[1] ; ajoutez que si jamais le roy de France me donnoit occasion de me plaindre, et que le capitaine Rustici demeurast ferme en sa proposition, on sçauroit prendre en considération le service qu'il auroit rendu et le récompenser en conséquence[2].

Quand il s'agit du prince de Condé, Philippe III s'exprime avec plus de netteté : « Je lis dans vos dernières despesches le soin et les grands mouvemens que se donne le roy de

---

[1]. *Siendo lo de este rey, y teniendo paz con el, esto es muy lexos de tratar de cosa que se offenda.*

[2] *Y que si algun dia esse rey diere occasion, y el cap^n Rustici estuviere fermio en el proposito, que agora mucha entonces se terna consideration de serv^{ce} que hiziere para premiar le.* Cette lettre est curieuse par le ton de bonne foi affecté que sait prendre Philippe III. La vérité est qu'il craignait beaucoup Henri IV. J'en ai trouvé plusieurs preuves : lorsque Don Baptista de Cuniga fut remplacé à Paris par le nouvel ambassadeur Don de Irarraga, de peur que le roi de France n'en conçût quelque soupçon ou n'éprouvât quelque mauvaise humeur, Philippe enjoignit à Cuniga de publier partout qu'il ne revenait qu'à la sollicitation de sa sœur, et pour des intérêts de famille très-pressés.

Une autre fois, un corsaire anglais désolait et pillait les côtes de la Gallice et du Portugal : les pirates ayant été pris, on trouva deux Français parmi l'équipage. Tous furent condamnés, exceptés les deux Français que l'on relâcha, est-il dit, en considération de leur roi (*en consideracion de su rey*).

France¹ pour faire revenir de Flandre le prince de Condé et sa femme. Je vous félicite de la prudence que vous avez desployée en ceste occasion. Sans doute le roy très-chrestien ne peut s'offenser que je prenne sous ma protection un prince dont je veux conserver l'honneur²; j'ay escrit à mon neveu l'archiduc pour qu'il ne consente jamais à ce qu'il soit faict la moindre violence au prince de Condé³; mais faictes bien savoir au roy de France que je n'agis ainsi que dans son intérest, que pour un prince de sa famille⁴, et que je ne prétends m'entremettre entre eux que pour le bien et la tranquillité des deux parties. Si le roy très-chrestien ne se rend point à ces paroles, il me paroistra manquer à l'amitié et fraternité qui nous unit⁵. Vous m'advertirez aussitost de la response de Sa Majesté, et vous n'oublierez pas de luy faire observer que le

---

1. *El cuydado y la diligencia que haza este rey.* — Archives de Simancas, cot. A 59. A Don Jnigo de Cardenas, 21 février 1610. (Lettre chiffrée.)
2. *Sino por guardar su honor.*
3. *Y assi escrivo a mi tio lo haga y no consienta que se le haga violencia en nada.*
4. *Por saber que el principe es de su sangre.*
5. *Faltara a la amistad y hermandad que con el tengo.*

prince de Condé a déclaré qu'il ne rentreroit jamais en France du vivant du roy, par le peu de sécurité que luy inspiroient ses promesses[1]. J'escris en mesme temps au comte de Hanovre qui réside dans le marquisat de Gueldre, de s'acheminer avec un grand secret vers le prince de Condé. — Vous luy escrirez et le tiendrez au courant de ce qu'on dict et prépare à Paris à son subject. En général, vous aurez toujours l'air de montrer beaucoup de déférence aux volontés du roy de France, et vous ferez tout le contraire par les moyens et les ressources que j'attends de vostre prudence[2]. »

Puis, Philippe III écrit encore à l'occasion des trames d'Henriette d'Antragues contre Henri IV, son séducteur : « Le moment ne me paroist pas favorable pour donner à la marquise de Verneuil autre chose que de belles paroles[3]. Il ne convient pas non plus de rien

---

[1] Que esta resolucion de no bolver a Francia en vida de este rey por la poca seguridad que tiene de sus promesos.

[2] Mostrareys desear mucho sus volontades, y de secreto procurareys lo contrario por los medios y traças que me prometo de vᵃ prudencia.

[3] La sason de agora no es a proposito por hazer con la marquesa de Bernull mas de lo que dor lar buenas palabras.

avancer, de rien offrir encore au comte d'Auvergne[1], ny d'un autre costé de l'empescher de s'eschapper de sa prison s'il peut y parvenir. Quant aux Maures qui sortent d'Espagne, sachez me dire s'ils s'établissent en France ou s'ils ne font qu'y passer : ceci est très-grave [2]. Enfin, en considération de vos bons services, je vous envoye une gratification de dix mille ducats [3]; je sais le bon usage que vous en ferez [4]. »

Il y a loin de cette petite action gouvernementale de Philippe III à l'active énergie, aux grands ressorts mis en œuvre par Philippe II son père. Ce sont des tentatives de corruptions qui trouvaient sympathie en France dans les vieux élémens de la ligue. Toujours aux aguets par des espions placés autour d'Henri IV, le roi d'Espagne redoutait la vigilante finesse de son rival. S'il est loin de Philippe II sous le rapport de la capacité, combien il diffère de lui également pour l'ap-

---

1 *De ofrecer nada al conde de Ubernia.*
2 *De esto es muy grande importancia.*
3 *Adjuda de 10 mil d^{os}.*
4 Archives de Simancas, cot. A 59^{74}. A Don de Cardenas, 6 mai 1610. (Lettre chiffrée).

plication et le travail! Ici plus de notes de la main du souverain dont le règne précédent nous avait accoutumé à voir les dépêches surchargées ; c'est un conseil d'Etat pour ainsi dire en permanence, qui lui prépare les affaires ; encore trouve-t-on au dos de ces délibérations : *Le roy a vu ceci*[1] écrit de la main d'un secrétaire intime. La grande machine de l'Etat marchait, mais par cette impulsion antérieure, forte et toute prévoyante d'avenir.

L'ambassadeur espagnol reçut enfin l'ordre formel de faire expliquer Henri IV sur ses armemens : « Sire, je suis ici de la part du roy d'Espagne mon maistre, pour sçavoir de Vostre Majesté pourquoy elle réunit une si puissante armée, et si c'est contre luy. — Si je luy avois manqué comme il l'a faict envers moi, respondit le roi, peut-être auroit-il droit de se plaindre. — En quoy, Sire, le roy mon maistre a-t-il manqué à Vostre Majesté ? — Il a entrepris sur mes villes, il m'a corrompu le mareschal de Biron, le comte d'Auvergne, et maintenant il

---

1 *A visto S. M^{ad}.*

reçoit le prince de Condé. — Sire, il ne pouvoit refuser la porte à un prince qui s'est jeté entre ses bras, et vous-mesme, Sire, n'eussiez-vous pas... — Non, je n'aurois cherché qu'une chose; c'est à le réconcilier avec son maistre. — Mais, Sire, Vostre Majesté n'a-t-elle pas retiré Antonio Perez? à la vue de tous n'a-t-elle pas assisté les Pays-Bas d'hommes et d'argent?... Au reste, je desire savoir si c'est contre le roy que se font les armemens; mon maistre peut disposer d'un moment à l'autre de plus de cent mille hommes. — Vous vous trompez, M. l'ambassadeur; en Espagne ce ne sont pas des hommes, mais des ombres », faisant allusion au mot *hombrez*, qui signifie hommes. « Si le roy vostre maistre m'oblige de monter à cheval, j'iray entendre la messe à Milan, desjeûner à Rome et disner à Naples. — Sire, respondict l'ambassadeur, Vostre Majesté, en allant de ce pas, pourroit bien aller à vespres en Sicile¹. »

Le vaste projet européen dont j'ai parlé avait quelque chose de vague dans son application.

1 Bibl. du Roi, mss. de Béthune, n° 9140, fol. 61. — Carton Fontanieu, n°ˢ 458, 459.

Il était impossible d'arriver à un remaniement général des territoires en l'état des intérêts et des souverainetés. La guerre, si elle était entreprise, devait reposer sur des idées plus positives; les relations de Henri IV avec l'Allemagne lui firent d'abord espérer la dignité de roi des Romains, pour parvenir ensuite à la couronne impériale. De graves personnages furent consultés dans un conseil privé, et chacun donna son avis sur l'entreprise. « Je la trouve honorable, utile et possible, dit le duc de Sully; je ne craindray pas de soutenir qu'il n'est pas seulement bienséant à Vostre Majesté de s'y jeter, mais qu'il seroit à craindre que sa mémoire en recust quelque blasme s'il la négligeoit et dédaignoit. Il y a de l'honneur, on ne peut le nier, puisqu'on sçait assez qu'il ne vous peut rien rester à desirer pour vostre particulier, après ceste supresme dignité, qui par tant d'années a illustré la couronne de France. Je soutiens qu'il ne peut y avoir que de la gloire et réputation, car la chrestienté abattue et combattue d'un puissant et fier ennemy, ne prépare pas un moindre prix à Vostre Majesté qu'elle eust pu distribuer à plusieurs de vos devanciers, s'ils se fussent conservés ceste couronne impériale, qui rendra vostre chef tellement orné et le nom chrestien si vénérable, que le Turc bornera ses armes, et vous verrez d'autant accroistre vostre gloire que l'on voit le péril en nos jours croistre et augmenter. Sire, je ne craindray point de soutenir qu'en l'affaire qui se présente se rencontrant de l'honneur et de la réputation, elles y conduisent là aussi l'utilité par la main, en telle sorte qu'elles se trouveront toujours inséparables. Tout ce discours seroit inutile, si nous n'avions la possibilité, laquelle paroist évidemment. Quels sont ceux qui peuvent prétendre à ceste couronne? il y aura le roy d'Espagne, les archiducs Albert de Flandre, Ferdinand, Mathias et Maximilien, frères de l'empereur; car quant aux autres princes allemands et italiens, il n'y en a point de ceste portée. En examinant de près tout ce qui se pourra alléguer pour exclure ces cinq prétendans, il se trouvera infinité de raisons, telles qu'elles furent desduites contre la maison d'Autriche lors de Charles V^e, auxquelles il est possible en adjouter de nouvelles; il y aura tout lieu de bien espérer de ceste négociation, pour laquelle on n'a pas faute de bons instrumens, ministres et moyens, tels qu'ils peuvent estre requis. »

« Le roy, après avoir attentivement ouy ceste première opinion ainsi affirmative dans l'ordre et la division qui ne luy déplut pas, sans toutefois qu'il fist aucune démonstration de l'approuver ou réprouver, commanda au deuxième conseiller de parler; c'estoit le prudent Villeroy, lequel, avec quelque petite préface d'excuses, commença une longue harangue beaucoup moins favorable aux projets de Henry IV que celle du premier conseiller : « Les fondemens de la paix qu'il a plu à Dieu, par le ministère de Vostre Majesté, donner à cet Estat ne sont pas encore si fermes qu'ils ne puissent à l'adventure avoir souvent besoin de vostre présence pour les soutenir; l'autorité presque royale de tant de personnes qui s'estoient élevées durant nos derniers malheurs n'est pas encore tellement esteinte que quelques factions ne la fissent aisément revivre, s'ils y trouvoient tant soit peu de jour par l'occupation de Vostre Majesté. D'ailleurs, Sire, ceux qui pensent le mieux se cognoistre aux affaires du monde nous disent, avec raison, que la dignité impériale, séparée de la maison d'Autriche et des deux dignités royales de la Hongrie et de la Bohesme, et qui sont séparément électives, n'est pas en effet ce que plusieurs en croyent, n'y ayant nul revenu certain et arresté, et mesme pour fournir aux dépenses, nous serions peut-estre obligés de fouiller en nostre propre bourse. Pour le regard de la possibilité de parvenir à ceste dignité qu'on trouve si facile, je suis, Sire, d'une opinion tout opposée; il est hors de raison et d'apparence de croire que vous n'y eussiez tous les empeschemens et traverses qui se peuvent imaginer, des uns ouvertement, comme d'Espagne, Angleterre et Pays-Bas, et des autres moindres princes, qui craindront de vous offenser, soit d'Italie ou d'Allemagne, couvertement par pratiques et intelligences fondées sur leurs interests; et ainsi, au lieu de ceste grande facilité, il est indubitable qu'il s'y rencontrera une notable impossibilité avec un extresme regret d'en avoir entrepris la poursuite. Sire, ne vous embarquez pas en de nouveaux desseins, qui ne vous sauroient apporter que du désavantage en toutes sortes.»

Le roy, en ceste seconde opinion, demeura aussi ferme et retenu que sur la première; et estant déjà tard il commanda au troisième, Bellièvre, d'abréger le plus qu'il pourroit, lequel en effet fut fort succinct, et prouva, par bonnes et solides raisons, que le roy ne devoit pas solliciter ceste couronne, mais simplement se borner à empescher l'élection d'un partisan de l'Espagne, l'archiduc Albert, et pousser l'archiduc Mathias. Quant à luy-mesme il n'y auroit aucun avantage. Le roy, qui avoit attentivement presté l'oreille à ce dernier, se leva, et ayant ouvert une fenestre pour prendre l'air, tenant la vue et les mains vers le ciel, dict tout haut : « Dieu formera et fera naistre en mon cœur, s'il luy plaist, la résolution que je dois prendre sur tous vos discours, et les hommes l'exécuteront. Adieu, messieurs, il faut que je m'aille promener. » Ainsi finit cette conférence[1]. »

Cette pensée de la couronne impériale pré-

---

[1] Avis donné au roy Henry IV par trois des plus notables personnes de son conseil, et par son exprès commandement, sur ses projets de parvenir à la royauté des Romains, et de là à l'Empire. — Mss. de Béthune, vol. cot. 8935, fol. 70 (1609).

occupait Henri IV; elle donnait un but déterminé à la guerre, un résultat fixe à ses entreprises militaires. Il ne s'agissait plus que de trouver un prétexte d'hostilité, un de ces motifs saisissables qui peuvent servir de fondement à un manifeste de batailles; il se présenta: Jean Guillaume, duc de Clèves et de Juliers, de cette hautaine famille des comtes de La Mark, redoutables dans la forêt des Ardennes, était mort ne laissant point d'héritier direct et mâle; il n'avait après lui que quatre neveux, issus de ses sœurs; et l'empereur, en vertu de la constitution germanique, réunit les fiefs à la couronne et en donna l'investiture à Léopold d'Autriche. Les ducs de Brandebourg et de Neubourg, héritiers naturels du fief impérial, s'adressèrent à Henri IV, comme au protecteur de l'Empire, dans le dessein de faire respecter leurs droits, et le roi de France saisit ce prétexte d'armemens.

Tout se ressentait des résolutions belliqueuses du roi; des Suisses étaient capitulés pour augmenter la force des régimens au service de France; on renouvelait les traités de subsides avec la Hollande; le duc de Savoie, si long-temps ennemi de Henri IV, était attiré à l'alliance par la promesse d'ériger en sa faveur l'ancienne royauté des Lombards. On rappelait les gentilshommes sous les cornettes; la levée des milices se faisait dans chaque province; on achetait des bandes de lansquenets en Allemagne; les braves Gascons, vieux compagnons du Béarnais, organisaient leurs bonnes compagnies des montagnes : à la Bastille, Sully avait réuni un trésor militaire destiné à la campagne qui allait s'ouvrir, tandis que la ligne de forteresse du côté de la Flandre, point d'appui pour toutes les opérations, était mise sur un pied respectable de défense; car il fallait prévoir aussi les malheurs possibles de la guerre.

CHAPITRE CXX.

DERNIERS JOURS ET ASSASSINAT DE HENRI IV.

Préparatifs du départ du roi. — Couronnement de la reine. — Henri IV est assassiné. — Circonstances de l'attentat. — État de l'opinion. — Dépêche des ambassadeurs espagnols. — Écrits sur la mort du roi. — Accusation contre la marquise de Verneuil.

1610.

Henri IV paraissait absorbé par les grands projets européens dont je viens de parler; l'exécution de ces vastes idées appelait un développement de forces extraordinaires et le concours de toutes les alliances à l'extérieur : « On ne parloit en ce temps-là que de guerre; le roy envoya le colonel Galatis faire une levée de six mille Suisses qui se rendirent en France sur la fin du mois d'avril; cette levée se fit si promptement qu'il y eut mesme de la dispute entre eux à qui s'enrosleroit, et combien on en lèveroit en chaque canton, car chascun en vouloit estre. Le mareschal Lesdiguières fut renvoyé en Dauphiné pour traicter avec le duc de Savoye et pour y dresser une armée; les préparatifs qu'il fit faire et les gens de guerre que l'on leva en ces pays-là, faisoient assez paroistre qu'il y avoit de grands desseins de ce costé. On fit au mesme temps sortir cinquante canons de l'arsenal de Paris, avec poudres, boulets, et toutes sortes d'ustensiles nécessaires pour un si grand attirail : le tout fut conduit par eau à Chalons-sur-Marne. Par toutes les provinces le tambour battoit; on n'entendoit parler que de commission pour lever de l'infanterie et de la cavalerie; enfin tout s'achemina au rendez-vous donné sur les frontières de Champagne, tellement qu'en peu de temps toute ceste province fut remplie de gendarmerie [1]. »

---

[1] *Mercure françois*, ann. 1610, tom. I, édition 1619.

COURONNEMENT DE LA REINE (1610).

Le roi ne pouvait abandonner la monarchie à peine restaurée, pour se jeter dans les hasards d'une guerre étrangère, sans prendre des précautions de famille susceptibles d'assurer la libre et paisible transmission de la couronne. On pouvait même remarquer en lui une sorte de pressentiment de la mort, cette tristesse vague qui saisit l'âme à l'approche d'une fin inévitable. Le roi n'aimait pas Marie de Médicis, mais elle lui avait donné une postérité; et, au milieu des périls dont une expédition aventureuse était environnée, le roi songea à faire couronner la reine. Il vouloit ensuite lui confier, ainsi qu'à un conseil, l'administration du royaume en son absence : « La semaine-saincte, le sacre de la royne fut résolu, et le jour de son entrée à Paris pris au 5 de may. Le parlement s'alla tenir aux Augustins. Le prevost des marchands et les eschevins s'employèrent aux préparatifs de ceste entrée avec une extresme diligence, et supplièrent Sa Majesté que le jour arresté fut remis à la fin de may, à cause de la brièveté du temps pour achever les préparatifs commencés. Prest ou non prest, leur dict le roy, le couronnement se fera le

13 de may, et l'entrée le dimanche ensuivant. Ce que l'on fist publier par tous les bailliages et sénéchaussées, mesme avec trompettes, par les places publiques de Paris. Suivant ceste résolution, la royne alla à Sainct-Denis le 12 may, accompagnée de monseigneur le Dauphin, de MADAME, de la royne Marguerite, duchesse de Valois et de plusieurs princesses et dames. Le roy s'y rendit aussi avec tous les princes et seigneurs de sa cour[1]. »

Le sacre de la reine eut lieu avec toutes les pompes de la royauté catholique; le roi paraissait plus tranquille; il semblait avoir affermi dans sa race la succession de sa grande couronne: « Le héraut d'armes fit largesse de par la royne au dedans de l'église où bonne quantité de pièces d'or et d'argent fabriquées exprès furent jetées au peuple à diverses fois; tout le reste se passa avec beaucoup d'acclamations et signes d'allégresse et de réjouissances publiques. Le roy surtout en montra le contentement qu'il en avoit; à la sortie de l'église, il devança la royne, et s'en alla dans sa chambre où il se

---

[1] *Mercure françois*, ann. 1610, tom. 1, édition de 1619.

mit à la fenestre, et luy jeta mesme, comme elle passoit au-dessous, quelques gouttes d'eau, puis incontinent descendit et la reçut au bas des degrés où Leurs Majestés, avec mille conjouissances, montèrent en haut. »

La reine devait faire son entrée solennelle dans Paris; de tous les endroits de la France on se rendait dans la belle cité pour voir les magnificences de cette journée : « Il s'y montra tant de peuple et de toutes qualités, que l'on ne pouvoit aller presque par les rues, principalement aux endroits où la royne devoit passer; les uns regardoient tout le long de la rue Sainct-Denis les arcs triomphaux, les autres les statues, les devises et les peintures, d'autres de dessus Nostre-Dame ne pouvoient oster leur vue de dessus les thermes qui estoient le long de ce pont avec des paniers d'osier pleins de toutes sortes de fruicts, et de voir attachés au berceau de dessus les armoiries, devises et chiffres de Sa Majesté; d'autres s'amusoient à voir abattre les boutiques que les marchands du Palais avoient faites dans la cour; on ne

1. *Mercure françois*, ann. 1610, tom. 1, édition de 1619.

voyait qu'échaffauds dressés par toutes les avenues, et en tous endroits chacun employoit ses amis pour avoir quelques places en une fenêtre ou quelque boutique ou coin d'échaffaud ; la Maison de Ville avoit fait faire montre aux métiers, et le roy mesme les avoit vus passer estant à la Samaritaine, comme il avoit vu aussi les enfans de la ville près le bois de Vincennes ; bref, tout se préparoit à une grande réjouissance, quand en un clin-d'œil, un coup le plus malheureux qu'il fut jamais, le changea en une extresme douleur. Le roy estoit résolu de partir deux jours après pour aller trouver son armée sur la frontière, mesme sur l'advis qu'il eut que Sa Saincteté luy envoyoit un nonce extraordinaire, il luy manda qu'il ne prît la peine de venir à Paris, mais qu'il s'en allast à Mouzon où il se rendroit dans le 20ᵉ de ce mois ; et sur un rapport que Spinola, lieutenant des archiducs, se vantoit de luy empescher le passage avec trente mille hommes, et de luy donner bataille, il essaya sa cotte d'armes de velours toute semée de petites fleurs de lys en broderies d'or de la grandeur d'un sol, qu'il avoit fait faire exprès pour s'en parer au jour d'une bataille : nous verrons, dit-il, s'il sera homme de parole. Sur ce, un seigneur luy dict que Spinola étoit Génois. Il est vray, répliqua-t-il, mais il est soldat et brave.

« Leurs Majestés avoient résolu ensemblement de faire donner la liberté à tous prisonniers entre le jour du couronnement et celuy de l'entrée, non seulement à ceux des prisons communes, mais à ceux de la Bastille. Pour les prisons communes, le roy en avoit donné la charge aux maistres des requestes ; pour ceux de la Bastille, il en vouloit luy-mesme deslibérer sur les lieux à l'Arsenal. Il desiroit aussi qu'il ne manquast rien à ceste entrée, bien qu'il la pressast ; ce fut pourquoy s'en allant à l'Arsenal, il devoit visiter en quel estat en estoient les préparatifs. Entre trois et quatre heures de relevée, il saute en son carrosse à l'entrée de la cour du Louvre, et se met au fond ; il faict entrer dedans les ducs d'Epernon, de Montbazon, Roquelaure et trois autres, desfendant à ses gardes de le suivre ; quel malheur, car un maudit françois, Ravaillac (qui, selon ce qu'il a répondu en ses interrogatoires, avoit dès longtemps prémédité de l'assassiner), le regardant sauter dans le carrosse, le suivit jusqu'en la rue de la Ferronnerie, devant le cimetière des Innocens, où voyant le carrosse arrêté par des charrettes, Sa Majesté au fond, tournant le visage et penchée du costé de M. d'Espernon, ce monstre, animé du diable, sans respect de l'onction sacrée dont Dieu honore les roys ses lieutenans en terre, se jette sur Sa Majesté, et passant son bras au-dessus de la roue du carrosse, luy donna deux coups de couteau dans le corps, et étendit tout roide mort ce grand roy au milieu de ses plus valeureux et fidèles capitaines. Il donna ces deux coups si promptement, qu'ils furent plus tost reçus que vus; le premier porté entre la cinquième et sixième costé, perça la veine intérieure vers l'oreillette du cœur, et parvint jusqu'à la veine cave qui, se trouvant coupée, fit à l'instant perdre la parole et la vie à ce grand monarque. Quant au second, il ne pénétra pas avant et n'effleura guère que la peau. Personne n'avoit vu frapper le roy, et si ce parricide eust jetté son cousteau, on n'eust sçu qui c'eust esté; mais il ne le put jamais lascher; les six seigneurs qui estoient dans le carrosse en descendirent incontinent, les uns s'empressant à se saisir du parricide, et les autres autour du roy; mais un d'entre eux voyant qu'il ne parloit point, et que le sang luy sortoit par la bouche, s'écria : *Le roy est mort!* A ceste parole, il se fit un grand tumulte, et le peuple qui estoit dans les rues se jettoit dans les boutiques les plus proches les uns sur les autres, avec pareille frayeur que si la ville eust esté prise d'ennemys. Un des seigneurs soudain s'advisa de dire que le roy n'estoit que blessé et qu'il luy avoit pris une foiblesse. On demanda du vin, et tandis que quelques habitans se diligentent d'en aller quérir, on abat les portières du carrosse, et, dit-on au peuple, que le roy n'estoit que blessé et qu'on le ramenoit vitement au Louvre pour le faire panser[1]. » Henri n'avait pas poussé un cri, n'avait pas dit une parole; un profond soupir avait été le terme de sa vie. Le duc de Montbazon le couvrit de son manteau, et le char lugubre s'achemina vers le Louvre.

Dans les dépositions de Jacques Pluviers de Saint-Michel, gentilhomme de la chambre, gou-

---

[1] *Mercure françois*, ann. 1610, tom. 1, édition de 1619.

verneur de la ville et château de Lombez en Languedoc, âgé de 40 ans, on trouve encore plus de détails sur la déplorable fin de Henri IV. « Vendredy dernier, 14 de ce mois, sur les trois heures après midy, le roy partit du Louvre pour aller à l'Arsenal. Le déposant fut en ce moment heurté à la cuisse par quelqu'un qui fit le tour du carrosse, puis qui retourna du costé gauche, où étoit le déposant, et se mit contre une boutique; et comme on n'y prestoit pas attention, se jeta ladicte personne tout soudain à la portière dudict carrosse du costé gauche, et mettant le pied sur la roue, donna deux coups de couteau à Sa Majesté, sans intermission de l'un à l'autre coup. Lors le déposant reconnut celuy qui l'avoit heurté, contre lequel il mit l'espée à la main pour le tuer; mais il fut empesché par la voix de tous les seigneurs qui estoient avec le roy, et qui disoient : « Saint-Michel, ne le tuez pas, le roy n'a point de mal »; ce qui l'empescha de donner de la pointe de l'épée. Toutefois du pommeau luy donne sur le col, dont ledict homme se sentant frappé, porta le couteau à la gorge du déposant, qui de la main para le coup, lequel traversa la fraise de sa chemise. Mettant pied à terre, il saisit alors le bras et le couteau du meurtrier, le désarma après s'estre colleté avec luy, et le mit ez mains des valets de pied. Et retournant le déposant au carrosse du roy, l'embrassa, luy disant : *Sire, courage;* mais à l'instant aperçut Sa Majesté tourner les yeux et rendant du sang par la bouche. Cependant le carrosse étoit retourné pour reprendre le chemin du Louvre; mais on n'estoit pas au bout de la rue que le roy avoit rendu l'ame à Dieu, estant étendu au long du carrosse, entre les bras de ces seigneurs, puis fut couvert d'un manteau, et son corps fut conduit au Louvre[1]. »

Ainsi périssait à l'œuvre le roi, habile politique, personnification laborieuse de la paix entre les deux croyances qui s'étaient divisé le monde depuis le seizième siècle; sa tâche était pénible; il ne put l'accomplir absolument; mais il assouplit un instant la société à la coexistence d'opinions opposées et vivaces; il les empêcha de s'armer et de courir encore à la guerre civile. L'esprit de Henri IV prêtait à ce

---

[1] Mss. de la Biblioth. du roi, intitulé *Recueils historiques*, tom. IV, pag. 115. Recueil de Thoisy.

rapprochement ; il était sans conviction ; d'une indifférence réfléchie, à peine réchauffée par quelque camaraderie sous la tente et des attachemens de femmes ardens et passagers ; Henri avait une grande connaissance des partis, de leur faiblesse, des points par où ils sont saisissables. Il n'est pas de prince dont on ait plus défiguré le caractère, en le présentant comme un symbole de franchise, comme l'expression de ce blanc panache de fidélité et de dévouement. Il était habile, espérait dans le temps et la fortune ; son immense aptitude était de s'attirer les hommes ; rien ne lui coûtait, ni les paroles, ni les promesses de roi, ni les encouragemens ingénieux, ces gages d'amitié qui saisissent les âmes. Brave sur le champ de bataille, en avant de tous, il avait ce qu'il faut pour séduire la gentilhommerie, dont il fut long-temps le chef. Son règne fut celui de la noblesse luttant contre la bourgeoisie et le peuple groupés sous la bannière de la ligue ; la gentilhommerie fit son roi après avoir dompté les halles de Paris. Ce n'était point un prince populaire qui montait sur le trône ; la famille des Guises jouissait seule de cette grande

faveur au sein des multitudes ; l'avènement de
Henri IV reconstruisit sous d'autres formes le
droit féodal ; voilà ce que les historiens n'ont pas
vu, et ce qui explique la longue lutte contre la
haute féodalité des gouverneurs de provinces
pendant l'administration de Richelieu.

Cette mort si cruelle, si subite de Henri IV
fit une vive et profonde impression sur les esprits ; la popularité que n'avait pu obtenir sa
royale personne pendant sa vie, arriva à son
cadavre défiguré ; la terreur fut dans la ville
de Paris [1] ; on prit des précautions militaires comme si la cité était assiégée par un ennemi puissant. Que de tristesse et de poésies

---

[1] « Le jour de la mort du roy, MM. les prevost des marchands
et eschevins, avec M. de Liancourt, gouverneur de Paris, donnèrent bon ordre à la sûreté de ladicte ville et firent garder les
portes et avenues tant de jour que de nuict. » — « Sire.....
quartenier, nous vous mandons d'advertir présentement tous les
bourgeois et habitans de vostre quartier qu'ils se tiennent en
armes en leurs maisons sans se déplacer, jusqu'à ce qu'ils ayent
autre commandement. 14e may 1610, vendredy. » — « Sire.....
quartenier, nous vous mandons de faire un roole de tous les
bourgeois et habitans de vostre quartier, tant officiers que autres
et sans aucun excepter, ensemble leur qualité et sous quelle
dixaine ils sont demeurans, lequel roole vous nous apporterez
au bureau dedans demain au plus tard, et n'y faictes faute. 17e
may 1610. » Regist. de l'Hôtel-de-Ville, XVIII, fol. 193, 194.

larmoyantes! « O diable d'homme, sorti du profond de l'enfer, s'écriait le sieur Pierre de Chambrun, esprit des noirs esprits, cœur et ame de fer; qu'as-tu faict, parricide méchant? Que le jour que tu naquis soit toujours ténébreux, et que le nom de Ravaillac soit plus horrible aux humains que le nom de Mégère; tu as touché, impie, à cet oint du Seigneur : France, que n'engloutissais-tu ce furieux Briare[1]! »

[1] Les Larmes de Pierre de Chambrun, sieur de l'Emperi, sur la mort de Henry-le-Grand, roy de France et de Navarre. — Paris, Jean Berjou, rue Saint-Jean-de-Beauvais, au Cheval-Volant, 1611.

O diable, homme sorti du profond de l'enfer,
Esprit des noirs esprits, cœur et ame de fer,
Opprobre des François et monstre de la France :
Hélas! qu'as-tu fait, parricide méchant,
De ton roy le filet de la vie tranchant,
Tu coupes aux François toute leur espérance!

Le jour que tu naquis soit toujours ténébreux,
Le nom de Ravaillac soit à jamais affreux,
Plus horrible aux humains que le nom de Mégère;
Maudit le ventre impur qu'au monde te porta,
Maudit soit le tetin qui premier t'allaita,
Et maudit le conseil qui le coup te fit faire.

Toucher, toucher, impie, à cet oinct du Seigneur,
Assassiner ton roy! ô Dieu! ô ciel vengeur!
Que ne foudroyois-tu ceste ame si barbare!
Et toy, France, pourquoy soustenois-tu sur toy
Celuy qui t'a osté et ton père et ton roy?
Que n'engloutissois-tu ce furieux Briare?

Mlle Anne de Rohan larmoyait aussi des stances :
« Les beaux faicts de Henry élevoient nos têtes ;
la fin de ses combats finissoit nostre effroy ;
nous estions plus glorieux d'estre subjects du
roy que si les autres rois eussent esté les nos-
tres ; les lys sont atterrés ; Daphné baisse,
chétive, en terre son visage ; pour chanter un
tel Achille, il faudroit un autre Homère!. » On

> Qu'un prince si vaillant et en armes parfaict
> Ait esté de ta main misérable desfaict,
> Ce grand roy qui de peur n'eut jamais l'ame atteinte,
> Lequel mille combats n'ont pu faire broncher,
> Qu'un coquin l'ait faict d'un seul coup trébucher ;
> Eh! qui ne tremblera cent fois le jour de crainte!

1. Stances de Mlle Anne de Rohan, sur la mort du roy. — Lyon, François Yvra, 1610.

> Jadis pour ses beaux faicts nous eslevions nos testes,
> L'ombre de ses lauriers nous gardoit des tempestes,
> La fin de ses combats finissoit nostre effroy ;
> Nous nous prisions tous seuls, nous méprisions les autres,
> Estant plus glorieux d'estre subjects du roy
> Que si les autres roys eussent esté les nostres.

> Maintenant nostre gloire est à jamais ternie,
> Maintenant nostre joie est à jamais finie,
> Les lys sont atterrés et nous sommes avec eux ;
> Daphné baisse, chétive, en terre son visage,
> Et semble par ce geste humble autant que piteux,
> Ou couronner sa tombe, ou bien luy faire hommage.

> France, pleure ton roy, qu'un noir cachot enserre,
> Roy florissant en paix, victorieux en guerre,

faisait circuler des gravures et belles estampes qui représentaient l'épouvantable parricide contre le bon roi; là, Ravaillac était reproduit au moment où il montait sur la roue pour atteindre le cœur de Henri IV; la voiture est un vaste char non suspendu, un carraccio d'Italie, d'une seule pièce, depuis le train de derrière jusqu'au bout du timon; ce char était couvert d'une espèce de dôme soutenu par des colonnes, et le graveur n'avait pas oublié la fatale charrette qui arrêta la royale voiture au coin de la rue de la Ferronnerie [1]. Une belle estampe

> Qui conservoit des tiens les biens, les libertés;
> Jette sans fin des cris et des larmes non feintes;
> Jusques au bout du monde, aux lieux plus escartés
> Où résonnoient ses faicts, fais résonner tes plaintes.
>
> Regrettons, soupirons ceste sage prudence,
> Ceste extresme bonté, ceste rare vaillance,
> Ce cœur qui se pouvoit fléchir et non dompter,
> Vertus de qui la perte est à nous tant amère,
> Et que je puis plustost admirer que chanter,
> Puisqu'à ce grand Achille il faudroit un Homère.

[1] Biblioth. royale, cabinet des estampes, règne de Henri IV. On y trouve une foule d'estampes sur l'assassinat de Henri IV : on y voit représentés les divers supplices que subit Ravaillac, son amende honorable en chemise, un long cierge à la main, puis la manière dont il fut tenaillé avec des fers rouges, enfin comment il fut tiré à quatre chevaux, ses membres brûlés et les cendres jetées au vent.

représentait encore le tombeau de très-chrétien, très-auguste, très-clément, très-victorieux et incomparable prince Henri-le-Grand : « Là gisoit ce redoutable prince qui mouroit au milieu d'un généreux dessein, et qui vouloit faire de l'univers une seule province. » La France, l'Eglise, la noblesse, le tiers-état déploraient la mort du monarque; « on se devroit ouvrir le flanc, car il faudroit des larmes de sang pour bien pleurer cette infortune[1]. »

Tout cela n'était point comparable au beau

---

1   Cy-gist ce grand guerrier, ce redoutable prince,
    Qui mourut au milieu d'un généreux dessein ;
    Qui sans l'empeschement d'un cruel assassin,
    N'eust faict de l'univers qu'une seule province.

La France se lamentait et disait :

Pleurons à jamais nos ennuis,   Que les discours que nous ferons
Que nos jours soient changés en nuits,   Au grand prince que nous pleurons
Que tout soit couvert de ténèbres,   Soient autant d'oraisons funèbres.

Et l'Eglise ajoutait :

Hélas ! en mon particulier   Et ne le pouvant rappeler,
Je perds un si ferme pilier   Je me dois au moins consoler
Que j'en dois plaindre le dommage ;   Avec nostre roy son image.

La noblesse :

Ces larmes qui sortent des yeux   Car il faut des larmes de sang
N'appartiennent qu'à la commune ;   Pour bien pleurer nostre infortune.
On se devroit ouvrir le flanc,

portrait que fit graver Nicolas de Mathonnière, imprimeur-libraire, tenant sa boutique en la rue Montorgueil, à l'enseigne de la Corne de Daim; Henri IV était représenté en demi-dieu, « car l'univers devoit estre son cercueil, et ses titres ses victoires [1]. »

Le tiers-Etat :

<table>
<tr><td>S'il nous restoit également
Du sang comme du sentiment,
Nous le donnerions à la Parque ;</td><td>Mais tout nostre sang fut perdu
Et par un seul coup respandu
Avec celuy de ce monarque.</td></tr>
</table>

[1] « Le portrait de très-haut, très-puissant, très-excellent prince Henry-le-Grand, par la grace de Dieu roy de France et Navarre, très-chrestien, très-auguste, très-victorieux, incomparable en magnanimité et clémence. » On lisait cette épitaphe :

<table>
<tr><td>Toutes les vertus font le deuil
D'Henry, seul honneur des histoires;</td><td>L'univers sera son cercueil,
Ses titres seront ses victoires.</td></tr>
</table>

Puis au bas se trouvaient des stances en son honneur :

Le plus grand roy qui fust pour la gloire des armes
Et des vertus, surpris d'un injuste trépas,
Comble nos cœurs d'ennuy, noye nos yeux de larmes;
Mais nos cris et nos vœux ne le raniment pas.

La France restablie, augmentée et régie
Par son sceptre innocent, parfaisoit son bonheur,
Si l'exécrable coup d'une lame rougie
En son sang, n'eust tourné nostre joie en douleur.

Les siècles jà passés et les suivans encore
N'ont vu et ne verront un prince tant parfaict;
Dans les trois parts du monde et au lict de l'Aurore,
Son redoutable nom un beau chemin s'est faict.

Cabinet des estampes, pièces historiques du règne de Henri IV, in-fol., vol. II.

La douleur populaire, subite et éclatante, se manifesta par une explosion contre le parti espagnol et l'ambassadeur qui le représentait à Paris; son hôtel fut insulté par le peuple; on en trouve la preuve dans les registres du grand conseil assemblé à Madrid le 26 mai 1610. « Le conseil d'Estat a vu aujourd'hui les lettres de Paris du 17 courant, de l'ambassadeur D. Inigo de Cardenas, lesquelles Vostre

---

On publia d'innombrables pamphlets pour se lamenter de la mort déplorable du grand roi; les plus curieux portent ces titres :

« *Discours funèbre sur le trépas de Henry-le-Grand, roy de France et de Navarre*, où est adjouté le *Songe de Lucidor*, sous lequel sont représentés les regrets de Cléanthe et les discours de Théophile ; par le sieur de Nervaise, secrétaire de la chambre du roy. » Paris, Toussaint de Brays, 1610.

« *Henricus magnus; authore Cl. Bartholomæo Morisoto.* » — Lugduni Batavorum, anno 1624. (Pièce très-rare.)

« *L'Apothéose de Henri-le-Grand*, contenant l'histoire de ses guerres et paix; par Charles Bérault. » Paris, M. Mondière, 1610.

« *Les Soupirs de la France sur la mort du roy Henry IV, et la fidélité des François.* » Paris, Pierre Ramis, 1610.

« *Lamentations et regrets sur la mort de Henry-le-Grand*, à l'imitation paraphrastique de *la Monodie grecque et latine* de Fréd. Morel. » Paris, Jean Libert, 1610.

« *La Sanglante chemise de Henry-le-Grand.* » Paris, 1610.

« *Mausolée royal*, dressé pour l'immortelle mémoire de Henry IV, roy de France et de Navarre, par le père Jacques Georges, de la compagnie de Jésus. » Lyon, Rigaud, 1610.

Majesté nous a fait parvenir. Elles contiennent avec les détails sur la mort du roy de France, arrivée le 14 de ce mois, la nouvelle des rassemblemens tumultueux qui ont eu lieu devant la maison du susdit ambassadeur de Vostre Majesté, lequel la royne a eu grand soin de protéger, en luy envoyant une garde [2]. Nous avons vu également la recognoissance du Dauphin pour roy de France, et de la royne sa mère pour régente; enfin ce qui s'est passé la veille de l'assassinat du roy au couronnement de la royne; et la discussion survenue entre D. Inigo de Cardenas et l'ambassadeur de Venise. Voici l'advis de vostre conseil :

« LE CARDINAL DE TOLÈDE [3]. — Quant à la mort du roy de France, il n'y a rien à dire, si ce n'est que Vostre Majesté doit se pénétrer des paroles de sainct Paul : *Si Deus pro nobis, quis contra*

---

1 Ces lettres du 17 mai ne se trouvent pas dans la correspondance de l'ambassadeur au roi Philippe III : elles ont été égarées ou détruites.

2. *Y aver acudido tumulto de gente a la case ded d° embaxador, y dedefadi do la reyna poniendo gente de guarda con mucho cuydado.*

3 Chaque membre du conseil donne son avis, et le roi formule ensuite sa volonté.

nos? et comme Vostre Majesté est l'appuy et la colonne de la chrestienté, elle doit espérer en Dieu, qui favorisera ses desseins et ses justes entreprises¹. La démarche de la royne-mère pour protéger la maison de l'ambassadeur de Vostre Majesté pendant le tumulte occasioné par la mort du roy de France, doit donner une haute idée de ceste princesse². Ceste action dénote un caractère ferme et qui a sçu à temps arrester les conséquences qui pouvoient résulter. Vostre Majesté ne pense-t-elle pas qu'il seroit bien qu'on en remerciast la royne de sa part dans les termes convenables³? Quant à la difficulté qui s'est élevée entre don Inigo et l'ambassadeur de Venise en France, on pense qu'il n'y a rien à faire jusqu'à ce que l'on sache ce à quoy prétend le Vénitien. Dans le cas où il s'adresseroit au connestable, alors on verra ce qu'il conviendra d'ordonner⁴. Pour ce qui

---

1 *Se ha de esperar en Dios que le ha de favorecer y guiar sus justos intentos.*

2 *Es para estimar la mucho.*

3 *Si sera bien que de su parte lo agradezca á la reyna por los terminos que fuere mas a proposito.*

4 *O si el de Venecia habla al condestable, entonces se vera lo que convendra ordenar.*

est du deuil, nous croyons que Vostre Majesté ne doit point s'écarter de la coutume[1] qui a esté pratiquée en pareille occasion; d'autant que la guerre n'estant point absolument déclarée contre le roy défunt, ou tout au moins celuy-cy n'ayant point justifié ses coupables entreprises, il ne conviendroit point de faire à cet égard aucune innovation[2]. Nous regardons comme fort important d'envoyer en France une personne de qualité pour y faire le compliment de condoléance sur la mort du roy[3], et pour féliciter le nouveau roy sur son avènement. Don Pedro de Tolède, marquis de Villafranca, nous a paru le personnage convenable à ceste mission. Il est bien vray qu'il esprouva quelques désagrémens pendant les deux ans qu'il séjourna à Paris; mais cet inconvénient cesse avec la mort du roy de France; de plus, sa cognoissance des mœurs du pays, jointe à la parenté qui l'unit au nouveau roy et à la royne

---

1 *De no hacer novedad de la costumbre.*

2 *Pues no aviendo se roto guerra con aquel rey, ni dado se, aun, por entendido de sus injustos intentos, no es bien inobar lo que se ha usado otras vezes.*

3 *A dar el pesame de la muerte.*

sa mère, doivent estre d'un grand poids dans le choix de sa personne. Une sérieuse attention doit estre donnée à Milan et au prince de Condé qui y réside; c'est en ménageant¹ ce prince que l'on peut conserver les avantages que l'on a obtenus par luy²; on doit le féliciter de l'heureuse issue de ses affaires, dont il est redevable à l'intervention de Dieu. Ses craintes ont cessé en France, lui dira-t-on; il n'a plus à redouter la tyrannie de son roy, qui vouloit luy ravir son honneur et celuy de son épouse³. Cependant, comme le prince de Condé est libre, il ne conviendroit pas de le retenir contre sa volonté; qu'on le fasse demeurer par toutes les séductions et promesses, mais que rien ne décèle la contrainte et la prison⁴. Enfin, quant aux inquiétudes que Sa Majesté paroist concevoir sur la tournure nouvelle des affaires en France, nous la prions d'aller lentement, sans montrer ny négligence ny empressement⁵, et

1 *Dando le blanduras.*
2 *Por este camino no se perdera lo que se ha hecho por el.*
3 *La tirania de su rey por salbar su onor y el de su muger.*
4 *Seu sin aparencia ni demonstration alguna de prision.*
5 *A paso lento, sin monstrar cuydado ni descuydado.*

le temps nous apportera les indications pour la marche que nous aurons à suivre. »

Le connétable de Catalogne, les ducs de l'Infantado et d'Albuquerque furent entièrement de l'avis du cardinal de Tolède. Le duc de Lerma seul fit observer que les honneurs funèbres pour le roi de France mort devaient être rendus avec une grande solennité et dans le plus bref délai; « car, dit le ministre, puisque Vostre Majesté doit le faire, la promptitude en ceste occasion ne peut produire qu'un excellent effet[1]. Quant au prince de Condé, je crois qu'il ne faut en aucune manière avoir l'air de garder sa personne, car on pourroit ainsi inspirer de la méfiance contre Vostre Majesté à ceux du parti de ce prince. C'est une affaire très-délicate et dans laquelle nous ne saurions estre trop prudens. Après cela on a oublié de dire qu'il faut que le connestable de Castille tesmoigne à l'ambassadeur françois auprès de ceste cour, combien Sa Majesté a esté affectée du funeste attentat contre le roy son frère; et

---

1 *Por que aviendo se de hacer parecera bien la brevedad en esto.*

ensuite se présenteront chez ledict ambassadeur chacun des membres du conseil. Vostre Majesté nous fera sçavoir ce qu'elle juge le plus convenable à son service dans ce que nous luy avons soumis cy-dessus. »

L'Espagne, à travers ses dissimulations, comprenait tout ce qu'elle pouvait gagner à la mort de Henri IV, car la pensée de l'immense projet qui menaçait la maison d'Autriche s'éteignait en lui. Il était aisé au conseil de San-Lorenzo de s'emparer de la régence par Marie de Médicis. Le parti catholique renaissait avec ses sympathies. L'important était surtout de comprimer le premier mouvement d'opinion populaire qui s'élevait pour accuser les vieux ligueurs de l'assassinat de Henri IV.

Quand un système de réaction commence, il n'est point facile d'y mettre un terme. L'assassinat du roi avait-il été causé par un de ces sombres enthousiasmes dont l'origine était la ligue, ou bien était-il inspiré par un intérêt privé? Dans les grandes crises de douleur et d'affaissement public, le peuple remonte rarement à des causes vagues et générales; il saisit un objet de ses haines et l'affuble du crime qu'il veut venger [1]. Jamais il n'y eut plus d'accusations portées à la suite d'un attentat contre la tête d'un roi ; le couteau, disait-on, avait été dirigé par la marquise de Verneuil [2], cette maîtresse outragée, ou bien encore l'impulsion venait des jésuites, du duc d'Epernon, de Marie de Médicis elle-même [3]. De longs procès fu-

[1] Les interrogatoires de Ravaillac ont été trop souvent recueillis pour que j'aie besoin de les reproduire ici ; d'ailleurs, ils entrent, avec son procès, dans le cadre du règne de Louis XIII, que je publierai à la suite de cet ouvrage.

[2] *Voyez* dans Fontanieu, portefeuilles nos 456, 457, les dépositions de la demoiselle Decomman à l'encontre de la marquise de Verneuil, son ancienne amie et confidente ; elle l'accuse de la mort du roi, de complicité avec le duc d'Epernon et le père Cotton.

[3] Archives de Simancas, cot. B 909°. — Je trouve dans les portefeuilles de M. de Fontanieu la note suivante : « On a tousjours dict que les dernières confessions de Ravaillac dans les douleurs du supplice, avant d'expirer, avoient esté escrites par le greffier du parlement d'une manière si extraordinaire qu'il n'y a pas une lettre formée, et qu'on n'y voit que des points et des barres. Je connois en effet plusieurs gens de lettres auxquels feu M. le procureur-général Joly de Fleury avoit bien voulu les communiquer, qui m'ont assuré n'y avoir pas connu un seul mot. Un de ces savans, celuy, je l'avoue, en qui j'ay le plus de confiance, m'a dict qu'il avoit cru y apercevoir le nom de la royne et de M. d'Epernon, sans qu'il ait eu aucun doute sur ce dernier. En ce cas, on pourroit soupçonner avec raison que l'affectation d'une escriture illisible a eu pour cause l'importance des faits révélés par le coupable. Ce soupçon ne

rent poursuivis après la mort de Henri IV;
mais, par un habile coup d'Etat, le duc
d'Epernon et Marie de Médicis avaient saisi
l'autorité. On laissa surgir quelques plaintes
vagues contre les jésuites, afin de calmer l'impatiente haine des parlementaires. Quant au
duc d'Epernon, il avait alors trop d'ascendant sur le parlement, auquel il avait fait
briller son épée[1], pour jamais permettre que

s'accorde malheureusement que trop avec une tradition qui fait frémir. Je ne sais ce qu'est devenue la pièce dont il s'agit, et si elle est encore dans les mains de la famille de M. Fleury. Le mesme homme m'a dict qu'en faisant de grosses réparations à une maison faisant l'encognure des rues Sainct-Honoré et des Bons-Enfans, près du Palais-Royal, on avoit trouvé dans l'épaisseur d'un mur qu'on fut obligé de détruire une petite cassette dans laquelle estoit le procès de Ravaillac, qu'un des conseillers du parlement, commissaire et rapporteur de ce malheureux, demeuroit dans ceste maison, et que vraisemblablement, au lieu de remettre le procès au greffe, il l'avoit caché, que la cassette fut portée au roy, qui la remit à M. Bachelier, son premier valet de chambre, entre les mains duquel elle estoit demeurée, sans doute par oubli; que M. Bachelier, peu avant sa mort, luy avoit permis de voir le procès, qu'il n'y avoit point trouvé le testament de mort, ce qui n'est pas surprenant, ceste pièce reçue par le greffier pendant l'exécution n'ayant pu estre sous les yeux des juges lors du rapport et de l'arrest. » FONTANIEU, Portefeuilles, n°ˢ 456, 457.

[1] Je renvoie au chapitre II du nouvel ouvrage que je prépare sous le titre de *Richelieu, Mazarin, la Fronde et le règne de Louis XIV*.

le moindre soupçon planât sur lui-même ni sur la régente dont il était l'appui. Il y avait toujours dans le conseil, le parti Sully et le parti d'Epernon, la personnification des opinions réformées et catholiques; le duc d'Epernon triompha, et par son moyen la réaction politique fut épargnée.

La mort de Henri IV mit fin au système de transaction et de milieu que le roi avait suivi avec tant de peines; la pensée catholique domina le nouveau conseil. Ce qu'on accorda aux protestans ne fut plus qu'une concession et non pas une législation d'égalité, en vertu de laquelle les opinions de la réforme traitaient d'une manière indépendante. Il a été impossible de soulever le voile qui couvre le fatal mystère de la mort du roi. Il y avait beaucoup d'intéressés dans la catastrophe; la grande guerre qu'allait entreprendre Henri IV menaçait l'Espagne spécialement et toute la maison d'Autriche avec elle; c'était alors une triste époque d'attentats privés, de coups de poignards, dans les rues étroites et jusque sur le seuil obscur des palais; l'Espagne avait tant soldé d'assassinats dans ses projets sur l'Angleterre, dans ses vengeances contre la Hollande; elle pouvait bien réchauffer cette sanglante habitude. Il est constant qu'en Allemagne la nouvelle de la mort de Henri IV se répandit avec une rapidité telle qu'on eût pu dire qu'elle était prévue à jour et à heure fixes.

On accusa encore les jésuites[1]. Cette corporation était alors en haine au parlement et à l'université, et c'étaient les parlementaires qui avaient en mains la direction d'opinion publique par les pamphlets. Les jésuites avaient conquis un grand ascendant sur l'esprit de Henri IV, qui aimait leurs lumières, leurs douces insinuations, leur profonde intelligence du

---

[1] *Voyez* les pamphlets suivans, qui furent publiés contre les jésuites : « *Le mystère des jésuites, pour prendre la résolution de tuer les roys.* » Paris, 1610.

« *Exécution sur le détestable parricide.* » Paris, Jean Libert, rue Saint-Jean-de-Latran, près le collége de Cambrai, 1610.

« *L'assassinat du roy, ou maximes du vieil de la montagne Vaticane et de ses assassins, pratiquées en la personne de Henri-le-Grand.* » Paris, 1610.

« *Remontrances à Messieurs de la cour de parlement sur le parricide commis en la personne de Henri-le-Grand.* » Paris, 1610.

cœur et de ses faiblesses. A la tête du mouvement catholique, les jésuites s'étaient fait représenter à la cour par le P. Cotton, un des hommes les plus distingués et des plus caressé par le roi. Henri laissa son cœur à leur collége de La Flèche; il témoigna ainsi tout son attachement pour l'opinion religieuse dont les jésuites étaient les organes. Néanmoins les parlementaires poursuivirent la corporation de Jésus; ils l'accusèrent d'avoir assassiné Henri IV, et alors furent encore réveillées les vieilles haines assoupies. La postérité ne ratifiera pas les jugemens des partis; elle ne peut accuser sans preuves les jésuites de l'attentat de Ravaillac[1], qui ne fut, sans doute, que le résultat d'une pensée fanatique nourrie dans l'isolement et les macérations. Nous, qui avons vécu au milieu des passions politiques, nous avons vu aussi de ces jugemens jetés contre tout un parti pour le crime d'un seul. Quand un homme, profondément dévoué à une conviction religieuse ou politique, voit devant lui un prince

---

[1] Je suivrai spécialement le mouvement des doctrines religieuses des jésuites dans la lutte qui s'établit entre eux et les parlementaires.

qui flétrit ou persécute cette conviction, alors s'allume en lui une flamme parricide; il aperçoit d'antiques exemples, la postérité qui l'applaudit, le rôle d'un Brutus républicain ou d'un martyr catholique; laissez marcher cette idée! elle n'a pas besoin de complices; elle indique au poignard le cœur qu'il faut frapper. Tel fut sans doute Ravaillac; il éteignit dans la vie de Henri IV le système de tolérance et de modération qui importunait les ardens catholiques.

RÉSUMÉ.

J'accomplis la grande période politique et religieuse du seizième siècle; et il m'est difficile, avant d'entrer dans une autre époque de civilisation, de ne pas jeter un regard en arrière, pour nettement préciser les traits généraux de l'histoire que je viens de tracer. En face de cette masse de faits et de documens, je crains qu'il ne soit né quelque confusion sur les choses et les caractères; il faut mettre une pensée dans ce vaste tout. J'ai défini les trois parties de mon travail, c'est-à-dire la Réforme, la Ligue et le Règne de Henri IV, par ces trois expressions qui rendent nettement l'idée fondamentale du livre: *action*, *réaction*, *transaction*. La réforme, c'est le mouvement d'une civilisation nouvelle qui veut s'imposer à des habitudes vieillies; c'est une révolution intellectuelle depuis long-temps préparée, mais qui se présente sous des formes trop violentes, comme une nouveauté, trop hostiles aux faits existans, pour qu'elle ne trouve pas dans ces faits une opposition aussi persévérante qu'elle est vive et impétueuse. Une idée avancée est toujours une idée proscrite; les intérêts, les coutumes établies sont intolérans et implacables. Quand on offrit la réforme à la société du seizième siècle, partout où elle ne fut point admise, elle excita une longue et sanglante persécution; les principes catholiques s'associèrent; ils s'organisèrent pour la résistance, et voilà ce qui fait que je considère la ligue, avec ses forces et sa constitution matérielle, comme une véritable réaction au système annoncé par

Luther. Puis, quand cette lutte entre la vieille et la jeune société a fait verser des torrens de sang, lorsqu'il y a épuisement des deux partis, arrive un roi indifférent qui cherche à concilier les opinions hostiles, et c'est cette troisième période qui prend le caractère de la transaction.

Le lecteur qui a parcouru les faits nombreux de cette dramatique époque, a dû naturellement se demander quelle avait été l'influence des trois systèmes que je viens de définir. L'esprit philosophique a besoin d'ainsi classer les idées pour saisir la marche des générations. L'imagination fertile peut ici travailler à l'aise; le domaine des résultats est vague; on peut chercher dans un fait les conséquences les moins directes. Des écrivains distingués ont tout vu dans la réforme, comme d'autres ont tout placé dans les croisades, comme d'autres après nous chercheront tout dans la révolution française. Chaque siècle a son grand événement, son principe dominateur, mais il serait faux de détailler un à un les résultats que ce principe a produits. Les événemens importans procèdent sur les sociétés par des influences générales : il y eut manie naguère de publier des Mémoires sur les conséquences particulières de toute révolution politique ou religieuse; l'Institut même s'en laissa préoccuper; il y eut donc des prix donnés sur l'*influence de Luther*[1], comme il y en eut aussi sur l'*influence des croisades*. Que firent les concurrens pour répondre aux vœux des corps savans? Comme ils ne devaient pas s'arrêter aux masses, ils écrivent en quelque sorte un bordereau des plus petits détails; il ne virent pas l'esprit haut et fort des révolutions et des peuples, mais ils dressèrent un inventaire de tous les faits postérieurs même les plus indifférens, et les ratta-

---

[1] *Essai sur l'esprit et l'influence de la réformation de Luther*, par Charles Villers. Il ne parvint à l'Institut que sept Mémoires, dont six en français et un en allemand. Outre celui de M. Villers, qui remporta le prix, quatre autres ont été imprimés, ceux de MM. de Malleville et Leuliette, qui obtinrent une mention honorable, et celui de M. Ponce, tous trois à Paris. Le quatrième l'a été à Gœttingue, son auteur est M. Descôtes, ministre de l'Eglise française réformée de Kirchheim-Polanden. M. de Malleville est le seul qui ait jugé défavorablement la réforme et son influence; mais il l'a fait par des considérations qui ne sont ni assez larges ni assez étudiées, et peu conciliantes.

chèrent à l'événement immense dont ils devaient pénétrer la portée.

J'éviterai, autant qu'il m'est possible, ce morcellement d'un sujet vaste et élevé ; l'action d'un grand fait sur un siècle procède par des causes vagues et mystérieuses qui échappent à l'analyse de détail : tout le monde sent et touche au doigt qu'en effet il y a eu une révolution accomplie, que cette révolution a fait passer les peuples d'un état à un autre; là doit s'arrêter le travail de l'esprit quand il ne veut pas secouer les idées positives. J'avancerai donc, à l'aide de cette méthode, pour saisir l'influence qu'ont exercée sur la civilisation et l'esprit des siècles, les trois principes que j'ai posés, à savoir : l'*action*, la *réaction* et la *transaction*, c'est-à-dire *la Réforme, la Ligue* et *le Règne de Henri IV*.

§ I.

PÉRIODE D'ACTION.

LA RÉFORME.

Caractère des écoles diverses de la réforme. — Luthéranisme. — Calvinisme. — Anabaptistes. — Anglicans. — Effets sur le principe du gouvernement. — Monarchie. — République. — Système politique, né de la réforme. — Etats nouveaux. — Principe commun à toutes les écoles. — Examen. — Ecole politique de la réforme. — Controverses. — Principe territorial. — Philosophie morale.

La réformation a opéré une révolution profonde dans le principe gouvernemental chez les divers peuples; mais comme cette réformation ne fut point un fait ayant son unité, qu'elle n'apparut pas sous une même idée dans les proportions d'une seule école, elle agit alors d'une manière différente, à raison que la prédication s'annonça avec des conditions plus ou moins larges de liberté intellectuelle.

L'école luthérienne, la première et la plus répandue, n'opéra que dans des limites déterminées; elle n'émancipait pas les multitudes; seulement elle accomplit la révolution qui plusieurs fois s'était montrée dans l'histoire; elle ôta la propriété des clercs pour la faire passer aux barons. Matériellement parlant, le fait qui reconstitua la féodalité en Europe fut la prédication luthérienne; elle donna aux seigneurs le pouvoir que long-temps l'Eglise leur avait disputé; elle plaça l'autorité territoriale au-dessus de la puissance morale. En Allemagne, la réformation favorise le morcellement de l'unité impériale; elle crée l'indépendance des électorats et l'émancipation des petites souverainetés. En Danemarck et en Suède, où le luthéranisme s'établit dominateur, la révolution développe les mêmes idées; les hommes d'armes s'emparent par la violence des domaines ecclésiastiques; ils secouent le frein de l'Eglise comme en France sous Karle

Martel et Philippe-le-Bel; la révolution matérielle n'a pas d'autres résultats d'émancipation. Voyez aussi quand le peuple s'émeut et qu'il veut attaquer à son tour l'autorité des barons, comme Luther s'élève contre les tentatives populaires en Allemagne, comme il se pose adversaire implacable de toutes les innovations qui ébranlent le pouvoir civil! L'aristocratie de la terre a secoué la puissance morale de l'Eglise; puis, elle se protége en face des tourmentes que le principe d'examen jette dans la société. Rien de plus cruel que la guerre des hauts féodaux de la basse Allemagne contre les vassaux soulevés par les prédications de Carlostadt, plus sympathiques aux masses. Ce n'est point un principe de liberté que l'homme d'arme défend, mais la suzeraineté et la propriété territoriale.

L'école calviniste est plus hardie; elle substitue une espèce d'aristocratie bourgeoise à la société féodale, résultat du luthéranisme; ses écoles n'établissent point encore l'égalité pure, le système de l'examen libre et indéfini; mais elles anéantissent la hiérarchie épiscopale; elles placent l'élection partout, en Hollande comme à Genève. Le calvinisme crée son gouvernement, s'infiltre et se fond dans toutes les formes sociales ; une fois son principe admis, il est forcé de lutter avec violence contre tout ce qui voudrait en dépasser les limites. Un gouvernement qui s'établit dans des conditions d'une liberté définie, a besoin de réprimer violemment et matériellement les tentatives qui tendent à le renverser ; la bourgeoisie surtout est implacable ; elle sent qu'elle a deux adversaires terribles, les hautes classes et le peuple, et son souci est de les tenir sans cesse en respect. De là cette haine de Calvin contre les doctrines de Servet ; le docteur de Genève avait posé des bornes à son système : toute entreprise qui cherchait à les briser était une véritable conspiration d'État, une perturbation de l'ordre établi ; d'où cet esprit de vengeance, cette sombre animation de Calvin, car il voit son ouvrage menacé, et son ouvrage est une constitution. Le calvinisme ne se mêle que par accident à la féodalité ; en France il sert de prétexte aux grands vassaux ; c'est un moyen et non une cause. Cette croyance a quelque chose qui la rapproche des municipes, de l'élection des maires, échevins; elle cherche à consacrer les formes bourgeoises partout où elle se produit, en France surtout, dans les Eglises de Nismes, Montauban et La Rochelle.

L'école anabaptiste, c'est le gouvernement des basses classes, le désordre et la vigueur tout à la fois d'un pouvoir placé dans les mains de la multitude; tantôt ce pouvoir apparaît bruyant comme une démocratie orageuse, tantôt avec les conditions d'un despotisme effréné, transformation qui se montre plus d'une fois dans la durée des crises populaires. On voit les anabaptistes passer du tumulte des rues aux violences de la monarchie la plus brutale; ce don de prophétie et d'inspirations que chacun s'attribue met le glaive au bras de celui qui se sent le plus fort. Les anabaptistes, tels qu'ils agissent sous Muncer et Jean de Leyde, sont le plus grand danger pour la réforme paisible et durable; on ne secoue pas une société sans en ébranler toutes les parties. Quand la classe bourgeoise a fait une révolution, ce qu'elle ne sait pas assez, c'est qu'il n'y a plus rien d'inviolable, et que, puisqu'elle a proclamé son droit, il est libre à chacun de proclamer le sien. Tant que les anabaptistes ne furent qu'un désordre ils ne fondèrent aucun principe ; partout ils furent un obstacle ; jamais leur pensée ne put constituer quelque chose ; en Hollande, les anabaptistes firent de l'opposition au système bourgeois et marchand ; dans la basse Allemagne ils eurent à lutter contre la féodalité et la bourgeoisie réunies ; en Angleterre transformés en sectes diverses et en puritains, les disciples de la libre inspiration régnèrent un moment au milieu des troubles politiques, mais nulle part leur théorie ne fut entière.

L'école anglicane a ce caractère particulier qu'elle est en quelque sorte la substitution de la royauté pleine, absolue, capricieuse, à ce système mixte de religion et de monarchie qui dans le moyen âge avait si puissamment comprimé les passions des rois d'Angleterre. Je ne sache rien dans l'histoire des désordres humains qui puisse se comparer à ce honteux débordement des princes de la race poitevine et des Tudor ; supposez maintenant que l'Église n'eût pas mis un frein à ce libertinage cruel, à ce mépris pour tous les liens sacrés, et je demande ce qui serait advenu dans cette lutte de monarques abîmés d'ennuis, de passions basses et de satiétés sanglantes contre de faibles femmes, d'innocentes vierges qu'ils jetaient de leur couche à l'échafaud? En constituant l'Église sous son sceptre, Henri VIII brisa ce dernier frein; ce ne fut pas d'abord une religion nationale, mais une Église royale, une autocratie où tous les pouvoirs dépendaient d'un seul. On s'explique cette vive et profonde opposition que la foi anglicane trouva en dehors; la hiérarchie épiscopale ne fut plus qu'une forme, qu'un instrument; la suprématie de la couronne domina tout. Que dire de ces serviles clercs fléchissant le genou devant la royauté comme devant une idole? L'Angleterre fut le théâtre de mille excès : d'une part l'épiscopat établi, imposant ses liturgies, ses prescriptions comme des commandemens politiques; de l'autre ces myriades de puritains, de calvinistes persécutés, puis prenant le pouvoir sous Cromwell et se transformant dans le despotisme le plus violent et le plus persécuteur.

Comme résultat politique et matériel, les prédications des quatre écoles réformées ont laissé des faits qui subsistent encore; la constitution de la Suède avec ses ordres divers, son organisation de noblesse, de paysans et de clergé se lie à l'origine de la prédication réformée. Dans le Danemark, cette réformation créa d'abord un immense pouvoir à la noblesse, pouvoir qui s'est affaissé sous un régime absolu. L'intervention de la Suède dans les grandes affaires du midi de l'Europe, les traités de subsides qui en furent la suite, les belles campagnes de Gustave-Adolphe, tout cela fut amené par la réformation luthérienne; elle substitua un système de balance européenne au profit de la puissance habile qui put s'en saisir. La France s'appuya sur les élémens de discordes que la prédication de Luther avait jetés en Allemagne pour dissoudre le corps germanique et en attirer les débris à son alliance; les gouvernemens libres de Genève et la Hollande ne furent pas seulement le fruit éloigné, mais le produit immédiat des changemens opérés par la force du calvinisme.

Sous le rapport philosophique, la Réforme proclama le libre examen, immense faculté de l'esprit qui creuse et abîme tout ce que la raison n'admet pas. Ce fut un instrument sublime et terrible à la fois que ce libre examen apporté dans toutes les sciences morales et politiques; il contenait en lui-même des germes de mort pour tous les droits établis, pour tous les faits consacrés depuis des siècles. Quelle idée, quel droit acquis n'allaient pas être réduits en poussière par cette loi d'éternel remaniement de la société humaine? Église, royauté, propriété, gouvernement, tout était mis en question. Aussi jamais école de la réformation, j'en excepte les anabaptistes, n'admit-elle le libre examen sans limites; tous leurs efforts se réunirent pour poser précisément des barrières au principe que Luther avait jeté hardiment le premier au milieu du monde. Aucune tête humaine n'apporta une plus violente tenacité que Luther à ses propres interprétations; en même temps qu'il disait : examinez, il imposait aux disciples les formules de sa propre science. Qui n'a lu ses virulentes diatribes contre Carlostadt et les universitaires quand ils voulurent aller plus loin que lui? Et Calvin! quel fut le souci de sa vie? si ce n'est de mettre des bornes à ce terrible droit de tout creuser, de tout examiner. Et tous deux avaient raison : après avoir démoli, il fallait construire; têtes de gouvernement, ils n'entendaient point régner sur des ruines; l'examen fut ainsi subordonné à des liturgies, à une théologie demi-politique qui se proclama comme le principe même du pouvoir.

Dans les sciences morales, la réformation produisit surtout cette grande école sérieuse et critique qui fit marcher la philosophie rationnelle. La tradition fut abandonnée; on voulut tout voir, tout discuter; on appliqua les règles générales de la raison pure à la connaissance des faits historiques, à l'appréciation des causes; la philosophie prit de libres allures; l'histoire jugea non plus avec des croyances et des couleurs poétiques, mais avec le sens intime et profond des événemens. Ce fut un mouvement en avant, un résultat pour l'esprit des générations; on se dépouilla des charmes de la mythologie du moyen âge, de ces symboles, de ces mystérieuses et tendres légendes qui consolaient l'homme en face du terrible avenir qui l'écrase. La société croyait, sans remuer les faits, dans une paresseuse et douce conviction; l'école critique ne laissa pas pierre sur pierre; elle marcha vite à la démolition du pieux édifice que l'âme regardait dans un ineffable élancement. Examinez, jugez, ce fut le son de cette trompette du réveil que la réforme fit entendre, et tandis qu'elle détruisait ainsi les illusions morales, elle démolissait encore les illusions matérielles, ces beaux édifices des saints, de la Vierge et du Sauveur des hommes, ces images qui frappaient les sens et jetaient dans l'âme les croyances catholiques, alors que les effets bleuâtres des vitraux caressaient les yeux du fidèle agenouillé devant les reliquaires des martyrs.

La philosophie rationnelle s'avança grandement dans les larges voies que la réformation lui avait ouvertes; il y eut des écoles et des controverses dans tout l'univers chrétien; le catholicisme ne voulut point se laisser primer dans les sciences, dans l'interprétation de l'antiquité; des disputes purent s'agiter entre des hommes savans qui puisèrent chez les anciens, dans l'intelligence profonde des langues hébraïque et grecque, de nouvelles émotions et de nouvelles idées. Les discussions sur l'Ancien et le Nouveau Testament nécessitèrent de fortes études et une connaissance parfaite des idiomes dans lesquels il étaient écrits; on sua dans les universités sur les difficultés de l'hébreu et du chaldéen; la science se répandit, parce que dans toutes les luttes morales ou politiques il faut que les adversaires se préparent au combat et s'y préparent avec toutes leurs ressources.

Partout où la réformation s'établit, il y eut un changement dans l'état de la propriété; les clercs cédèrent aux hommes d'armes la plupart de leurs possessions; il s'opéra un morcellement des grandes menses de l'Eglise; la terre devint une propriété toute civile, et comme la division favorise, sous bien des rapports, la culture et les améliorations des produits, les pays protestans développèrent une fécondité plus grande, une activité plus vigoureuse, un bien-être plus général que les pays catholiques. Il y a dans toutes les possessions nouvelles un je ne sais quoi de force et d'énergie ; tous ces colons faisaient valoir leurs terres de leurs propres mains, les arrosaient de leurs sueurs : voyez toutes les merveilles de la Hollande, ces champs si fertiles de la Suisse protestante !

Mais en même temps, l'examen, base de cette réformation, posait dans le monde une des difficultés impérieuses que les générations à venir auront à résoudre : je parle de la légitime transmission de la terre. Quand, avec l'arme terrible de la raison humaine, il s'agira de voir et d'apprécier les droits et les limites de la propriété ; quand l'examen mettra en présence la misère des masses et l'opulence de quelques uns, alors n'est-il pas à craindre qu'il n'entraîne à ce doute épouvantable pour les générations à venir : à savoir, si la terre doit être le patrimoine du petit nombre au préjudice de tous ? L'examen a détruit l'autorité catholique ; il a presque dévoré la royauté et le pouvoir légitime des gouvernemens ; il lui reste maintenant une dernière illusion à détruire, le prestige de la propriété héréditaire. Ainsi, la plus noble faculté de l'homme, établie par la réforme, peut être la cause de tous les désordres et de toutes les révolutions : Luther a ouvert cette nouvelle boîte de Pandore d'où sortent tous les biens et tous les maux. La plupart des institutions humaines sont fondées sur les illusions du cœur et de l'esprit; ne déchirez pas le voile si vous voulez laisser à l'homme quelque autre chose qu'un cadavre hideux et déformé. Quand tout ce qui nous entoure est problème, n'armons qu'avec timidité la raison d'un instrument qui lui fait trouver, après tous les dégoûts de la vie, une seule vérité, celle de son inévitable destruction? Laissez-nous donc nos consolantes légendes, nos traditions de races et de famille, cet avenir d'or, cette idéalité de bonheur qui nous est promise, lorsque tout ce qui touche la vie se flétrit sous nos doigts. Que la société marche à ses grandes destinées, mais que l'homme y trouve un peu de bonheur individuel; que le scepticisme ne vienne point décolorer quelques uns des beaux jours de son existence. Le libre examen des réformateurs, en échange des abus détruits, a creusé un abîme que n'a point comblé encore le sang de tant de générations. Les époques de croyances eurent leurs superstitions, leurs actes déplorables, leurs vengeances d'inquisition, leurs guerres meurtrières; mais nos temps de raison pure, d'intelligence sans limites n'eurent-ils pas aussi leurs intolérances, leurs excès, leur guerre sanglante et leur vaste désolation?

Pour soutenir la doctrine d'examen et détruire toute hiérarchie religieuse, les réformateurs se servirent de l'arme puissante des pamphlets. L'école réformatrice n'eut point ce mordant de la satire ligueuse. Elle ne s'adressa pas, surtout en France, à cette classe que remuaient les prédicateurs et les chansonniers de Paris; il y a dans les pamphlets de Luther et de Calvin une âcreté méprisante, une teinte sombre et biblique, et vous chercheriez en vain la gaieté des pamphlets de la ligue adressés à la bonne bourgeoisie et aux halles : presque tous les écrits de l'école réformatrice sont sérieux, didactiques, raisonnés. Quand Luther a parlé des âneries du pape, et Calvin des dissolutions épiscopales, ils ont comme épuisé leur verve de plaisanterie; leur supériorité consiste dans la discussion pensante et calme, dans la véritable controverse. Quelques uns de leurs pamphlets attaquent le principe du gouvernement; les autres remuent les peuples. La plaisanterie est lourde, mais le sarcasme est amer; rien ne leur échappe, ni la royauté, ni les principes qui conservent et perpétuent les empires : appel à la révolte, plan de république; puis, exhortations pour maintenir les gouvernemens établis, toutes ces thèses contradictoires sont soutenues par les réformateurs avec talent et érudition; ils n'épargnent point l'injure personnelle; on ne doit pas leur en faire reproche, car c'était l'esprit de l'école; les pamphlets huguenots sont des livres pour la plupart, et leurs chansons des psaumes, des applications pieuses; combien sont différens ces vers populaires qui circulaient au temps de la ligue! Les croyances excitent l'imagination, soulèvent des haines acérées qui empruntent tous les tons, la poésie, le pasquil, la satire mordante; la raison pure va devant elle, lutte par l'examen, discute par la controverse, et c'est le rôle que prirent les réformateurs; ils mirent tout en question dans une société qui vivait de formules depuis la destruction de la vieille civilisation romaine.

§ II.

RÉACTION.

LA LIGUE.

La société catholique. — Son organisation. — Résistance. — Inquisition. — Ordres religieux. — Les Jésuites. — Parallèle de Loyola et de Luther. — Réformation pieuse des ordres. — Ardeur des sciences. — Bénédictins. — Esprit territorial de la ligue. — Provinces. — Municipalités. — Doctrines. — Prédications. — Liberté. — Régicide. — Mouvement des opinions par la ligue.

L'esprit du moyen âge se rattachait à la puissante organisation catholique; toutes les idées, toutes les affection de l'homme, les souvenirs et les besoins de la cité trouvaient leur expression dans ces légendes d'or, dans ces mystères et ces croyances qui prenaient l'enfant au berceau et consolaient l'homme dans sa vieillesse : ce Christ aux traits raides, aux yeux fixes, que le peintre reproduisait sur les vitraux des cathédrales, protégeait les labeurs du serf, consolait ses fatigues, réveillait ses espérances à demi-éteintes; cette Vierge aux noirs cheveux, aux regards favorables et doux, était l'intermédiaire de la cité menacée par la peste et la famine; la légende d'un saint patron incrustée sur la bannière municipale rappelait le patriotique souvenir d'un vieux moine qui avait défriché les terres, porté la civilisation au milieu de la barbarie, guéri comme saint Roch une calamité terrible, ou comme saint Victor combattu un monstre qui désolait la contrée, ou comme Marthe l'enchanteresse du midi, empoisonné la tarasque du Rhône. Ces légendes de chevalerie et de souvenirs municipaux étaient la gloire et la richesse des cités; quand dans la plaine se réunissaient bruyantes les confréries bourgeoises pour délibérer sur leur liberté, c'était à l'invocation d'un saint que les habitans sonnaient le beffroi, délibéraient sur les affaires publiques; la châsse bénite attirait sur la cité un nombreux concours d'étrangers qui apportaient leurs prières et leurs richesses, orgueil de l'Eglise. Si un pieux ermite habitait le désert voisin, bientôt autour de l'oratoire se bâtissait un village nombreux où des pèlerins, puis des marchands venaient s'abriter contre les intempéries du voyage; si la cathédrale était reluisante de quelques beaux souvenirs, de quelque image bien sculptée, la ville était visitée par des caravanes de peuples qui s'agenouillaient devant les tombes ou baisaient le reliquaire. La pensée catholique soulevait un monde de têtes et d'armes! une prédication suffisait pour arracher le baron à son foyer de château, à ses martiales distractions de tournois, de chasse au sanglier et au cerf, ou à l'oppression de ses voisins. L'Eglise était partout, dans les plus petits accidens de la vie; quelle joie sainte et populaire dans les grandes solennités! à Pâques, joyeux anniversaire de la résurrection; à Noël, jour de l'enfance dans la vie; à toutes ces fêtes de fleurs et d'encens, à ces processions de confréries sillonnant les rues étroites et les places où la multitude se réunissait pour délibérer. Que de tristesse ensuite dans ces pompes de mort, dans ces anniversaires du Purgatoire, dans ces lugubres cérémonies pour le repos des âmes, dans ces hymnes si sublimes qui seules remuent encore les entrailles, à nous, génération épuisée de plaisirs et de désenchantemens. La vie religieuse était partout, les joies de l'homme, ses douleurs, se reportaient au catholicisme; la crèche des pastourels, les mystères joués par de pauvres pèlerins étaient des spectacles. Que de soupirs dans la multitude lorsqu'on représentait devant elle la passion du Christ et le martyre de ces pauvres fidèles que le Sarrasin impitoyable condamnait à mourir! La famille, la vie entière étaient catholique; et lorsque la réformation vint ébranler cet état social organisé, est-il bien étonnant qu'elle ait trouvé une forte résistance et qu'une réaction ait menacé la réforme elle-même?

Dans une société avancée, l'esprit philosophique trouve de l'écho; la raison humaine a toujours son empire; mais supposez qu'au milieu d'un peuple bercé de cette vie de croyances qui touchaient à ses libertés, à ses habitudes, une voix se fasse entendre pour détruire ses doux préjugés, ses affections, ses souvenirs; alors cette société cherchera à étouffer cette voix importune, et sa résistance sera terrible; tel fut le catholicisme. Depuis le douzième siècle, il y avait eu des tentatives pour modifier ses coutumes, pour amener la simplicité dans les usages de son culte, dans la pompe de ses cérémonies; la prédication albigeoise, cette réformation des pasteurs, des pauvres de Lyon, les efforts de Jean Huss, de Jérôme de Prague, d'Arnaud de Brescia, avaient éveillé les sollicitudes de l'Eglise; elle avait eu crainte de se voir frappée dans son organisation, dans sa puissance morale, dans son influence sur les peuples.

Là fut l'origine de l'inquisition, tribunal d'enquête et de surveillance difficile à éviter dans une société où le principe était plus encore religieux que politique. Quand il s'agissait d'épier la conscience, de surveiller les affections du cœur, de maintenir le prestige de l'autorité, n'était-il pas essentiel d'établir une juridiction terrible et violente, qui saisissait tout à la fois l'âme et le corps. La réformation du seizième siècle donna une intensité plus grande encore au saint tribunal. La réforme se mêlait à la révolte contre la souveraineté; le peuple prenait les armes pour secouer le principe d'autorité, soit qu'il se personnifiât dans le prince ou dans l'évêque. Je n'excuse point les horreurs d'un système de répression tout monacal; je dis seulement qu'il était difficile d'éviter l'institution d'un tribunal pour réprimer l'hérésie armée contre l'organisation de la vieille société. Au seizième siècle, l'Espagne et les Pays-Bas virent particulièrement les terribles sentences de la juridiction ecclésiastique, et cela s'explique : l'Espagne avait besoin d'épier la fidélité et la foi incertaine des populations mauresques, récemment vaincues et toujours prêtes à revenir à leurs croyances religieuses et à leur indépendance; l'inquisition dut pénétrer partout pour surveiller cette tendance des anciens dominateurs de la nation espagnole. Dans les Pays-Bas, les mêmes symptômes se produisaient; le peuple secouait à la fois le joug de Philippe II et du catholicisme : il fallut frapper fort. Dans tous les temps de crise on court à ces juridictions exceptionnelles, qui, au nom de certaines idées et de certains intérêts, lancent des sentences de mort contre les opinions qui ne veulent point fléchir sous le joug; et peu importe que ces gouvernemens s'appellent catholique, philosophique ou révolutionnaire, c'est leur condition de marcher à la violence, parce que le danger est grand, et que la question de sauver le pays domine toutes les autres.

A cette réaction de l'énergie inquisitoriale, il faut joindre encore la résistance de l'esprit monacal, qui formait la grande hiérarchie du moyen âge; cette milice d'ordres religieux, qui s'étendait sur toute la superficie de l'Europe, ces fortes congrégations d'hommes qui cultivaient la terre et vivaient dans une confraternité de sentimens, dans une obéissance commune à la souveraineté papale, ne devaient point se laisser frapper et détruire sans opposer leur puissance à l'attaque concertée des réformateurs. Les moines exerçaient sur les masses une haute influence; ils avaient en mains les richesses et les lumières; Luther était pour eux un relaps; il sortait de leurs cellules pour secouer la poussière de ses sandales sur ces ordres qui avaient nourri son enfance et secondé les premières lueurs de sa science : il y eut donc redoublement de ferveur dans l'esprit monastique pour résister au mouvement réformateur.

C'est de cette fermentation rajeunie du catholicisme que naquit l'ordre immense des jésuites. Il y a un parallèle à faire entre Martin Luther et Ignace de Loyola; l'un vient en face de la société pour proclamer le grand principe d'examen; l'autre s'agenouille devant l'autorité et pose la tiare sur toutes les puissances de la terre; Luther attaque la souveraineté pontificale par la caricature et le pamphlet; Loyola fonde une congrégation dont le but exclusif est de défendre l'infaillibilité du saint-siége; l'un abolit toutes les images saisissantes, toutes les formes que l'on peut donner aux légendes et aux croyances catholiques; l'autre établit un culte sur le cœur de Jésus, sur l'impénétrable mystère de l'immaculée conception, idée de chevalerie, sorte d'honneur rendu à la mère de Dieu, emblème du pouvoir des femmes que la lance de Loyola protége et défend; Martin Luther invoque les sciences, les lumières et le mouvement de la civilisation; les jésuites luttent avec lui d'intelligence, de nobles efforts pour toutes les connaissances humaines. On accuse l'Eglise d'ignorance, et les jésuites donnent une forte et grande impulsion aux progrès scientifiques du seizième siècle; leur politique large et féconde ne se rattache pas à un territoire fixe et déterminé; le monde est leur domaine; l'autorité du pape est le principe de leurs prédications; l'Eglise est un être moral qui a l'univers pour empire; de là résulte un système de doctrines qui ne reconnaît pas de souverainetés territoriales quand elles se trouvent en opposition avec les doctrines catholiques, fondement de l'ordre religieux; de là encore ces théories que l'on rencontre dans les pamphlets et les prédications des jésuites : à savoir, que les catholiques peuvent secouer l'autorité des rois, lorsque ceux-ci cessent d'être en communion avec le principe de la foi, la personnification de l'Eglise, c'est-à-dire le pape. Les jésuites et les bénédictins furent les deux grandes colonnes de la science religieuse; ils firent avancer l'intelligence pratique des faits autant que la réforme donna d'impulsion à la philosophie critique et rationnelle de l'histoire. Si nous comparons même les travaux de l'une et de l'autre de ces écoles, nous trouverons ce résultat : c'est que la critique, qui est l'expression de la raison individuelle, se modifie et change à chaque génération; les systèmes passent; l'école protestante a vieilli; Bayle n'est plus en rapport avec nos lumières, avec la tendance des esprits; tandis que les travaux simples des bénédictins, ce recueil de faits colligés sous l'empire de l'autorité, nous restent encore comme les monumens indispensables de la science. Je ne sache pas un moyen d'écrire une seule ligne d'histoire sans suivre scrupuleusement, pour rechercher les mœurs d'un peuple, l'immense et pieuse collection des Bollandistes, les *Acta sanctorum ordini sancti Benedicti*, les *Analecta* de Mabillon, les grands travaux de Martenne, de don Bouquet, etc. On voudrait vainement réveiller parmi nous cette humilité scientifique qui ramassait et casait un à un les souvenirs du passé; esprits superbes que nous sommes, nous recueillons ces faits non point comme des élémens de l'histoire, mais comme les instrumens de nos capricieux systèmes; nous les ployons à nos vanités d'auteur, aux idées de notre éducation première.

Il est facile maintenant de concevoir que lorsque la réforme apparut, comme un fait heurtant les intérêts acquis, toutes ces influences durent agir et se montrer dans une organisation matérielle de résistances; la ligue en fut le résultat. Je définis la ligue le gouvernement provincial et municipal des intérêts catholiques; elle fut l'opposition morale de la vieille société contre les innovations qui la menaçaient dans son principe et même dans ses coutumes. Ainsi considérée, toute l'histoire de cette époque s'explique : la ligue ne fut point un accident particulier à la France; si elle se produisit là dans des formes plus nettes, c'est que ce groupe par provinces, ce système de municipalités existait antérieurement, et que la ligue n'en fit que favoriser les développemens naturels. La société se morcelait alors en petites fractions, et je ne connais pas de fait qui ait plus aidé une alliance de principes et d'intérêts que la ligue catholique; ce fut une véritable fédération de bien public comme on en avait vu à d'autres époques, aux 12ᵉ et 13ᵉ siècles particulièrement; seulement il y eut à cette période une tendance plus fortement municipale, un mouvement plus vivement dirigé vers les intérêts bourgeois et populaires. Les confréries dominèrent la ligue; il se forma l'alliance qui se produit perpétuellement dans les pays catholiques entre le clergé et le bas peuple, entre la force matérielle du bras et l'influence puissante de la parole. L'effet de la ligue fut d'imprimer un plus grand esprit de liberté dans la commune, d'y réveiller tous ces fermens d'indépendance populaire que nous voyons éclater à Paris par les barricades de 1588, par l'organisation des seize quarteniers, par l'alliance souveraine de cités à cités.

La ligue, reposant sur l'idée morale du catholicisme, dut également adopter les doctrines indépendantes des droits des souverainetés; l'obéissance aux princes fut en tout subordonnée à l'obéissance envers l'Église; le roi excommunié ne put légalement gouverner ses sujets; d'où les doctrines de régicide, ces pamphlets d'une démagogie effrénée qui furent lancés par les ligueurs. Les formes du gouvernement ne furent plus dans la royauté. Que la ligue se constituât en monarchie ou en république, peu importait; son principe, c'était le catholicisme, et pourvu qu'il fût respecté, le mode d'administration n'était qu'un accessoire dont l'Église s'inquiétait peu : c'est ce qui explique les doctrines anarchiques de la prédication. Paris pouvait se gouverner par un roi ou par seize quarteniers; ce n'était pas la question engagée; il n'y avait plus d'autre droit public que la suprématie du pape, fondement de la vieille société.

Je crois que sous ce rapport la ligue agrandit les doctrines municipales; si elle avait réussi à faire son roi, elle lui eût imposé des barrières populaires, et l'union de la multitude et de l'Église eût constitué une démocratie religieuse qui eût empêché les écarts du pouvoir absolu. Tous ces désordres de rue, cette désorganisation de l'unité monarchique, ces rapports avec l'étranger où les peuples traitaient avec les rois et les rois se mettaient en rapport avec les peuples, affaiblirent la foi en la monarchie. Quand le roi d'Espagne écrivait aux municipalités ou aux conseils de ville de Paris, de Lyon ou de Marseille, il traitait avec de véritables républiques; les villes durent garder souvenir de ces transactions des citoyens avec les rois sur le pied d'égalité; une tribune était ouverte par la chaire, et des maximes hautement théocratiques foudroyaient la prééminence de la couronne. Quelle différence existe-t-il entre les pamphlets de la ligue, ces moqueries régicides qui animaient les passions populaires, et les journaux les plus fougueux d'une autre époque où l'on joua également avec la tête des rois? Quand un poignard atteignait au cœur Henri III, le fanatisme religieux trouva des éloges, comme plus tard le fanatisme politique eut des hymnes pour ceux qui firent monter les princes sur l'échafaud.

Au reste, en tout ceci il y eut progrès de l'esprit; la liberté effrénée, dévastatrice même, n'en est pas moins un grand et bel instrument pour l'intelligence; cette lutte de deux croyances aiguisa les controverses, donna un essor nouveau aux nobles facultés; on se fit de meilleures idées sur les rapports de la couronne et des peuples; il y eut examen des droits respectifs, des règles que la souveraineté devait s'imposer à elle-même et de la limite des pouvoirs; on discuta tout, et l'on put poser plus nettement des principes, lorsque tous ces principes furent examinés par la raison. Dans l'histoire de l'esprit humain rien n'est neuf; tous les événemens se ressemblent, parce que l'origine en est dans l'homme, et que l'homme se modifie et ne change pas. Il serait curieux de comparer les caractères de deux époques qui se présentent devant nous; l'une qui fut produite par l'énergie du principe religieux, l'autre par l'effervescence et la force de la liberté; seulement la cause fut différente, mais toutes deux se nuancèrent de couleurs également bizarres, également puissantes sur l'avenir.

§ III.

TRANSACTION.

LE RÈGNE DE HENRI IV.

Tiers parti. — Ecole philosophique d'Erasme. — Ecole parlementaire. — Réformation modérée. — Eglise gallicane. — Jansénisme. — Doctrines du tiers parti. — Influence des négociations. — Triomphe du tiers parti par Henri IV.

A toutes les époques de l'esprit humain il se développe certains caractères d'hommes qui, n'osant pas se poser les défenseurs des vieilles doctrines, craignent également de se laisser emporter par le torrent des nouvelles. Ils enjambent ainsi, timides qu'ils sont, le présent et l'avenir; la plupart gens de raison, d'études, mais de faiblesse et d'incertitudes; esprits méditatifs, sans énergie, qui redoutent surtout de déranger les commodités de leur vie présente pour une carrière sans bornes et une destinée sans fin. Ce tiers parti eut sa personnification à l'époque de la réforme, comme il l'a toujours eue dans toutes les révolutions des sociétés. A l'origine de la prédication de Luther nous trouvons Erasme et l'école philosophique, qui refusent de suivre la violente impulsion donnée par Luther; Erasme avait attaqué les abus de l'Église catholique; avec sa verve moqueuse il avait démoli quelques uns des élémens de l'esprit monastique; mais quand il vit toutes ces ruines, quand il aperçut toutes les conséquences du remaniement social préparé par Luther, alors il hésita; Erasme n'aperçoit pas qu'il a été l'un de ceux qui ont le plus préparé la révolution qu'il redoute; sa préoccupation est d'y mettre un terme. Là est le caractère du tiers parti; et c'est ce qui distingue surtout l'esprit des parlementaires; presqu'en tous les temps ce sont eux qui préparent les révolutions; ils se plaignent, sont inquiets, excitent les peuples de leurs pamphlets et de leur verve; puis, quand la révolution se proclame et trouble leur coin du feu, leur paisible existence, alors ils crient au désordre, à l'anarchie; ils veulent comprimer ce qu'ils ont fait, et ce qu'ils ont fait est un torrent impétueux qui les emporte.

L'école parlementaire eut des esprits éminens : L'Hôpital, Pasquier, Molé, de Thou, marquèrent leur époque par leurs travaux et leur science sérieuse; ils se placèrent entre le double mouvement de la réforme et de la ligue; ils desiraient, eux, une réformation dans l'organisation de l'Eglise, une espèce de séparation modifiée avec la cour de Rome; ils n'osaient pas tout ce que Luther voulait; mais ils appelaient une conciliation difficile de doctrines et d'hommes : esprits de transactions, ils cherchèrent à amortir dans les âmes cette effervescence d'idées et de passions qui les dominait; ils ne faisaient pas de grandes choses, mais des choses raisonnables, comme si au temps de révolution les choses raisonnables étaient possibles, et s'il ne fallait pas faire la part à l'énergie des masses, à l'incandescence des opinions! On les place haut comme des hommes à caractères; c'est précisément ce qu'ils étaient le moins : Pasquier, Molé furent tout à la fois ligueurs et du tiers parti; L'Hôpital fut presque persécuteur et huguenot sans le vouloir, et par un effet même de ses faiblesses de cour et d'université.

L'école des conciles et de l'Église gallicane fut leur ouvrage, alliance un peu bâtarde, qui tendait à rapprocher le catholicisme en France de la hiérarchie anglicane. Le parlement était pénétré de l'idée-mère qu'il fallait tout soumettre à la suzeraineté du seigneur roi. Il engagea la lutte contre tout ce qui se plaçait un peu indépendant de la juridiction des Cours et de la toute-puissance royale. Leur conception de l'Eglise gallicane était fausse et incomplète : comment parfaitement définir le temporel et le spirituel dans la souveraineté des hommes et de la conscience? comment séparer dans l'obéissance ce qui est du devoir du sujet et du devoir des fidèles? Qu'est-ce que l'Eglise sans un chef supérieur? et ce chef, dont on reconnaît la supériorité pour certaines choses, pourquoi le renierait-on en quelques autres?

Toutes ces distinctions subtiles n'étaient point saisies par les masses; elles servirent la politique des rois, mais abâtardirent le principe religieux : l'école de l'Eglise gallicane fut sans franchise et sans courage; elle n'osa se déclarer ni Eglise nationale comme en Angleterre, ni réformation pure et simple, en adoptant les thèses de Luther, et pourtant elle voulait s'affranchir de cette grande unité catholique qui avait fait la force du principe religieux au moyen âge. De cette école naquit le jansénisme, formule philosophique sur la grâce et le libre arbitre, qui n'osa point également se proclamer comme une réformation, et qui ne fut toutefois que la théorie de Luther, déguisée par la couardise des sectateurs.

Toutes ces écoles mixtes devaient, par la force des choses, ou se jeter dans la réforme, ou rentrer au sein de la grande Eglise, qui, dans son unité, les traitait comme des hérésies. Le tiers parti religieux et politique eut un moment de triomphe par l'avènement de Henri IV. L'indifférence du prince qui plaçait la couronne sur sa tête, permettait ce système de modération, origine de tous les termes moyens.

Les parlementaires et les gallicans crurent à leur victoire; ils avaient fait leur roi; toute leur science (et ils en avaient beaucoup) fut appliquée à soutenir la position nouvelle qu'ils s'étaient donnée; l'histoire, les livres de controverse ne retentirent que de l'éloge des maximes modérées et de cet équilibre dans toutes les forces sociales, fondement de la pensée parlementaire. Quand on parcourt les œuvres de Pasquier, de de Thou, le grand recueil des pamphlets de la judicature, on trouve partout cette pensée de réunion exprimée, parce qu'elle plaisait à leur patriotisme paresseux, à ce besoin de repos qu'avait la société. Ils eurent à cette époque une grande popularité; la bourgeoisie avait respect pour cette école du parlement qui ne voulait plus de troubles et saluait une autorité dont le pays avait besoin; elle ne comprenait pas nettement leurs subtiles distinctions entre les divers pouvoirs, ces thèses de morales vagues et indéterminées en dehors de ses habitudes; mais ce qu'elle souhaitait c'était le repos, et ce repos elle l'avait obtenu par le moyen des parlementaires.

Ce ne fut pas seulement à l'intérieur que

l'esprit de transaction domina les parlementaires; presque toutes les négociations de cette époque furent conduites à l'étranger par des gens de judicature, soit du conseil d'État, soit des cours des aides, parlemens et finances; profondément instruits, tous avaient contracté dans les longues disputes de la ligue cette habileté qui ménage les partis et domine les affaires; ils avaient tant négocié à l'intérieur, rapproché tant d'événemens divers, qu'ils étaient naturellement appelés à diriger des négociations semblables à l'extérieur. Henri IV les avait surtout distingués; il n'aimait pas les discoureurs; il reconnaissait le mérite de ces hommes de ruse et de finesse diplomatique qui allaient à son esprit gascon. Il avait lui-même triomphé plus par les transactions que par les armes encore; son règne était une lutte perpétuelle entre des intérêts qui cherchaient mutuellement à se dominer. Les parlementaires le servirent activement dans la pensée qui préoccupait sa vie; leurs correspondances diplomatiques, leurs négociations avec Rome, l'Empire, l'Angleterre, l'Allemagne, la Suisse, la Suède et le Danemark, sont des monumens qui doivent servir de modèles à toutes les transactions, et qui furent la base de celles du règne de Louis XIII et même de Louis XIV. Par les parlementaires, Henri IV fut maître de l'histoire qui juge les rois et des traités qui protégent et honorent leur règne. Les parlementaires élevèrent des statues, ciselèrent le nom de Henri IV sur le bronze et l'airain et dans la postérité. C'était leur roi, ils le défendaient ; quelques différens purent bien s'élever entre le parlement et le monarque : c'était une question de juridiction et non point de sympathie. Le pouvoir du tiers parti s'affaiblit sous le règne suivant : les opinions n'étaient pas tellement assouplies qu'elles pussent souscrire long-temps à ce pacte qui les laissait chacune dans leurs limites ; c'était une halte, une suspension d'armes dans le mouvement des passions de la société ; les huguenots avaient leur édit de Nantes ; les catholiques, les grands gouvernemens de provinces et le peuple des villes. Nous verrons sous Louis XIII la querelle se raviver ; les deux principes hostiles se retrouver encore en face et tout armés ; il faudra encore des sueurs à la royauté pour venir à bout de la guerre civile, et lorsque la guerre civile et féodale sera éteinte, il y aura pour elle un autre danger, c'est le mouvement moral et intellectuel que la réforme aura imprimé à l'esprit des peuples; c'est l'insubordination des idées, cette impatience de toute hiérarchie qui rend le pouvoir impossible. La royauté voudra bien endormir l'effervescence des masses sous l'ivresse de la conquête, l'arrêter par la violente compression des franchises, par la douce et molle ivresse des plaisirs; Richelieu domptera la rébellion armée; Louis XIV amoncellera provinces sur provinces pour agrandir et fortifier son territoire; la régence se bercera au refrain des noëls moqueurs et des chansons amoureuses de la cour; l'esprit philosophique caressera les rois pour tuer plus fortement l'esprit religieux et l'autorité catholique; tous ces accidens dans l'histoire de la monarchie ne seront que les précurseurs et les causes de l'immense mouvement qui se prépare. La réformation et la révolution française, nous le répétons, se tiennent par les idées, comme la ligue elle-même tient par les formes extérieures au mouvement des rues et à l'esprit des institutions révolutionnaires. L'opinion populaire n'éclate qu'à de longs intervalles; quand elle se laisse arracher ses conquêtes, il lui faut des années pour retrouver l'ascendant que l'habileté lui a enlevé. La dure administration de Richelieu, dont je vais apprécier le caractère, se prolonge jusqu'à la Fronde, qui fut aussi une lueur de la liberté des peuples.

TABLE DES MATIÈRES

CONTENUES DANS CE VOLUME.

CHAPITRE CX.

(Pages 1 à 19.)

GUERRE CONTRE L'ESPAGNE. — CAMPAGNE DE PICARDIE.

1597.

Caractère de la guerre. — Auxiliaires de Henri IV. — L'Angleterre. — La Hollande. — Les Allemands. — Les Suisses. — Auxiliaires de Philippe II. — La Savoie. — Napolitains. — Italiens. — Wallons. — Surprise d'Amiens. — Le brave capitaine Hernando Tello. — L'archiduc Albert. — Amiens au pouvoir de Henri IV.

CHAPITRE CXI.

(Pages 20 à 67.)

NÉGOCIATIONS POUR LA PAIX. — TRAITÉ DE VERVINS.

1597 — 1598.

Besoin de la paix. — Intervention du Pape. — Du cardinal archiduc. — Du général des cordeliers. — Instructions de Henri IV à son ambassadeur. — Refroidissement avec Elisabeth. — Henri IV à la reine d'Angleterre. — Négociation auprès de Philippe II. — Henri IV décidé à la paix. — Efforts des négociateurs. — Conférences. — Clauses du traité de Vervins. — Exécution de ce traité en Picardie. — En Bretagne. — Négociations avec les Etats-Généraux de Hollande. — Justifications en Angleterre.

CHAPITRE CXII.

(Pages 68 à 99.)

LE PARTI HUGUENOT. — TRANSACTION. — ÉDIT DE NANTES.

1595 — 1598.

Murmures du parti huguenot sur la conversion du roi. — Il entoure le duc de Bouillon et le prince de Condé. — Organisation militaire du parti. — Refus de servir dans la guerre contre l'Espagne. — Commission pour l'édit de Nantes. — Travaux. — Edit de Nantes.

CHAPITRE CXIII.

(Pages 99 à 118.)

ADMINISTRATION DE HENRI IV.

1598 — 1610.

Conseil. — Justice. — Finances. — Intendance. — Commerce. — Métiers. — Agriculture. — Travaux publics. — Forêts. — Marais. — Voitures. — Chasse. — Duels. — Monnaies.

CHAPITRE CXIV.

(Pages 119 à 139.)

SYSTÈME FINANCIER DE SULLY.

1598 — 1610.

Aperçu général du système financier. — Ressources du trésor. — Augmentation de l'impôt. — Remise à quelques provinces. — Organisation de la comptabilité. — Résumé du système. — Aliénation du domaine royal. — Taille. — Gabelle.

CHAPITRE CXV.

(Pages 140 à 183.)

COUR DE HENRI IV.

1598 — 1610.

Caractère du roi. — Sa correspondance. — Politique de ses lettres. — Ses maîtresses. — Gabrielle d'Estrées. — Mademoiselle d'Antragues. — Les grandes familles. — Partis à la cour. — Plaisirs. — Fêtes. — Dissipations. — Mariage de Henri et de Marie de Médicis. — Mœurs de cour.

CHAPITRE CXVI.

(Pages 184 à 223.)

DIPLOMATIE DE HENRI IV.

1598 — 1610.

Ambassades. — Le pape. — Italie. — Venise. — Empire. — Angleterre. — Espagne. — Suisse. — Hollande. — Turquie. — Esprit des relations extérieures.

CHAPITRE CXVII.

(Pages 224 à 287.)

SITUATION DES PARTIS. — GUERRE DE SAVOIE. — PROCÈS DU MARÉCHAL BIRON.

1602.

Le parti royaliste. — Biron. — Mécontentemens. — Intrigues de l'Espagne. — De la Savoie. — Guerre contre le duc de Savoie. — Parti huguenot. — Le duc de Bouillon. — Arrestation de Biron. — Le maréchal à la Bastille. — Procès. — Motif de la sévérité de Henri IV. — Condamnation. — Exécution à mort.

CHAPITRE CXVIII.

(Pages 288 à 318.)

ÉTAT DE L'OPINION. — CONCESSIONS AUX CATHOLIQUES. — PRISE D'ARMES DU DUC DE BOUILLON.

1604.

Aspect de Paris. — Mécontentemens contre le roi. — Tristesse des populations. — Lutte avec l'Hôtel-de-Ville. —

Mesures catholiques. — Retour des Jésuites. — Pouvoirs des Jacobins. — Conjuration du duc de Bouillon. — Correspondance avec Henri IV. — Prise de Sedan. — Arrangement avec le parti huguenot.

CHAPITRE CXIX.

(Pages 319 à 346.)

PRÉPARATIFS DE GUERRE. — IDÉES DE HENRI IV SUR UN REMANIEMENT DE L'EUROPE.

1608 — 1610.

Accroissement des griefs. — Besoin de guerre. — Projet européen de Henri IV. — Fuite du prince de Condé. — Menées de l'Espagne. — Pamphlets pour la guerre. — Dépêches des ambassadeurs espagnols. — Plan de campagne.

CHAPITRE CXX.

(Pages 347 à 377.)

DERNIERS JOURS ET ASSASSINAT DE HENRI IV.

1610.

Préparatifs du départ du roi. — Couronnement de la reine. — Henri IV est assassiné. — Circonstances de l'attentat.

— État de l'opinion. — Dépêche des ambassadeurs espagnols. — Écrits sur la mort du roi. — Accusation contre la marquise de Verneuil.

RÉSUMÉ.

(Pages 378 à 382.)

§ I.

(Pages 383 à 398.)

PÉRIODE D'ACTION. — LA RÉFORME.

Caractère des écoles diverses de la réforme. — Luthéranisme. — Calvinisme. — Anabaptistes. — Anglicans. — Effets sur le principe du gouvernement. — Monarchie. — République. — Système politique, né de la réforme. — Etats nouveaux. — Principe commun à toutes les écoles. — Examen. — Ecole politique de la réforme. — Controverses. — Principe territorial. — Philosophie morale.

§ II.

(Pages 399 à 413.)

RÉACTION. — LA LIGUE.

La société catholique. — Son organisation. — Résistance. — Inquisition. — Ordres religieux. — Les Jésuites. —

Parallèle de Loyola et de Luther. — Réformation pieuse des ordres. — Ardeur des sciences. — Bénédictins. — Esprit territorial de la ligue. — Provinces. — Municipalités. — Doctrines. — Prédications. — Liberté. — Régicide. — Mouvement des opinions par la ligue.

§ III.

(Pages 414 à 423.)

TRANSACTION. — LE RÈGNE DE HENRI IV.

Tiers parti. — Ecole philosophique d'Erasme. — Ecole parlementaire. — Réformation modérée. — Eglise gallicane. — Jansénisme. — Doctrines du tiers parti. — Influence des négociations. — Triomphe du tiers parti par Henri IV.

FIN DE LA TABLE DES MATIÈRES.

www.ingramcontent.com/pod-product-compliance
Lightning Source LLC
Chambersburg PA
CBHW071112230426
43666CB00009B/1923